비베카난다의 요가수트라
RĀJA YOGA

RĀJA-YOGA

비베카난다의 요가수트라
RĀJA YOGA

일러두기

1. 먼저, 독자들의 이해를 돕기 위해서 옮긴이가 본문에 부기한 내용에 대한 것들로서 세 종류가 있다. 이 중에서 ❶과 ❷는 주로 《요가수트라》의 네 개의 장을 다루는 부분에서, ❸은 〈용어 풀이〉에서 사용했다.

    ❶ (=) 표기는 해당 단어나 구절과 같은 의미의 것을 병기한 것이다.

        예 ① 무분별(=그릇된 지식)

          ② 집착하지 않음(=이욕 vairāgya).

    ❷ [*]은 문장이나 문맥을 보다 정확히 이해하는 데 도움이 되도록 삽입한 단어나 구절이다.

        예 ① 이것들은 [*수행을] 방해하는 산란함들이다.

          ② 그것들은 칫타 속에 살아있고, 활동하지 않은 것이 아니라 [*칫타] 안에서 작용한다.

    ❸ (*)은 내용에 대한 간략한 설명을 본문 내에 부기한 것이다.

        예 ① 아힝사 ahimsā 불상해 不傷害. (*흔히 불살생, 비폭력으로 번역됨.)

          ② 나디 nādī 신경. (*생기 에너지가 흐르는 통로.)

2. 다음으로, 각주에서 옮긴이가 단 것들은 [옮긴이 주]로 표기하였고, 그 외의 각주들은 모두 저자의 것이다.

3. 마지막은 산스크리트 표기 관련한 것으로 다음과 같다.

    본 번역서에서 산스크리트 로마자 표기는 원서와 달리 영어식이 아니라 IAST(International Alphabet of Sanskrit Transliteration) 방식을 채택했다. 그리고 산스크리트 한글 독음 표기는 동국대 불교학부의 정승석 교수님의 표기법을 따랐다. 이 표기법의 자세한 내용은 〈불교 원어의 음역 표기 조사 연구〉(정승석, 《가산학보》, 제4호, 가산불교문화원, 1995)를 참조하기 부탁드린다.

자매서들

《갸나 요가 Jnāna Yoga》, 《카르마 요가 Karma Yoga》, 《박티 요가 Bhakti Yoga》

스와미 비베카난다

Swami Vivekananda, 1863-1902

그는 1863년 1월 12일에 캘커타 Calcutta, 현재
콜카타 에서 태어났다. 아버지는 캘커타 고등법원의 검사였고, 어머니는 헌
신적인 가정주부였다. 전형적인 힌두 가정에서 자란 그의 속명은 나렌드
라나트 닷타 Narendranath Datta 였다. 비베카난다는 어려서부터 영성에 관심
을 가졌고 방랑 고행자들과 승려들에 매혹되었다. 또한 그는 어린 아이처
럼 장난꾸러기였고 가만히 있지 못했기 때문에 그의 부모는 종종 그를 통

제하는 데 어려움을 겪었다. 이러한 사실은 그의 어머니가 "저는 쉬바(Śiva) 신께 아들 하나를 달라고 기도했는데, 신께서는 제게 자신의 악마들 중 한 명을 보내주셨어요."라고 말한 데서 잘 드러난다.

　　　　　　매우 영민했고 속독 능력과 천부적인 기억력을 가지고 있던 나렌드라는 열여섯 살이었던 1879년에 프레지던시 칼리지 Presidency College 에 입학하여 수학하면서 철학, 종교학, 역사학, 사회과학, 미술, 문학을 포함한 다양한 분야의 서적들을 폭넓게 탐독했을 뿐만 아니라, 인도의 고전들에 대해서도 흥미를 가지고 있었다. 1881년에 캘커타에 있는 총회 연구소 General Assembly's Institution; 현재 스코틀랜드 교회 칼리지(Scottish Church College)에 입학하여 1884년에 졸업했다. 거기서 그는 서양 논리학과 철학, 유럽 역사를 공부했고, 특히 D. 흄 Hume, I. 칸트 Kant, A. 쇼펜하우어 Schopenhauer 와 C. 다윈 Darwin 등 서양 사상가들을 연구하였다. 그리고 H. 스펜서 Spencer 의 진화론에 마음이 끌리게 되어 그와 서신을 주고받았고, 그의 책 《교육 Education》을 벵골어로 번역하였다.

　　　　　　20대에 그는 인도의 근대화 개혁을 주장했던 종교 운동인 브라모 사마즈 Brahmo Samaj 에 참여하였고, 형상이 없는 신에 대한 믿음과 우상 숭배에 대한 반대를 포함한 그의 주요한 신념들이 이 운동에 의해 형성되었다.

　　　　　　열여덟 살 1881년 에 라마크리슈나 Ramakrishna 를 처음 만난 나렌드라는 그를 처음 방문했을 때 다소 거부감을 느꼈으나 두 번째와 세 번째 방문 때 스승의 영적인 힘의 전수인 샥티 파타 śakti pāta 를 통해서 신비 체험 즉 무아경 samādhi 을 경험한 후에 마침내 진정한

제자가 되었다. 그 후 그의 의식은 더욱 더 깊은 상태로 들어가서 불이론不
二論적 경지를 체험하게 되었다.

그러나 1884년 초에 자신의 아버지가 심장
마비로 갑자기 세상을 뜨면서 그의 집안은 경제적으로 급격히 기울어졌고
그는 가장 역할을 해야만 했다. 한편으로는 친구를 비롯한 주위 사람들의
냉대 속에서 인생의 두려움을 느꼈고, 다른 한편으로는 도움을 주지 않는
신에 대해 강하게 회의하였다. 그때 그는 이웃의 불행에 구원의 손길을 내
밀지 않고서 신과 종교를 논하는 것이 너무도 허무하다는 사실을 깊이 체
험하였다. 그러던 중 어느 날 저녁 어느 집 처마 밑에서 탈진한 상태로 쓰
러졌던 그는 그 상태에서 자신이 가지고 있던 모든 의심과 의문들이 해소
되면서 몸의 피로는 사라졌고, 마음은 무한한 용기와 평화로 가득 차게 되
었다.

1886년에 그의 스승인 라마크리슈나가 후
두암으로 세상을 떠나자, 그는 정식으로 출가하여 힌두 승려 즉 스와미
Swami가 되었고 비베카난다Vivekananda라는 승명을 가지게 되었다. 라마크
리슈나가 살아 있었을 당시에 이미 스승의 정신적 후계자로 인정받고 있
었던 나렌드라는 스승 사후에 계보의 중심이 되었다. 비베카난다는 그 후
에 6여 년 동안 명상과 사색을 하였고 교육과 학습하는 데 몰두하는 시간
을 가졌다.

1893년 그의 나이 서른에 미국 시카고Chicago
에서 열린 제1차 세계종교회의에 참석했다. 거기서 비베카난다는 힌두교
를 비롯한 모든 종교의 본질적인 통일성과 조화성 그리고 전 인류가 공통

적으로 가지고 있는 영성 자체에 대해 힘주어 말하였고, 그의 연설은 참가자들의 열광적인 반응을 불러일으켰다. 미국과 유럽에서 강연 요청이 쇄도했고, 약 4년 동안 강연과 여행을 하며 다닌 뒤 1897년에 인도로 돌아왔다. 고국인 인도에서 열광적인 지지를 받았다. 그는 귀국한 해에 캘커타에 스승의 이름을 딴, 수행과 봉사를 위한 단체인 라마크리슈나 미션 Ramakrishna Mission을 설립하였다. 그 후 약 1년 반 가량 미국과 유럽을 다니며 힌두 사상을 전파하기 위해 노력하였다. 귀국 후 그는 스승의 사상을 전파하기 위해 인도 내에서 뿐만 아니라 세계로 이 미션을 확장하고 정비하며 기반을 다지는 데 진력하였다.

　　　　　1902년 7월 4일 저녁 시간에 비베카난다는 세상을 떠났다. 당시 그의 나이는 39세였다. 마흔 살까지 살지 못할 것이라는 자신의 예언이 적중하였다. 마지막 무렵에 그는 제자들에게 "이제 이것으로 충분하다. 나는 1천 5백 년분의 세월을 살았다."라고 말했다고 한다.

이 책 《비베카난다의 요가수트라》는 스와
미 비베카난다Swami Vivekananda의 *Rāja Yoga*를 스와미 니킬라난다Swami
Nikhilananda가 개정한 것으로, 1953년에 출간된 *Vivekananda: The Yogas
and Other Works*에서 가져와서 1956년에 단행본으로 출간한 *Rāja Yoga*
를 우리말로 옮긴 것이다.

원래 *Rāja Yoga*는 1896년 처음 출간되었고,
이것은 1907년 《스와미 비베카난다 전집*Complete Works Of Swami Vivekananda*》에
포함되었다. 그러나 개정자인 니킬라난다가 서문에서 밝히고 있듯이, 원
래 *Rāja Yoga*는 비베카난다의 강연을 속기나 필사로 적어둔 것을 출간한
것이었기에, 다듬을 필요성이 지속적으로 제기되어 왔다. 이에 비베카난
다의 충실한 제자였던 니킬라난다는 자신의 스승의 기본적인 사상을 온전
하게 유지하려고 언제나 주의 깊게 작업하면서, 꼭 바꿀 필요가 있는 곳들
을 모두 바꾸어 개정·출판하였다. 그래서 1956년의 판본을 번역의 저본으

로 삼았다.

이 개정판을 선택한 이유를 하나 더 덧붙이자면, 비베카난다는 미국과 유럽에 비해 국내에서 그다지 알려져 있지 않은 수행자이자 사상가이다. 따라서 그와 그의 사상에 대한 사전 지식 없이 독자들이 이 책을 바로 읽어나가기에는 다소 부담스러울 수도 있을 것이다. 이러한 점을 보완해줄 수 있는 것이 이 책의 뒷부분에 잡록 형식으로 덧붙여져 있는 두 편의 강의록 〈마음의 힘〉, 〈제자도 弟子道〉와 한 편의 기고문 〈환생〉이다. 그리고 원문에는 없지만 그의 생애에서 이 책의 내용을 이해하는 데 도움이 된다고 생각되는 사건들이나 지적 배경들을 간추려 정리하여서 비베카난다 약력 앞의 5-8페이지 참조에 소개하였다. 이 부분들을 먼저 읽는 데서 출발하는 것도 하나의 독법이 될 수 있을 것이다.

앞서 보았듯이 원제는 《라자 요가 Rāja Yoga》이지만, 이 번역서에서는 제명을 《비베카난다의 요가수트라》라고 바꿔 옮겼다. 왜냐하면 '라자 요가'가 대체로 고전 요가의 근본 경전인 파탄잘리 Patañjali의 《요가수트라 Yogasūtra》의 핵심 내용을 통칭하는 것이기도 하거니와, 기본적으로 이 책의 주요 내용이 비베카난다가 이 경전의 경문들을 보다 자유롭게 번역한 다음, 각 경문들에 대해 자신의 해설을 더하고 있기도 하고, 무엇보다 그 자신이 《요가수트라》의 요가를 주로 '라자 요가'라고 부르고 있기 때문이다. 다시 말해서, 옮긴이는 본서의 내용적 특성을 보다 분명하게 반영하는 제목이 《비베카난다의 요가수트라》라고 생각했다. 그러므로 본문에 나타난 '라자 요가'라는 용어는 '《요가수트라》의 요가'를 가리키는 것으로 이해하면 되겠다.

이 책은 기본적으로 《요가수트라》에 대한 비베카난다의 해설이다. 《요가수트라》는 대체로 서기 2세기 후반에서 5세기 사이에 성립된 것으로 추정되고 있고, 파탄잘리 Patañjali가 저자 또는 편찬자라고 알려져 있다.

요가 사상의 역사라는 산맥에서 가장 높은 봉우리 둘을 꼽자면, 하나는 《요가수트라》에 근거한 명상 중심의 요가인 '고전 요가'이고, 다른 하나는 신체를 해탈의 적극적인 도구로 활용하는 '하타 요가 Haṭha Yoga'일 것이다. 그러나 두 요가 모두, 목표는 동일하다. 그 목표에 대한 정의는 《요가수트라》에 잘 나타나 있다. 이 경전은 195개 판본에 따라서는 196개의 경문으로 이루어져 있는데, 가르침이 처음 시작되는 제1장의 제2경과 마지막 장의 마지막 경문 즉 제4장 제33경 대부분의 판본에서는 제34경을 연결하여 문장을 만들어 보면 요가의 정의가 명료하게 드러난다.

"요가는 마음 citta이 다양한 형태들을 취하는 것 vṛtti을 억제하는 것" 제1장 제2경에서 시작하여 "자기 자신의 본성에 있는 지식의 힘을 확립하는 것", 즉 "구나 guṇa들이 푸루샤 Puruṣa를 위한 행위의 모든 동기를 잃어버렸을 때, 반대되는 순서=역전변(逆轉變)로 구나들이 용해되는 것", 즉 '카이발리야 kaivalya, 독존 또는 자유' 제4장 제33경에 도달하는 것이다.

위의 정의에 전문용어들이 많이 사용되어

있어서 다소 어렵게 느껴질 수 있겠으나, 그 핵심은 사실상 매우 간단하고 쉽다. 다시 말해서 '요가란 무엇인가'라는 질문에 대한 대답은 '마음의 작용을 억제하여서 자신의 참된 본성에 도달하여 그 본성을 확립하는 것', 즉 '해탈독존하는 것'이다. 그리고 두 경문 사이에 있는 경문들의 내용은, 사실상, 수행을 시작해서 도착할 때까지의 과정들 즉 수행의 방법들과 실천 수행 과정에서 겪게 되는 현상과 경험들을 설명하고 있다.

이 책은 크게 세 부분으로 나눌 수 있는데, 첫 부분에서는 《요가수트라》의 여덟 개의 가지로 된 요가八支 요가; Aṣṭāṅga Yoga 체계를 전통적인 상키야Sāṃkhya·요가 철학에 맞춰 설명하는 것이 아니라, 해당 철학과 서양의 과학과 철학 그리고 하타 요가적인 해석과 흔히 네오 베단타Neo Vedanta라 불리는 철학적 견해들을 통합한 사상에 기반하여 설명하고 있는데, 이러한 통합적 관점은 이 책 전체의 토대를 이룬다. 둘째 부분은 《요가수트라》의 각각의 경문에 대해 해설하고 있는데, 앞의 통합적 관념이 그대로 반영되어 있다. 셋째 부분은 강의록 두 편과 기고문 한 편이다. 강의록 두 편 중 〈마음의 힘〉은 《요가수트라》의 핵심 개념들 중 하나인 마음에 대해 재밌는 예들과 일상적인 용어들로 쉽게 서술하고 있고, 〈제자도〉는 인도의 수행론의 중심축들 중 하나인 스승guru과 제자 그리고 그 두 사람의 관계에 대해 다루고 있다. 기고문인 〈환생〉은 여러 나라들에서 역사적으로 나타났던 윤회와 환생 관념들, 인도의 종교와 철학에서 보이는 이 관념들의 특징들 그리고 그 관념들을 이해하는 데 도움이 될 만한 서구학자들의 논의들로 이루어져 있다.

③

        요가의 관점에서 보자면 비베카난다는 현대 요가의 사상가로 분류된다. 1893년 시카고에서 열린 제1차 세계종교회의에서 그는 연설문 없이 다음과 같은 취지가 담긴 즉흥 연설을 함으로써 세계적인 종교지도자로서 혜성처럼 등장했다.

        각기 다른 원천에서 발원된 강물들이 종국에는 모두 바다에 이르듯이, 각기 다른 종교를 믿는 사람들 또한 결국에는 동일한 신에 이를 것이기에 어떤 종교도 다른 종교보다 더 고등하거나 열등하지 않다.

        다시 말해서, 그는 모든 종교의 본질적인 통일성과 조화성 그리고 전 인류가 공통적으로 가지고 있는 영성 자체에 대해 힘주어 말했다. 이러한 그의 사상은 이 책을 관통하고 있기도 하다. 그리고 그의 수학 이력에서 보이듯이 그는 기본적으로 인도의 고전들 즉 우파니샤드Upaniṣad들, 《바가바드 기타Bhagavad Gītā》, 《라마야나Rāmāyaṇa》, 《마하바라타Mahābhārata》, 푸라나Purāṇa들 등에 대해 흥미를 가지고 있었지만, 서양의 철학과 논리학 그리고 진화론 등에도 관심이 매우 컸다. 그래서 그는 D. 흄Hume, I. 칸트Kant, B. 스피노자Spinoza, A. 쇼펜하우어Schopenhauer, J. S. 밀Mill을 비롯하여 C. 다윈Darwin과 H. 스펜서Spencer의 진화론 등을 연구했다. 또한 그는 기독교와 당시 유행하던 서구의 은비학Western esotericism에도 상당한 지식을 가지고 있었다. 이러한 점 또한 이 책의 곳곳에서 보인다.

1896년에 처음 출간된 《라자 요가》는 현대 요가의 출발을 알리는 첫 신호탄적 의미의 책이라고 할 수 있다. 현대 요가 연구자인 E. 미첼리스Elizabeth De Michelis에 따르면, "현대 요가란 19세기 중반 이후의 요가로, 인도의 종교에 관심이 있었던 서구의 사람들과 어느 정도 서구화된 많은 인도인들의 상호 작용을 통해서 주로 발달해 온 요가를 지칭하고, 이 《라자 요가》는 현대 요가의 형성에 있어서 매우 영향력 있는 문헌"이라고 한다. 즉 1896년 이후로 현대 요가가 인도와 주로 유럽, 미국 등의 국외에서 번성하였고 21세기 들어서는 글로벌한 현상이 되었다. 따라서 현대 요가를 보다 정확하고 폭넓게 이해하기 위해서는 이 책을 읽어볼 필요가 있다.

그리고 이 책은 비베카난다가 당시 서구인들에게 인도의 종교·철학 사상을 《요가수트라》라는 경전을 매개로 하여 이해시키려 노력한 강의록이므로, 그 내용이 전통적인 주석서나 전문서들에 비해 상대적으로 이해하기 쉽게 설명되어 있다. 그러므로 본격적인 경전 탐구에 앞서 가벼운 마음으로 경전을 이해해 보려는 독자들에게 이 책은 친절한 안내서가 될 것이다.

이 책을 번역하면서 보다 주의를 기울였던 점들 중 하나는 가급적 비베카난다의 이야기를 그대로 전달하고자 한 것이다. 먼저, 비베카난다가 산스크리트Sanskrit를 사용한 단어들을 한글로 번역하지 않고 산스크리트 한글 독음을 그대로 사용했다. 이것은 향후 독자들이 《요가수트라》에 대한 전통적인 주석서들을 비롯하여 다른 해설서들과 대비하여 이해하는 데도 도움이 될 것이다. 왜냐하면 산스크리트에 대한 번역어가 매우 다양하기 때문에 중요 단어들의 원어를 알아두면 번역어들의 다양함으로 인해 발생하는 불편함을 방지할 수 있기 때문이다. 이런 점은 처음에 독자들을 힘들게 할 수도 있겠지만, 나중에 자신들이 학습에서 진일보하는 데 든든한 토대가 될 것이다. 그리고 뒤에 있는 '용어풀이' 부분을 참조하면서 읽어나가다 보면 우려하는 것보다는 어렵지 않게 산스크리트 용어들에 적응할 수 있으리라 생각한다. 다음으로, 특히 둘째 부분인 《요가수트라》의 경문과 그 해설에서 그가 선택한 번역어를 최대한 살리고자 노력했고, 옮긴이가 내용의 이해를 돕기 위해 삽입한 단어나 구절에 대한 표시를 보다 철저히 하였다 '일러두기' 1.의 ❷ 참조. 왜냐하면 이 부분은 비베카난다가 전통적인 상키야·요가 철학에 기반하여 경문을 해설한 것이 아니라, 앞서 언급했듯이 다양한 견해가 복합된 통합적 관점에서 해설하였기 때문이다. 구체적으로 말하자면, 경문의 해석에 있어서 산스크리트 원문과 달리 매우 자유롭게 자신의 의도대로 해석하고 있기에, 영어에 매우 능통했다고 하는 그가 그러한 영어 단어를 선택한 이유가 있다고 즉 그가 사용한 용어들이 나름의 의미와 맥락을 가지고 사용된 것들이라고 생각되었기 때문이다. 더불어 필요한 경우에는 그가 사용한 용어 뒤에 현재 학계에서 통용되는 용어를 덧붙였다. 나중에 독자들이 《요가수트라》에 대한 전통적인 주석서들이나 논문들을 참고하여 이해하고 학습해나가는 데도 도움이 될 것이다.

안타깝게도 서른아홉이라는 젊은 나이로 세상을 떠났고, 떠난 지 100년이 훌쩍 넘는 세월이 지났지만 그가 생전에 했던 말의 울림은 여전히 우리 곁을 맴돌며 우리가 가야 할 길을 밝혀주고 있다. 요가나 인도 철학이 다소 낯설게 느껴지는 사람들도 그의 이야기에 그다지 어렵지 않게 다가설 수 있을 것이다. 왜냐하면 언제나 그는 난해하고 복잡하며 논쟁적인 이야기를 하는 것이 아니라, 모든 이에게 내재되어 있다고 본 영성에 기대어 개개인의 영성이 깨어날 수 있도록 다양한 방식으로 끊임없이 이야기하고 있기 때문이다. 그렇기에 관련 지식이 다소 부족하더라도 진심을 가지고 그의 이야기를 이해하려 노력한다면, 머리가 이해하기 이전에 내면에서 먼저 큰 울림이 일어나 그가 말하고자 한 바를 체득할 수도 있을 것이다. 지금으로부터 120여 년 전인 1896년에 처음 발간된 그의 강의록을 현재의 독자들이 그 시대로 거슬러 올라가 바로 강의 현장에서 그가 말하는 것을 직접 듣고 있다는 느낌으로 읽어나갔으면 하는 바람이다.

먼저, 번거로운 일들을 늘 묵묵히 마다하지 않고 해주었고, 옮긴이가 미처 보지 못한 부분까지 꼼꼼하게 성심껏 살펴서 원고의 완성도가 높아질 수 있게 조력해준, 스와라 마인드·바디 연구소

SMBI의 수연 선생에게 고마움을 전하고 싶다. 그리고 긴 시간 옮긴이의 원고를 기다리며 배려와 독려를 아끼지 않은 올리브그린의 오종욱 대표님께 감사드린다.

德濟山房에서
김재민 합장

《라자 요가*Rāja Yoga*》의 이 개정판은 뉴욕New York의 라마크리슈나 비베카난다 센터Ramakrishna Vivekananda Center에서 1953년에 출간된 《비베카난다: 요가와 다른 저작들*Vivekananda: The Yogas and Other Works*》에서 가져왔다. 서문 후반부에서 인용한 아래의 내용은 이 책을 편집한 이유들을 설명해줄 것이다.

　　　　"스와미 비베카난다의 공적인 삶은 시카고Chicago에서 열린 종교회의에 등장한 때인 1893년부터 필멸의 몸을 포기한 때인 1902년에 이르기까지 10년의 기간에 이른다. 이 기간 동안 그는 수많은 지역들을 여행하였고 새로운 환경에 적응해야 했고 고국과 해외 양쪽에서 중상을 일삼는 사람들로부터 배척받았고 대중 강연과 사적 강의를 쉼 없이 하였고 아주 많은 편지 왕래를 하였으며 인도의 라마크리슈나 교단을 조직화하느라 육체적, 정신적으로 매우 피로하였다. 힘든 일과 고행으로 인해 그의 건강은 약해졌다. 따라서 그 자신이 구술하거나 적어둔 것 없이 한 강연들로 된 그리고 속기나 필사로 적힌 이 책을 개정할 시간을 갖지 못했다. 그래서 나는 현재의 컬렉션을 편집할 필요를 느껴 왔고, 틀림없이 바꿀 필요가 있는 곳들은 모두 바꾸었다. 그러나 스와미의 기본적인 사상을 온전하게 유지하려고 언제나 주의 깊게 작업하였다."

스와미 비베카난다의 두 개의 강연과 한 개의 글의 형태로 된 새로운 자료를 덧붙였다. 왜냐하면 이 책을 시리즈의 다른 세 종류의 책[01]과 균일하게 만들기 위해서이다.

니킬라난다 Nikhilananda
뉴욕 라마크리슈나 비베카난다 센터
1955년 9월 19일

---

01 [옮긴이 주] 흔히 이 책 《라자 요가》와 자매서로 언급되는 《갸나 요가*Jñāna Yoga*》, 《카르마 요가*Karma Yoga*》, 《박티 요가*Bhakti Yoga*》를 지칭한다.

목차

비베카난다 약력 5

옮긴이 서문 9

서문 18

비베카난다 서문 23

서론 28

첫 단계 45

프라나 *Prāna* 59

심령적 프라나 *Psychic Prāna* 77

심령적 프라나의 통제 *Control of Psychic Prāna* 85

프라티야하라와 다라나 *Pratyāhāra & Dhāranā* 92

디아나와 사마디 *Dhyāna & Samādhi* 103

간추린 라자 요가 118

파탄잘리*Patañjali*의《요가수트라 *Yogasūtra*》에 대한 소개 130

제1장 집중: 집중의 영적 활용들 *Samādhi* 137

제2장 집중: 집중의 수행 *Sādhana* 184

제3장 힘들: 초능력들 *Vibhūti* 228

제4장 독존: 홀로 있음 *Kaivalya* 251

강의록과 기고문 272

마음의 힘 275

환생 294

제자도 弟子道 314

요가에 대한 언급들 338

용어풀이 350

발음하기 356

색인 357

비베카난다의 요가수트라

모든 영혼은 잠재적으로 신성하다. 목표는 외부와 내부의 자연[01]을 통제함으로써 내면의 신성성이 드러나게 하는 것이다. 수행이든 경배든 심령적 통제든 철학이든 그 중 어느 것으로든, 다시 말해서 이것들 중 하나이든 그 이상이든 또는 이 모든 것으로든 자연을 통제하라. 그러면 자유롭게 된다. 이것이 종교의 전부이다. 교의나 도그마나 의례나 서적이나 또는 상징물은 단지 부차적인 세부 사항들일 뿐이다.

---

01   [옮긴이 주] 서구의 번역자들은 대체로 프라크리티(Prakrti; 원질 또는 근본원질)에 대한 번역어로 자연(nature)을 사용한다.

역사가 시작된 이래로 인간들 사이에서 놀
라운 다양한 현상이 기록되어 왔다. 현대에 그러한 현상들을 증명하기 위
한 증거들이 없지는 않다. 심지어 현대 과학의 충분한 광휘 하에서 살아가
는 사회들에서조차 그러하다. 엄청난 양의 그러한 증거는 무지하고 미신
적이거나 사기를 치는 사람들로부터 온 것이기에 신뢰할 수 없다. 많은 경
우에 소위 기적이라 불리는 일들은 모방품들이다. 그러나 그들이 모방하
는 것은 무엇인가? 적절한 연구 없이 뭔가를 버리는 것은 정직하고 과학
적인 마음의 표시가 아니다. 놀라운 다양한 정신 현상을 설명할 수 없는
이름만 과학자인 사람들은 바로 그러한 현상들의 존재 자체를 무시하려
노력한다. 그러므로 그들은 자신들의 기도가 구름 위의 존재나 존재들에
의해 응답받는다고 생각하는 사람들이나, 자신들이 기원하면 그러한 존재
들이 우주의 진로를 바꿀 것이라고 믿는 사람들보다 더 비난받을 만하다.
후자들은 무지하기 때문이라는 변명이나, 적어도 결함 있는 교육 시스템
즉 그들에게 그러한 존재들에 의존하라고 가르치는, 그래서 의존이 그들
자신의 퇴보한 본성의 일부분이 되게 만드는 교육 시스템 때문이라는 변

명을 할 수 있다. 전자는 그러한 변명도 하지 못한다.

수천 년 동안 그러한 현상들이 연구·조사되고 일반화되어 왔다. 인간의 종교적 능력의 모든 토대가 분석되어 왔고, 실제적인 결과물이 라자 요가의 과학이다. 라자 요가는 일부 현대 과학들의 용납받지 못할 태도를 본떠서 설명하기 어려운 사실들의 존재를 부인하지 않는다. 그와는 반대로 이 요가는 기적들과 기도에 대한 응답들 그리고 믿음의 힘이 사실들로서 진실이지만 구름 위의 존재나 존재들의 힘에서 기인한다는 미신적인 설명들로는 이것들을 이해할 수 있게 만들지는 못한다고 미신을 믿는 사람들에게 부드럽지만 분명하게 말한다. 이 요가에서는 개개인들이란 인류의 배후에 놓인 지식과 힘의 무한한 대양을 위한 도관일 뿐이라고 단언한다. 그리고 욕망들과 필요한 것들이 인간에게 있고 그것들을 공급할 수 있는 능력 또한 인간에게 있으며 언제 어디서든 욕망이나 필요한 것 또는 기도가 충족되는 경우마다, 그러한 충족은 이 무한한 저장고로부터 온 것이지 어떤 초자연적인 존재로부터 온 것은 아니라고 가르친다. 초자연적 존재들에 대한 관념은 어느 정도 인간의 행위 능력을 각성시킬 수 있지만 그것은 또한 영적인 쇠약함을 발생시킨다. 그것은 의존성, 두려움, 미신을 야기하고, 인간이 본성적으로 나약하다는 믿음으로 발전하게 된다. 요가수행자yogi는 초자연적인 것은 없지만 자연에는 조대한 현현들과 미세한 현현들이 있다고 말한다. 미세한 것은 원인이고 조대한 것은 결과이다. 조대한 것은 감감기관들로 쉽게 인식할 수 있지만 미세한 것은 그렇지 않다. 라자 요가 수행으로 미세한 인식들을 획득할 수 있게 될 것이다.

정통적인 모든 인도 철학 체계에서는 하나의 목표를 염두에 두고 있다. 그것은 완전함을 통한 영혼의 자유이다. 그 방법은 요가이다. 요가yoga라는 단어는 거대한 토대에 걸쳐 있다. 상키야Sāṃkhya와 베단타Vedānta 두 학파에서는 이런저런 형태의 요가를 가르친다.

이 책의 주제는 라자 요가[01]로 알려진 요가의 형태이다. 파탄잘리Patañjali의 아포리즘들은 라자 요가에 대해 최고의 권위를 가지고 있고 이 요가의 근본경전이 된다. 다른 철학자들은, 비록 가끔 몇몇 철학적 관점에서 파탄잘리와 상이하지만, 대개 그의 수행 방법에 분명하게 동의한다. 이 책의 첫 부분은 저자가 뉴욕에서 개최한 강좌들에서 했던 몇 개의 강연으로 이루어져 있다. 둘째 부분에는 상당히 자유롭게 번역된 파탄잘리의 아포리즘수트라, Sūtra들과 이 아포리즘들의 순서에 따라서 연속적으로 단 주석이 있다. 가능한 한 전문적인 용어들을 사용하지 않고 자유롭고 쉬운 대화 형식을 유지하려 노력하였다. 첫 부분에서는 수행하기를 원하는 학생들을 위해서 단순하고 구체적인 몇 가지 지침을 주었다. 그러나 라자 요가는 극소수의 예외를 제외하면 오직 스승과의 직접적

---

01 이 책 전체를 통해서 편집자는 널리 알려진 요가 철학 체계를 지칭할 때 라자 요가(Rāja Yoga)를 대문자 R로 쓰는 방침을 따랐다. 일반적으로 요가로 알려진 영적인 수행법을 뜻할 때는 소문자 r로 썼다. 그러나 실제로는 항상 이러한 구별을 유지할 수는 없었다. 요가라는 단어 역시 요가 철학과 요가 수행 각각을 나타내기 위해서 대문자 Y와 소문자 y로 구별하여 썼다.

[옮긴이 주] 저자가 '요가'라는 단어의 의미를 대·소문자로 구분하여서 표기하고 있으나 대부분 문맥상 양자의 구분이 가능하므로 본 번역서에서는 한글로 '요가'라고 표기하고, 경우에 따라서는 요가 철학, 요가 수행으로 풀어서 번역하였다.

인 접촉에 의해서만 안전하게 배울 수 있다는 점을 그 학생들 모두에게 각별히 진정으로 강력하게 충고한다. 이 책이 독자들로 하여금 이 주제에 대해 더 많은 정보를 알고 싶다고 하는 욕망들을 일깨우는 데 성공한다면 스승은 없지 않을 것이다.

파탄잘리의 체계는 상키야 체계에 기초하고 있지만, 양자는 두 가지의 가장 중요한 차이가 있다. 첫째, 파탄잘리는 최초의 스승의 형태를 한 인격신을 인정하는 반면, 상키야가 인정하는 유일한 신은 일시적으로 창조의 주기를 관장하는 거의 완전한 존재이다. 둘째, 요가수행자는 참영혼Soul 즉 푸루샤Puruṣa와 동일하게 마음이 편재한다고 생각하고, 상키야는 그렇지 않다.

스와미 비베카난다Swami Vivekananda

서론 I 첫 단계 I 프라나*Prāṇa* I 심령적 프라나*Psychic Prāṇa*

심령적 프라나의 통제*Control of Psychic Prāṇa*

프라티야하라와 다라나*Pratyāhāra & Dhāraṇā* I 디아나와 사마디*Dhyāna & Samādhi*

서론

　　우리의 모든 지식은 경험에 근거한다. 특수에서 보편까지 가는 또는 보편에서 특수까지 가는, 우리가 추리에 의한 지식이라 부르는 것은 자신의 토대로서 경험을 가지고 있다. 정밀과학들[01]이라 부르는 것에서 사람들은 쉽게 진리를 찾는다. 왜냐하면 과학은 모든 인간의 구체적인 경험들에 호소하기 때문이다. 과학자는 당신이 맹목적으로 어떤 것을 믿기를 요구하지 않는다. 그러나 그는 자신의 경험들에서 기인한 특정한 결과들을 가지고 있고, 그것들에 대해 판단을 내린 그는 자신의 결론들을 우리가 믿기 원할 때, 인류의 어떤 보편적인 경험에 호소한다. 모든 정밀과학에는 인류에 공통하는 하나의 토대가 있으므로, 우리는 거기로부터 끌어낸 결론들이 진실인지 또는 허위인지 즉시 알 수 있다. 자, 질문은 다음과 같다. 종교는 그러한 어떤 토대를 가지고 있는가, 아닌가? 나는 그 질문에 대해 긍정과 부정 양자로 대답을 해야 할 것이다.

01　[옮긴이 주] 수학, 물리학, 화학 등의 과학을 의미한다.

전 세계에서 일반적으로 가르쳐지는 바와 같이 종교가 신념과 믿음에 기초하고 있다는 것이 알려졌고, 대부분의 경우에 이것은 이론들의 여러 모음으로만 구성되어 있다. 이것이 우리가 서로 싸우는 종교들을 발견하는 이유이다. 또 이 이론들은 믿음에 근거를 두고 있다. 한 사람이 구름 위에 앉아서 전 우주를 통치하는 위대한 참존재가 있다고 말하고, 오로지 자신의 주장만을 근거하여 나에게 그것을 믿으라고 요구한다. 동일한 방식으로 나는 나 자신의 생각들을 가지고 있을 수 있고, 다른 사람들에게 그것들을 믿으라고 요구하고 있다. 그리고 만일 그들이 이유를 묻는다면, 나는 그들에게 어떠한 것도 줄 수 없다. 이것이 종교와 종교철학이 오늘의 오명을 가지게 된 이유이다. 교양 있는 모든 사람은 다음과 같이 말하는 것으로 보인다. "오, 이 종교들은 그것들을 판단하기 위한 어떤 기준도 없는, 개개인이 자신이 만족해하거나 자랑스러워하는 생각들을 설교하는 이론들의 묶음들일 뿐이군요." 그럼에도 불구하고 종교에는 보편적인 믿음의 토대가 있어서 여러 나라의 다양한 분파의 다른 모든 이론과 각양각색의 모든 사상을 좌우한다. 이러한 토대에 의지하는 우리는 그것들 역시 보편적인 경험들에 근거를 두고 있다는 것을 깨닫는다.

먼저, 세상의 여러 종교들을 분석한다면, 당신은 그것들이 두 개의 군으로 나눠진다는 것을 알게 될 것이다. 책을 가진 것들과 책이 없는 것들이다. 책을 가진 종교들이 더 강력하고 더 많은 추종자를 가지고 있다. 책이 없는 종교들은 대부분 소멸하였고 소수인 신흥 종교는 매우 적은 추종자를 가지고 있다. 그러나 그것들 모두에서 우리는 하나의 공통된 견해를 발견한다. 즉 그것들이 가르치는 진리들이 특별한 사람들의 경험의 결과들이라는 것이다. 기독교인은 당신이 자신의 종교를 믿기를, 예수를 믿기를, 신의 화신으로서 그 자신을 믿기를, 신을, 영혼을, 그 영혼의 보다 나은 상태를 믿기를 요구한다. 만일 내가 그에게 그 이유를 묻는다면, 그는 자신이 그것들을 믿는다고 말한다. 그러나 기독교의 근원으로 간다면, 당신은 그것이 경험에 기초하고 있다는 것을 알게 될 것이다. 예수는 자신이 신을 보았다고 말했고, 제자들은 자신들이 신을 느꼈다 등을 말했다. 유사하게 불교에서 그것은 붓다의 경험이다. 그는 특정한 진리들을 경험했고, 그것들을 보았고 접촉하였고 세상에 설파하였다. 힌두교의 경우도 마찬가지이다. 리쉬[ṛṣi]들[02]과 성자들이라 불리는 저자들은 자신들의 저서에서 자신들은 특정한 진리들을 경험하였고 이 진리들을 설파한다고 선언한다.

그러므로 세상의 모든 종교가 우리의 모든 지식 즉 직접 경험으로 된 하나의 보편적이고 견고한 토대 위에 축조되었다는 것은 분명하다. 스승들은 모두 신을 보았다. 다시 말해서, 그들은 모두 자신들의 영혼을 보았고, 자신들의 영혼의 미래와 자신들의 불멸을 보았다. 그리고 그들은 자신들이 본 것을 설파하였다. 거기에는 오직 다음과 같은 차이가 있다. 대부분의 이러한 종교에 의해서, 특히 현대에, 이 경험

---

02 [옮긴이 주] 일반적으로 '현자(賢者)'라고 번역된다. 원래는 베다(Veda) 시대의 음유시인들을 지칭하는 명칭으로 사용되었다. 오늘날에도 사용되고 있는데, 성자와 같은 사람들에게 부여하는 존칭이다.

들은 현재 불가능하다는 기이한 주장이 제기되었다. 그 경험들은 오직 소수의 사람만이 가능하였고, 그들은 그 후에 자신들의 이름을 가진 종교의 창시자였다. 현재로서는 이러한 경험들은 쓸모없게 되었으므로, 우리는 지금 이 종교들을 믿어야만 한다.

나는 이것을 완전히 부정한다. 만일 지식의 어떤 특정한 분야에서 이 세상에 하나의 경험이 있어 왔다면, 그 경험은 이전에도 수백만 번 가능해 왔고 영원히 반복될 것이라는 사실은 절대적으로 당연하다. 일관성은 자연의 엄격한 법칙이다. 한 번 일어난 일은 언제든 일어날 수 있다.

그러므로 라자 요가의 과학의 스승들은 종교가 고대의 경험들에 기초를 두고 있을 뿐만 아니라 스스로 동일한 경험을 할 때까지 어떤 사람도 종교적이 될 수 없다고 단언한다. 라자 요가는 우리에게 이 경험들에 도달하는 법을 가르쳐주는 과학이다. 수행자가 그것을 느끼기 전까지, 종교에 대해 이야기하는 것은 별다른 소용이 없다. 왜 신의 이름으로 그렇게 많은 소란과 싸움과 다툼이 있는가? 다른 어떤 원인들보다 신의 이름으로 더 많은 유혈 사태가 있어 왔다. 왜냐하면 사람들은 결코 근원으로 가지 않았기 때문이다. 그들은 자신들의 선조들의 관습에 단지 정신적으로 동의하는 것으로 만족해했고, 다른 사람들도 똑같이 하기를 원했다. 만일 어떤 사람이 영혼을 느끼지 못한다면 자신이 영혼을 가지고 있다고 또는 만일 그가 신을 보지 못한다면 신이 있다고 무슨 권리로 말하는가? 만약 신이 있다면 우리는 그를 보아야만 한다. 만약 영혼이 있다면 우리는 그것을 인식해야만 한다. 그렇지 않다면 믿지 않는 편이 낫다. 위선자가 되는 것보다 솔직한 무신론자가 되는 편이 낫다.

한편으로 '학식 있는 사람'의 현대적 관념으로는 종교와 형이상학과 지고의 참존재에 대한 모든 탐구가 헛되다는 것이다. 다른 한편으로 어느 정도 교육받은 사람의 관념으로는 이런 것들이 사실상 기초가 없는 것으로 보인다. 그것들의 유일한 가치는 그것들이 세상에 선을 행하기 위한 강력한 원동력을 제공해준다는 사실에 있다. 사람들이 신을 믿는다면 그들은 선하고 도덕적이게 될 것이고 따라서 훌륭한 시민들이 된다. 이 사람들이 가진 모든 가르침은 그 배후에 아무런 실체도 없이 말로 된, 끝없이 길고 장황한 이야기들을 믿는 것뿐인 것으로 보는 우리는 그들이 그러한 생각을 가지고 있다고 그들을 비난할 수는 없다. 그들은 이야기로 먹고살기를 요구받는다. 그들이 그것을 할 수 있을까? 그들이 할 수 있었다면, 나는 아마 인간의 본성에 대해 조금도 관심을 갖지 않을 것이다. 사람은 진리를 원하고 자신을 위해서 진리를 경험하기를 원한다. 그가 그것을 이해했을 때, 그것을 깨달았을 때, 자신의 마음 깊숙한 내부에서 그것을 느꼈을 때, 베다Veda들에서는 그때만이 모든 의심이 사라지고 모든 어둠이 흩어지며 모든 비뚤어진 것이 곧아지게 될 것이라고 선언한다. "너희들, 불멸의 자녀들이여, 심지어 가장 높은 천공에 사는 자들이여, 길이 발견된다. 이 모든 어둠을 벗어나는 길이 있다. 그리고 그것은 모든 어둠을 넘어서 있는 그를 인식함으로써 있다. 다른 길은 없다."

라자 요가의 과학은 이 진리에 도달하는 실제적이고 과학적인 해결 방법을 인류 앞에 두기를 제안한다. 먼저 모든 과학은 그 자체의 조사 방법을 가지고 있음에 틀림없다. 만일 천문학자가 되기를 원하면서 "천문학! 천문학!" 하고 앉아서 외친다면, 당신은 결코 천문학자가 되지 못할 것이다. 화학자의 경우에도 마찬가지이다. 특정한 방법이 뒤따라야만 한다. 당신은 실험실로 가서 여러 물질을 고르고 섞고 살펴보고 그것들로 실험해야만 한다. 그러면 그것으로부터 화학에 대한 지식이 생길 것이다. 천문학자가 되고자 한다면 당신은 관측소로 가서 망원경을 잡고서 별과 행성을 탐구해야 한다. 그러고 나면 당신은 천문학자가 될 것이다. 각 과학은 자체의 방법들을 분명히 가지고 있다. 나는 당신에게 수천 번의 설교를 할 수 있지만 그 방법을 따르기 전까지 그 설교들은 당신을 종교적으로 만들지는 못할 것이다. 이 진리는 모든 나라의 성자들에 의해서, 의도를 가진 것이 아니라 세상에 선을 행하려는 순수하고 이타적인 사람들에 의해서 설파되어 왔다. 그들은 모두, 자신들은 감각들이 우리에게 가져다줄 수 있는 것보다 더 높은 특정한 진리를 발견했다고 선언한다. 그들은 우리에게 수행을 시작하고 정직하게 해나가라고 요청한다. 그런 후에 더 높은 이 진리를 발견하지 못한다면 우리는 그 주장에 진리가 없다고 말할 권리를 가지게 될 것이다. 그러나 그것을 해보기도 전에 그들이 주장하는 진리를 부정하는 것은 비이성적이다. 그러므로 우리는 앞서 서술된 방법들을 충실하게 수행해야만 한다. 그러면 빛이 올 것이다.

지식을 얻는 데 있어 우리는 일반화를 이용하고, 일반화는 관찰에 기초를 두고 있다. 우리는 먼저 사실들을 관찰하고서 일반화한 다음, 결론들을 끌어내거나 원리들을 만들어 낸다. 먼저 내면에서 일어나고 있는 일을 관찰할 수 있는 힘을 발달시키기 전까지, 우리는 마음에 대한, 인간의 내적인 본성에 대한, 사고에 대한 지식을 가질 수 없다. 외부 세계의 사실들을 관찰하기는 상대적으로 쉽다. 왜냐하면 많은 도구가 그러한 목적으로 발명되어 왔기 때문이다. 그러나 내부 세계의 경우, 우리를 도와줄 도구가 없다. 그러나 우리는 진짜 과학을 가지기 위해서 관찰해야만 한다는 것을 안다. 알맞은 분석 없이는 어떤 과학도 가망이 없고 단지 이론화만 있을 뿐이다. 이것이 심리학자들이, 관찰의 방법들을 발견한 소수의 사람을 제외하고, 처음부터 자신들끼리 다퉈오고 있는 이유이다.

　　　　　라자 요가의 과학은 먼저 우리에게 내면의 상태를 관찰하는 그러한 수단을 주려고 한다. 도구는 마음 그 자체이다. 알맞게 인도되고 내면으로 향하게 될 때 집중력은 마음을 분석할 것이고 우리를 위해서 사실들을 명확하게 할 것이다. 마음의 힘들은 흩어진 광선들과 같다. 집중될 때 그것은 밝아진다. 이것이 지식의 유일한 수단이다. 모든 사람이 외부 세계와 내부 세계 양자에서 이것을 이용하고 있다. 그러나 심리학자의 경우에는 과학자가 외부 세계를 향해서 하는 것과 똑같은 세심한 관찰을 내부 세계로 향해서 해야만 한다. 이것은 많은 수련을 필요로 한다. 어린 시절 이후로 줄곧 우리는 외부의 것들에만 주의를 기울이라고 배워 왔다. 그러나 결코 내부의 것들에 그렇게 하라고 배우지 못했다. 그러므로 우리 중 대부분은 내면의 메커니즘을 관찰하는 능력을 거의 잃어버렸다. 마음을 내면으로 돌리고, 이를 테면 마음이 외부로 나가지 못하게 하고, 그런 다음 마음 자체의 본성을 알고 그 자체를 분석할 수 있도록 하기 위해서 마음의 모든 힘을 집중시키고 그 힘들을 마음 그 자체에 보내는 것은 매우 힘든 일이다. 그러나 그것은 대상에 대한 과학적인 접근법과 같은 것이 될 어떤 것에 이르는 유일한 길이다.

그러한 지식의 유용함은 무엇인가? 우선, 지식 그 자체가 지식의 최고의 보상이다. 둘째, 그것에는 또한 실용성도 있다. 그것은 우리의 모든 고통을 제거할 것이다. 자신의 마음을 분석함으로써, 말하자면 결코 파괴되지 않는 무언가와 즉 그것 자체의 본성상 영원히 순수하고 완전한 무언가와 대면하게 될 때, 그는 더 이상 비참하지도 불행하지도 않을 것이다. 모든 고통은 두려움, 충족되지 않는 욕망으로부터 온다. 자신이 결코 죽지 않는다는 것을 발견할 때, 그때 사람은 더 이상 죽음에 대한 공포를 가지지 않을 것이다. 자신이 완전하다는 것을 알 때, 그는 더 이상 헛된 욕망들을 갖지 않을 것이다. 그리고 이 두 원인이 없게 될 때, 더 이상의 고통은 없을 것이다. 다시 말해서, 심지어 이 몸으로도 완전한 지복이 있을 것이다.

유일한 방법이 하나 있는데, 이것으로 이 지식을 얻는다. 그것은 집중이다. 연구실에서 화학자는 자신의 마음의 모든 에너지를 모아서 하나의 초점을 만들고, 자신이 분석하고 있는 물질들에 보냄으로써 그것들의 비밀들을 발견해 낸다. 천문학자는 자신의 마음의 모든 에너지를 모아서 그것들을 망원경을 통해서 하늘로 향하게 한다. 별들과 태양과 달이 자신들의 비밀을 그에게 넘겨준다. 당신에게 말하고 있는 그 주제에 내가 생각들을 더 많이 집중할수록 나는 그것에 더 많은 빛을 보낼 수 있다. 당신은 내 말을 듣고 있다. 자신의 생각들을 더 많이 집중할수록, 당신은 내가 말하고 있는 바를 더 명료하게 파악할 것이다.

마음의 힘들을 집중하지 않고서 세상의 모

든 지식을 어떻게 획득해 왔겠는가? 만일 우리가 세상을 두드리는 법을, 필요한 일격을 세상에 가하는 법을 알기만 한다면, 세상은 자신의 비밀들을 포기할 준비가 되어 있다. 인간의 마음의 힘에는 한계가 없다. 마음이 집중되면 될수록 더 많은 힘이 한 점에 가해지게 된다. 그것이 비밀이다.

　　　　　　　마음을 외부의 것들에 대해 집중하는 것은 쉽다. 마음은 태생적으로 외부로 향한다. 그러나 종교나 심리학이나 형이상학에서는 그렇지 않다. 거기서 주체와 객체는 하나이다. 대상은 내부에 있다. 즉 마음 그 자체가 대상이다. 마음 자체를 탐구할 필요가 있다. 마음이 마음을 탐구한다. 우리는 반영이라 불리는 마음의 힘이 있다는 것을 안다. 나는 당신에게 말하고 있고, 동시에 나는 두 번째 사람처럼 옆에 서서 내가 말하고 있는 것을 알고 듣고 있다. 당신은 일하면서 생각한다. 동시에 당신의 마음 한 부분은 옆에 서서 당신이 생각하고 있는 것을 보고 있다. 마음의 힘들이 그것에 집중되고 향하게 해야 한다. 가장 어두운 장소들은 관통하는 태양의 빛 앞에서 자신들의 비밀을 드러낸다. 그와 같이 집중된 마음은 자기 자신의 가장 깊은 곳에 있는 비밀들 속으로 침투한다. 그러므로 우리는 믿음의 토대 즉 진정한 종교로 다가가야 한다. 우리가 영혼을 가지고 있건 없건, 삶이 5분간 지속되건 영원히 지속되건, 신이 있건 없건, 우리는 자신을 인식해야 한다. 이 모두가 우리에게 드러나게 될 것이다.

　　　　　　　이것이 라자 요가가 가르치려 한 것이다. 그것의 가르침의 목표는 마음을 집중하는 법을, 그리고 우리 자신의 마음들의 가장 깊은 곳을 발견하는 법을, 그 다음에 마음들의 내용들을 일반화하고 그것들로부터 우리 자신의 결론들을 만드는 법을 보여 주는 것이다. 그 것은 결코 우리의 믿음이, 이신론자이든 무신론자이든 또는 기독교인이든 유대교인이든 불교도이든, 무엇인지 묻지 않는다. 우리는 인간이고 그것 으로 충분하다. 모든 인간은 종교를 추구할 권리와 힘을 가지고 있다. 모 든 인간은 왜 그런지 이유를 묻고 자신의 질문에 스스로 대답할 권리를 가 진다.

그리고 이제까지 우리는 라자 요가를 학습 하는 데 있어서 신념이나 믿음이 불필요하다는 것을 보았다. 당신이 스스 로 그것을 발견할 때까지 아무것도 믿지 마라. 그것이 라자 요가가 우리에 게 가르치는 것이다. 진리는 그 자체가 서도록 만들기 위해서 받침대를 필 요로 하지 않는다. 깨어 있는 상태의 사실들이 자신들을 증명하기 위해서 어떠한 꿈들이나 상상들을 필요로 한다고 말하려는 것인가? 분명히 아니 다. 라자 요가에 대한 탐구는 긴 시간의, 지속적인 수행을 필요로 한다. 이 수행의 일부분은 육체적이지만 대부분은 정신적이다. 진전할 때 우리는 마음이 몸과 얼마나 밀접하게 연결되어 있는지 발견하게 될 것이다. 마음 은 단지 몸의 좀 더 미세한 일부이고, 마음이 몸에 작용한다는 것을 우리가 믿는다면, 그때 몸이 마음에 틀림없이 반작용한다는 것이 이치에 맞다. 몸 이 아프면 마음도 아프게 된다. 몸이 건강하면 마음도 건강하고 강하게 유 지된다. 사람이 화가 날 때 마음은 혼란스럽게 되고 몸 또한 교란된다. 대 다수의 인간의 경우에 마음은 현저하게 몸의 통제 아래에 있고, 그들의 마 음은 거의 발달되지 않는다. 대부분의 인간은 동물에서 거의 분리되지 않 았다. 왜냐하면 많은 예에서 인간들의 통제력이 동물들보다 약간 고등하기 때문이다. 우리는 마음을 거의 지배하지 못한다. 그러므로 그러한 지배력을 얻기 위해서 즉 몸과 마음에 대한 그러한 통제력을 얻기 위해서 우리는 특정한 육체적 도움들을 받아야만 한다. 몸이 충분히 통제될 때, 우리는 마음을 조절해 보려 할 수 있다. 마음을 조절함으로써 우리는 마음을 통제하에 둘 수 있을 것이고, 우리가 바라는 대로 움직이게 할 수 있을 것이며, 우리의 욕망대로 마음의 힘을 집중하도록 만들 수 있을 것이다.

라자 요가 수행자에 따르면 외부 세계는 단지 내부 세계 즉 미세한 것의 조대한 형태일 뿐이다. 미세한 것은 언제나 원인이고 조대한 것은 결과이다. 따라서 외부 세계는 결과이고 내부 세계는 원인이다. 그러므로 외적인 힘들은 단지 미세한 것의 보다 조대한 부분들이고, 내적인 힘들은 미세한 것의 보다 미세한 부분들이다. 내적인 힘들을 조절하는 법을 발견하고 배운 사람은 자연 전체를 자신의 통제 하에 둘 것이다. 요가수행자는 자신에게 전 우주를 지배하는 것, 전 자연을 통제하는 것 못지않은 과제를 제안한다. 그는 소위 자연의 법칙들이라 부르는 것이 자신에 대한 영향력을 가지지 못하게 될 지점에, 그가 그 모두를 넘어서 갈 수 있게 될 지점에 도달하기를 원한다. 그는 내적인 그리고 외적인 전체 자연의 주인이 될 것이다. 인류의 진보와 문명화는 단순히 자연을 통제하는 것을 의미한다.

여러 민족들은 자연을 통제하는 상이한 과정들을 취한다. 동일한 사회에서 일부의 사람들은 외부의 자연을 통제하기를 원하고 다른 사람들은 내부의 자연을 통제하기를 원하는 것과 꼭 마찬가지로, 민족 중에 일부는 외부의 자연을 통제하기를 원하고 다른 민족들은 내적인 자연을 통제하기를 원한다. 일부의 사람들은 내부의 자연을 통제함으로써 모든 것을 통제한다고, 다른 사람들은 외부의 자연을 통제함으로써 모든 것을 통제한다고 말한다. 결국 양자는 옳다. 왜냐하면 사실상 당신은 내부나 외부와 같은 그러한 어떤 구분도 발견할 수 없을 것이기 때문이다. 이것들은 한 번도 존재하지 않은 허구의 한계이다. 외재론자들과 내재론자들은 자신들이 지식의 한계에 도달했을 때 동일한 지점에서 만날 운명이다. 자신의 지식을 한계까지 밀어붙일 때 자신의 지식이 형이상학으로 녹아들어가는 것을 발견하는 자연과학자와 마찬가지로, 그렇게 형이상학자는 자신이 마음과 물질이라 부르는 것은 단지 외관상의 차이들일 뿐, 그 차이들은 궁극적으로 사라질 것이라는 것을 발견한다.

모든 과학의 끝과 목표는 단일한 것, 유일한 것을 발견하는 것이고, 그것에서 많은 것들이 산출되어서 유일한 것이 많은 것처럼 나타난다. 라자 요가는 내부 세계로부터 출발하고 내부의 자연을 탐구하고 그것을 통해서 내적, 외적 양자 전체를 통제할 것을 제안한다. 이것은 매우 오래된 시도이다. 인도는 그것의 특별한 본거지가 되어 왔다. 그러나 그것은 또한 다른 나라들에서도 시도되어 왔다. 서구의 나라들에서 그것은 오컬티즘occultism으로 간주되었고, 그것을 수련하기를 원했던 사람들은 마녀들과 마법사들로서 불태워지거나 죽임을 당했다. 여러 가지 이유 때문에 인도에서 그것은 그 지식의 90%를 파괴하였고 남은 것들을 위대한 비밀로 만들려고 했던 사람들의 수중에 떨어졌다. 현대 서구에서 소위 스승이라 불리는 많은 사람들을 발견하지만 이들은 인도의 스승들보다 더 나쁘다. 왜냐하면 인도의 스승들은 무언가를 알았던 반면, 현대의 이 주창자들은 아무것도 모르기 때문이다.

요가의 이 체계에서는 비밀스럽고 신비한 어떤 것도 즉각 거부되어야 한다. 삶의 최고의 안내자는 힘이다. 다른 모든 일에서와 마찬가지로 종교에서도 당신을 약하게 만드는 모든 것을 버리고 그것과 관계 맺지 마라. 신비에 열중하는 것은 인간의 뇌를 약화시킨다. 그것은 가장 위대한 과학 중 하나인 요가를 거의 망쳐 왔다. 요가가 발견된 때로부터 즉 4,000년 전보다 더 이전부터 요가는 인도에서 완전하게 윤곽이 그려지고 형성되고 설파되었다. 현대의 주석가일수록 더 큰 실수를 저지르는 반면, 고대의 저자일수록 더 합리적이라는 것은 눈에 띄는 사실이다. 현대의 작가들 대부분은 온갖 종류의 신비에 대해 말한다. 따라서 요가는 대낮의 충분히 눈부신 햇빛과 이성을 그것에 비추게 하는 대신에 그것을 신비화한 몇몇 사람의 수중에 떨어졌다. 그들은 그 힘들을 자신들이 독점하기 위해서 그렇게 했다.

먼저 내가 가르치려는 것에는 신비에 싸인 것이 없다. 내가 아는 얼마 안 되는 것을 당신에게 말할 것이다. 그것을 설명할 수 있는 한 나는 그렇게 할 것이다. 그러나 내가 알지 못하는 것에 관해서는 단지 책들이 말하는 바를 이야기할 것이다. 맹목적으로 믿는 것은 잘못이다. 당신은 자신의 이성과 판단력을 발휘해야만 한다. 이러한 것들이 발생하든 하지 않든 경험으로부터 배워야만 한다. 다른 어떤 과학을 시작하는 것과 마찬가지로 탐구를 위해서 정확히 동일한 방식으로 이 과학을 시작해야 할 것이다. 거기에는 신비도 위험도 없다. 그것이 진실인 한 그것은 백주에 길거리에서 설파되어야만 한다. 이러한 것들을 신비화하려는

비베카난다의 요가수트라

어떤 시도도 엄청난 위험을 초래한다.

더 멀리 나아가기 전에 라자 요가 전체가 근거하고 있는 상키야Sāṃkhya 철학에 대해 약간 이야기하겠다. 상키야 철학에 따르면 인식의 기원은 다음과 같다. 인식이 일어날 때, 외적 도구들이 외부 대상들의 인상들을 뇌의 각각의 센터들 즉 기관들로 전달하고, 그 기관들이 그 인상들을 마음으로 전달하고, 마음은 그것들을 판단 능력03으로 전달하며, 이것으로부터 푸루샤Puruṣa 즉 참영혼은 그 인상들을 받는다. 그 다음에 푸루샤는 필요한 일을 하는 운동 센터들로 명령을 돌려준다. 푸루샤를 제외한 이 모든 것은 물질04이다. 그러나 마음은 외적 도구들보다 훨씬 더 미세한 물질이다. 마음이 구성되는 물질은 더 조대해지게 되어서 탄마트라tanmātra들을 형성한다. 이것들은 아주 더 조대하게 되어서 외부의 물질을 형성한다. 이것이 상키야의 심리학이다. 그러므로 지성intellect과 바깥의 조대한 물질 사이에는 정도의 차이만이 있을 뿐이다. 푸루샤는 지성이 있는 유일한 것이다. 마음은 말하자면 영혼의 손에 있는 도구이다. 이것을 통해서 참영혼은 외부의 대상들을 인식한다.05

---

03 [옮긴이 주] 흔히 지성으로 번역되는 붓디(buddhi)이다.

04 [옮긴이 주] 프라크리티(Prakṛti) 즉 물질원리(원질 또는 근본원질)를 말한다.

05 [옮긴이 주] 앞 문장의 '지성'과 이 문장의 '지성이 있는'이라는 표현은 다소 혼동을 줄 수 있다. 전자는 프라크리티의 붓디를 지칭하는 것이고, 후자는 푸루샤의 인식력을 지칭한다. 다시 말해서, 상키야·요가 철학의 체계에서 인식력이 있는 것은 푸루샤뿐이고 나머지는 물질원리이다. 표현은 마음이나 정신성이 있는 것처럼 되어 있으나 그것은 푸루샤와 프라크리티의 결합에서 발생한 착각 상태에서의 기능을 표현한 것이다. 다시 한 번 강조하자면, 이 철학 체계에

마음은 끊임없이 변화한다. 한 대상에서 다른 대상으로 움직여 간다. 마음은 때로 자신을 몇 개의 기관에, 때로는 하나에 부착시키고, 때로는 아무것에도 부착시키지 않는다. 예를 들자면 만일 내가 강렬한 집중력으로 시계 소리를 듣는다면, 나는 아마도 눈을 뜨고 있더라도 어떤 것도 볼 수 없을 것이다. 이것은 마음이 청각 기관에 부착되어 있는 동안 시각 기관에 부착되지 않았다는 것을 보여 준다. 때로 마음은 자신을 동시에 모든 기관에 부착한다. 그러나 다시 마음은 자신의 심연을 돌아보는 반영적인 힘을 가지고 있다. 요가수행자는 이 힘을 얻고자 한다. 마음의 힘들을 모아서 내면으로 향하게 돌림으로써 그는 내면에서 무슨 일이 일어나고 있는지 알려고 시도한다. 이것에 대한 믿음에 대해서는 의문의 여지가 없다. 이것은 특정한 철학자들에 의한 분석의 결과이다. 현대의 생리학자들은 우리에게 눈이 시각 기관이 아니고 뇌에 있는 신경 센터 중 하나라고, 그리고 모든 감각이 그렇다고 말한다. 그들은 또한 우리에게 이 센터들이 뇌 자체와 동일한 물질로 형성되었다고 말한다. 상키야 또한 우리에게 동일한 것을 말한다. 전자는 육체적 측면에 대한 언급이고, 후자는 심리적 측면에 대한 언급이다. 그러나 양자는 같다.

우리의 연구 영역은 이것을 넘어서 있다. 요가수행자는 상이한 모든 정신적 상태를 인식할 수 있는 인식의 그러한 미세한 상태에 도달할 것을 제안한다. 모든 상태에 대한 정신적 인식이 있음

서 실제로 인식력, 정신성이 있는 것은 흔히 순수정신으로 번역되는 푸루샤뿐이다.

에 틀림없다. 사람은 외적 기관이 대상과 접촉하자마자 일어나는 감각을, 그 감각이 특정한 신경에 의해서 신경 센터로 전달되는 것을, 마음이 받는 그것을, 판단 능력에 나타나는 그것을, 그것을 푸루샤에게 전달하는 마지막 이것을 인식할 수 있다. 이 모든 상이한 단계는 차례로 관찰되어야 할 것이다. 각각의 과학이 특정한 준비들을 요구하고, 그것이 이해될 수 있기 이전에 반드시 따라야만 하는 그 자체의 방법을 가지고 있는 것과 마찬가지로 라자 요가도 그러하다.

음식과 관련하여 특정한 규율들이 필요하다. 우리를 가장 순수한 마음 상태로 데려다주는 그 음식을 사용해야만 한다. 만일 동물쇼에 간다면 당신은 이것이 즉시 입증된다는 사실을 알게 될 것이다. 코끼리들을 본다. 거대한 동물이지만 고요하고 온순하다. 만일 사자들이나 호랑이들의 우리로 간다면 당신은 부산한 그것들을 본다. 이것은 음식으로 얼마나 많은 차이가 만들어져 왔는지 보여 준다. 몸에서 작용하고 있는 모든 힘은 음식으로부터 산출되어 나왔다. 우리는 매일 그것을 본다. 만일 단식을 시작한다면, 당신의 몸은 약해지게 될 것이고 육체적인 힘들이 쇠약해질 것이다. 그리고 며칠 후에 정신의 힘 또한 약화될 것이다. 먼저 기억력이 나빠진 다음 생각을 할 수 없고, 그렇기에 사유의 어떠한 과정을 따라서 나아갈 수 있을 리가 만무한 시점이 온다. 그러므로 시작할 때 우리가 어떤 종류의 음식을 먹는지 살펴보아야만 한다. 그리고 충분히 힘이 생겼을 때, 수행이 잘 진척되어 나가게 될 때, 우리는 이런 점에 그렇게 주의를 기울일 필요가 없다. 식물이 자라고 있을 때 손상을 입히면 안 되니까 그것의 주위에 울타리를 쳐야만 한다. 그러나 그것이 나무가 되었을 때 울타리는 치워져야 한다. 그때 그 나무는 모든 공격을 견뎌낼 만큼 충분히 강하다.

요가수행자는 사치와 고행이라는 양극단을 피해야만 한다. 그는 자신의 육체를 굶기지도 괴롭히지도 말아야만 한다. 《기타》에서 말하기를, 그렇게 하는 자는 요가수행자가 될 수 없다. 단식하는 자, 계속 깨어 있는 자, 많이 자는 자, 너무 많이 일하는 자, 일하지 않는 자, 이들 중 누구도 요가수행자가 될 수 없다.

첫 단계

라자 요가는 여덟 단계로 나뉜다. 첫째는 불살생, 진실, 도둑질 하지 않음불투도, 성적 금욕, 선물을 받지 않음무소유[01]으로 이루어진 금지하는 규율금계(禁戒), yama이다. 다음은 청정, 만족, 고행, 학습, 신에 대한 헌신으로 구성된 권하는 규율권계(勸戒), niyama이다. 그 다음, 아사나āsana 즉 요가 자세좌법[02], 프라나야마prāṇāyāma 즉 호흡 조절, 프라티야하라pratyāhāra 즉 감각 기관들의 대상들로부터 감각 기관들을 억제하는 것제감(制感), 다라나dhāraṇā 즉 한 점에 마음을 고정함총지(總持), 디야나dhyāna 즉 명상, 사마디samādhi 즉 초의식 경험삼매(三昧)이다. 야마와 니야마는 도덕 훈

---

01 [옮긴이 주] 비베카난다는 흔히 무소유로 번역되는 aparigraha를 '선물들 또는 증여물들을 받지 않음(non-receiving of gifts)'이라고 표현하였다.

02 [옮긴이 주] 비베카난다는 이 용어를 posture 즉 자세 또는 동작으로 번역하고 있으나 《요가 수트라》에 나타난 āsana에 대해 대표적인 3종의 주석서를 참조해서 확충, 해석해 보면 앉는 법 즉 좌법으로 번역하는 것이 보다 정확한 표현일 것이다. 그리고 이 책의 전체 내용을 보면 비베카난다 또한 아사나를 좌법으로 이해하고 있다.

련이다. 이것들 없이 요가 수행은 성공하지 못할 것이다. 요가수행자 yogi가 이것들을 확립하게 될 때, 그는 자신의 수행의 결과들을 실현하기 시작하게 될 것이다. 그것들 없이 요가 수행은 결코 결실을 맺지 못할 것이다. 요가수행자는 생각이나 말 또는 행동으로 누구도 해쳐서는 안 된다. 자비는 단지 사람들에게만 베푸는 것이 아니고 그러한 범위를 넘어서야만 한다. 그래서 전 세계를 껴안아야 한다.

다음 단계는 좌법인 아사나이다. 일련의 육체적, 정신적 동작은 특정한 더 높은 상태들에 도달될 때까지 매일 수련되어야 하는 것이다. 그러므로 우리는 오랫동안 유지할 수 있는 좌법을 반드시 찾아내야만 한다. 선택된 그 한 좌법은 가장 쉬운 것이어야만 한다. 생각해 보면, 한 사람에게 매우 쉬울 수 있는 어떤 한 좌법이 다른 사람에게는 매우 어려울 수 있다. 우리는 이러한 심리적인 내용들에 대해 학습하는 동안, 다량의 활동이 신체 내에서 일어난다는 것에 대해 나중에 알게 될 것이다. 신경의 흐름들이 바뀌게 될 것이고 새로운 통로가 주어질 것이다. 새로운 종류의 진동들이 시작될 것이다. 말하자면, 전체 구성이 개조될 것이다. 그러나 주요한 활동은 척추를 따라서 있게 될 것이다. 그러므로 좌법을 위해 필요한 한 가지는 척추를 자유로운 상태로 유지하는 것, 즉 곧게 앉아서 가슴, 목, 머리 이 세 부분을 수직이 되게 유지하는 것이다. 이세 부분의 전체 무게는 갈비뼈에 의해서 지탱되게 두어라. 등을 구부리고서는 매우 숭고한 생각들을 할 수 없다는 것을 쉽게 알 수 있을 것이다.

요가의 이 부분은 전적으로 육체적 신체를 다루고, 육체적 신체를 매우 강하게 만드는 것을 목적으로 하는 하타 요가 ₕₐₜₕₐ ᵧₒ₉ₐ와 약간 유사하다.[03] 여기서 그것을 다루지는 않을 것이다. 왜냐하면 하타 요가의 수행법들은 매우 어렵고 하루아침에 배울 수 없으며, 무엇보다도 그 수행법들로는 영적인 큰 성장을 이루지 못하기 때문이다. 당신은 델사르트 ᴰᵉˡˢᵃʳᵗᵉ[04] 등의 가르침들에서, 신체로 여러 가지 동작을 취하는 것과 같은 많은 이러한 수행법을 발견할 것이다. 이것들의 목적은 육체적이지 영적이지는 않다. 신체 전체에서 사람이 완전하게 통제할 수 없는 근육은 하나도 없다. 심장도 자신의 명령으로 멈추거나 계속 뛰게 할 수 있고 신체의 각 부위도 유사하게 통제할 수 있다.

하타 요가의 효과는 단지 사람을 장수하게 만드는 것이다. 주요 관념은 건강이고, 이것이 하타 요가 수행자의 유일한 목표이다. 그는 병에 걸리지 않기로 결심하고서 결코 병에 걸리지 않는다. 그는 장수한다. 일백 년은 그에게 아무것도 아니다. 백오십 살이 되었을 때도 그는 한 올의 머리카락도 백발이 없이 꽤 젊고 생기가 있다. 그러나 이것이 전부이다. 반얀ᵇᵃⁿʸᵃⁿ 나무도 때로는 오천 년을 살지만 그것은 반얀

---

03 [옮긴이 주] 하타 요가에 대한 비베카난다의 이러한 이해는 아마도 당시에 유행하던 동작 중심적, 상업주의적 하타 요가에 기반한 것으로 보인다. 다시 말해서, 전통적인 하타 요가에 대한 내용은 아닌 것이라 생각된다. 왜냐하면 하타 요가 또한 기본적으로 해탈의 성취를 목표로 하는 수행 체계이기 때문이다.

04 [옮긴이 주] 프랑수아 델사르트(Francois Delsarte; 1811-1871)는 남프랑스 출신으로 연극 배우이자 철학자이자 교육자였다. 그는 심신일원론적 입장에서 몸과 마음의 조화를 추구하는 델사르트식(式) 운동법을 창안했다. 그의 사상과 기법은 현대의 체조와 무용에 영향을 주었다. 현재 국내에 소개되어 있는 알렉산더 테크닉(Alexander Technique)의 뿌리라고도 한다.

나무에 불과하다. 그러므로 만일 사람이 장수한다면 그는 단지 건강한 동물일 뿐이다. 그러나 하타 요가 수행자들의 한두 가지의 일반적인 가르침은 매우 유용하다. 예를 들면 당신들 중 일부는 아침에 일어나자마자 코로 찬물을 들이키는 것이 두통에 좋다는 것을 알게 될 것이다. 하루 종일 머리가 매우 개운하다는 것을 느끼게 될 것이고 결코 감기에 걸리지 않을 것이다. 그것은 매우 하기 쉽다. 코를 물속에 넣고 양 콧구멍으로 물을 빨아 올리고서 인후에서 펌프 작용을 하라.

확고하고 바른 좌법을 배운 수행자는, 어떤 유파들에 따르면, 신경들의 정화라고 불리는 행법을 수행해야 한다. 라자 요가에 속하지 않는 일부 유파들은 이 부분을 거부해 왔다. 그러나 주석가로서 매우 위대한 권위자인 샹카라차리야^{Śaṅkarācārya}가 그것을 충고했기 때문에 나는 그것이 언급되어야만 하는 것이 적합하다고 생각한다. 그래서 나는 《슈웨타슈와타라 우파니샤드$^{Śvetāśvatara\ Upaniṣad}$》에 대한 그의 주석에서 다음과 같은 그의 가르침을 인용할 것이다. "호흡법^{prāṇāyāma}에 의해서 불순물이 제거된 마음은 브라만^{Brahman}에 고정된다. 그러므로 호흡법이 가르쳐진다. 먼저 신경들이 정화되고, 그런 다음 호흡법을 수행하기 위한 힘이 생긴다. 엄지손가락으로 오른쪽 콧구멍을 막고, 능력껏 왼쪽 콧구멍으로 숨을 들이쉬어라. 잠시도 간격을 두지 않고서 왼쪽 콧구멍을 막고서 오른쪽 콧구멍으로 숨을 내쉬어라. 하루 동안 네 번의 때에 즉 동이 트기 전에·정오에·저녁에·자정에 세 차례나 다섯 차례 이 호흡법을 수행하는 수행자는 15일 또는 한 달 이내에 신경들을 정화하게 될 것이다. 그런 다음 호흡법을 시작한다."

절대적으로 수행이 필요하다. 앉아서 매일 몇 시간이나 계속해서 나의 강의를 들을 수도 있겠지만, 수행을 하지 않는다면 당신은 한 걸음 더 나아갈 수는 없을 것이다. 이 모두는 수행에 달려 있다. 그것들을 경험하기 전까지 우리는 결코 이러한 것들을 이해하지 못한다. 우리 스스로 그것들을 알고 느껴야만 한다. 단순히 설명들과 이론들을 듣는 것만으로는 충분치 않다.

수행에 몇 가지 장애가 있다. 첫째 장애는 건강하지 않은 몸이다. 몸이 건강하지 않다면 수행은 방해받게 될 것이다. 그러므로 우리는 몸을 건강하게 유지해야만 한다. 우리는 먹는 것과 마시는 것, 행동하는 것에 대해 주의를 기울여야만 한다. 몸을 건강하게 유지하기 위해서, 언제나 일반적으로 크리스천 사이언스Christian Science[05]라 불리는 정신으로 노력하라. 그것이 전부이다. 몸에 관해서는 더 이상 할 것이 없다. 우리는 건강이 단지 목표를 달성하기 위한 수단일 뿐이라는 사실을 절대 잊어서는 안 된다. 만일 건강이 목표였다면, 그 경우에 우리는 동물처럼 되었을 것이다. 동물들이 건강하지 못하게 되는 경우는 드물다.

둘째 장애는 의심이다. 우리는 보지 못한 것들에 대해 항상 미심쩍게 여긴다. 아무리 노력해도 사람은 말로 살아갈 수는 없다. 그러므로 이러한 것들에 어떠한 진실이 있는지 없는지에 대해 우

---

05 [옮긴이 주] 기독교 교파들 중 하나로 미국의 종교가인 메리 베이커 에디(Mrs. Mary Baker Eddy; 1821-1910) 부인이 1866년에 창설하였다. 물질 세계는 실재가 아니며 병도 기도만으로 치유할 수 있다고 믿는다. 기독교의 주류 교단에서는 이 교파를 이단으로 간주한다.

리는 의심을 품게 된다. 심지어 우리 중 가장 뛰어난 사람도 때로는 의심을 갖게 될 것이다. 수행으로 수일 내에 약간의 어렴풋한 알아차림이 발생할 것이고, 이것은 수행자에게 용기와 희망을 주기에 충분하다. 요가 철학에 대한 어떤 주석가가 말한 것처럼, "아무리 작다 하더라도 하나의 증거가 얻어지게 되면, 그것은 우리에게 요가 전체의 가르침에 대한 믿음을 줄 것이다." 예를 들면, 처음 몇 개월의 수련 후에 당신은 자신이 다른 사람의 생각들을 읽을 수 있다는 것을 알기 시작할 것이다. 그 생각들은 그림 형태로 당신에게 다가올 것이다. 듣고자 하면서 마음을 집중할 때 아마도 먼 거리에서 발생하고 있는 어떤 것을 들을 수 있을 것이다. 처음에는 이러한 어렴풋한 알아차림이 조금씩 발생할 것이지만, 이것은 당신에게 믿음과 용기와 희망을 주기에 충분할 것이다. 또 코끝에 생각을 집중할 때 당신은 며칠 내에 가장 아름다운 향기를 맡기 시작할 것이다. 이것은 물질적 대상들과의 접촉 없이 경험할 수 있는 어떤 정신적 지각들이 있다는 것을 당신에게 보여 주기에 충분할 것이다. 그러나 당신은 이것들이 단지 수단들일 뿐이라는 것을 늘 기억해야만 한다. 이 모든 훈련의 목적, 결과, 목표는 영혼의 자유이고, 자연에 대한 완전한 통제이다. 그야말로 그것만이 목표여야 한다. 우리는 반드시 자연의 주인이 되어야만 하지, 노예가 되어서는 절대 안 된다. 결코 몸이나 마음이 우리의 주인이 되어서는 안 된다. 몸이 우리의 것이지 우리가 몸의 것이 아니라는 것을 절대 잊어서는 안 된다.

　　　　　　　신과 악마가 위대한 현자로부터 참자아에 대해 배우러 갔다. 그들은 오랫동안 그와 함께 학습했다. 마침내 현자가 그들에게 "바로 당신들 자신이 당신들이 찾던 그 존재이다."라고 말했다.

두 사람 모두 자신들의 몸이 참자아라고 생각했다. 악마는 꽤 만족하며 자신의 사람들에게 돌아서 다음과 같이 말했다. "나는 배워야 할 모든 것을 배웠다. 먹고 마시고 결혼하라. 우리가 참자아이다. 우리를 넘어선 것은 어떤 것도 없다." 악마는 선천적으로 무지했다. 그래서 그는 조금도 더 탐구하지 않았고 자신이 신이고 몸이 참자아라는 생각에 완전히 만족하였다.

신은 더 순수한 본성을 가지고 있었다. 처음에 그는 "나 즉 이 몸이 브라만이다. 그러므로 몸을 강하고 건강하게 유지하고 좋은 옷을 입으며 몸에 온갖 종류의 즐거움들을 주어야겠다."라고 생각하는 잘못을 저질렀다. 그러나 그는 곧 그것이 자신들의 스승인 현자가 의미한 바일 리가 없다는 것을 알아차렸다. 더 높은 무언가가 있음에 틀림없었다. 그래서 그는 돌아와서 다음과 같이 말했다. "스승이시여, 이 몸이 참자아라고 제게 가르치셨습니까? 만일 그렇다면, 저는 모든 몸이 죽는다는 것을 압니다. 그러나 참자아는 죽으면 안 됩니다." 현자는 "스스로 그것을 찾거라. 네가 그것이다."라고 말했다. 그때 신은 몸을 작동시키는 생기 에너지들이 현자가 의미한 참자아라고 생각했다. 그러나 얼마 지나지 않아서 그는 먹으면 이 생기 에너지들이 강하게 유지되지만 굶으면 그것이 약해진다는 것을 알았다. 그때 신은 현자에게 돌아와서 "스승이시여, 생기 에너지들이 참자아라고 하셨나요?"라고 말했다. 현자는 "스스로 찾아라. 네가 바로 그것이다."라고 말했다. 신은 다시 한 번 더 집으로 돌아와서 아마도 참자아는 마음일 것이라고 생각했다. 그러나 잠시 후에 그는 자신은 생각이 극단적으로 다양하다는 것, 즉 지금 좋다가 다시 나빠지는 것을 알았다. 마음은 참자아가 되기에는 너무 변덕스러웠다. 그는 현자에게 돌아가서 "스승이시여, 나는 마음이 참자아라고 생각하지 않습니다. 당신은 그것을 의미하였나요?"라고 말했다. 현자는 "아니다. 네가 그것이다. 스스로 찾아내라."라고 대답했다. 신은 집으로 와서 마침내 모든 생각을 넘어서 있는 진정한 참자아를 발견했다. 그것은 태어남과 죽음이 없고 하나이고 칼이 관통할 수 없고 불이 태울 수 없고 공기가 말릴 수도 없고 또한 물로 용해할 수 없으며 시작도 끝도 없고 움직임이 없고 만질 수 없고 전지하고 전능한 참존재이고, 몸도 마음도 아닌 존재이지만 그 양자를 초월한 것이다. 그래서 그는 만족했다. 그러나 몸에 대한 애착 때문에 불쌍한 악마는 진리에 도달하지 못했다.

이 세상에는 이러한 악마적인 기질을 가진 사람이 꽤 많이 있지만, 대단한 신성을 가진 사람들도 있다. 감각적 즐거움의 힘을 증진시키는 과학을 가르치기를 제안한다면, 그는 그것에 대해 준비되어 있는 많은 사람을 발견할 것이다. 지고의 목표를 보여 주기 시작한다면, 그는 듣고자 하는 소수의 사람을 발견할 것이다. 극소수의 사람이 지고의 목표를 붙잡으려 하고, 더 소수의 사람만이 여전히 그것을 얻고자 하는 인내를 가질 것이다. 그러나 설령 몸이 천년 동안 살도록 만들어질 수 있다 하더라도 종국에는 그 결과가 동일하게 될 것이라는 것을 아는 소수의 사람들이 있다. 유지시키는 힘들이 작용하기를 그친다면, 몸은 틀림없이 쓰러진다. 몸이 변화하지 않게 멈출 수 있는 사람이 태어난 적이 없다. 몸은 일련의 변화하는 것들에 대한 명칭이다. 강에서 대량의 강물이 당신의 앞에서 매순간 바뀌고 있고 새로운 대량의 강물이 흘러오고 있어서 강이 유사한 형태를 취하는 것처럼 이 신체도 그러하다. 그러나 몸은 반드시 강하고 건강하게 유지되어야만 한다. 왜냐하면 몸은 우리가 가진 최고의 도구이기 때문이다.

인간의 이 몸은 우주에서 그리고 최고의 존재인 인간 존재에게 있어서 가장 위대한 몸이다. 인간은 모든 동물보다, 모든 천사보다 더 높다. 인간보다 더 위대한 존재는 없다. 심지어 데바deva들 즉 신들조차도 다시 여기로 떨어져야만 할 것이고, 인간의 몸을 통해서 구원을 얻는다. 인간만이 완전함을 실현한다. 심지어 데바들조차도 그렇게 하지 못한다. 유대인들과 회교도들에 따르면 신은 천사들과 그 밖의 모든 것을 창조한 후에 인간을 창조했다. 인간을 창조한 후에 신은 천사들에게 인간에게 와서 그를 경배하라고 말했고, 이블리스Iblis를 제외한 모든 천사가 그렇게 했다. 그래서 신은 이블리스를 저주했고 그는 사탄Satan이 되었다. 이 우화에 숨겨진 위대한 진실은 이러한 인간으로 태어난다는 것이 우리가 가질 수 있는 가장 위대한 출생이라는 것이다. 더 하위의 창조물인 동물은 우둔하고 주로 암질暗質, tamas로 만들어졌다. 동물들은 어떠한 고차원적 사유도 할 수 없다. 또한 천사들도 악마들도 인간으로 태어나지 않고서 직접적인 자유를 획득할 수 없다. 인간 사회에 있어서 너무 많은 재산이나 너무 심한 가난은 동일한 방식으로 영혼의 보다 높은 발전에 커다란 장애이다. 중간 계층들로부터 세상의 위대한 인물들이 나온다. 여기서 힘들은 동일하게 맞춰져서 균형 잡히게 된다.

주제로 돌아와서 프라나야마 즉 호흡 조절로 넘어가자. 호흡 조절은 마음의 집중하는 힘들과 무슨 관계가 있는가?

호흡은 이 기계 즉 몸의 플라이휠fly-wheel과 같다. 당신은 큰 기계에서 플라이휠이 처음에 움직인다는 것을 알게 되고, 그 움직임은 그 기계에 있어서 정교하고 가장 세밀한 메커니즘이 작동할 때까지 더 미세하고 미세한 부분들로 전달된다. 호흡은 몸의 모든 것들에 동력을 공급하고 조절하는 플라이휠이다.

　　　　　　　　　　한때 위대한 왕에게 장관이 있었다. 그는 왕의 노여움을 샀다. 왕은 벌로 매우 높은 탑의 꼭대기에 그를 가두라고 명령했다. 그 벌은 실행되었고 장관은 거기서 죽게 내버려두었다. 그러나 그에게는 충실한 아내가 있었다. 그녀는 밤에 탑으로 와서, 자신의 남편을 돕기 위해서 자신이 무엇을 해야 할지를 알기 위해서 꼭대기에 있는 그를 큰소리로 불렀다. 그는 그녀에게 다음날 밤에 탑으로 돌아오라고 하면서, 그때 긴 로프와 약간의 튼튼한 삼끈 그리고 노끈과 명주실과 딱정벌레와 약간의 꿀을 가지고 오라고 말했다. 착한 아내는 많이 기이하게 여기며 남편의 말에 복종하여서 그가 원하던 물품들을 그에게 가져다주었다. 그 남편은 그녀에게 명주실을 딱정벌레에 단단히 붙이라고 한 다음, 그것의 더듬이에 꿀을 한 방울 바르고서 그것의 머리를 위로 향하도록 하여 탑의 벽에 놓아주라고 지시했다. 그녀는 이 모든 지시를 따랐고 딱정벌레는 자신의 긴 여정을 시작했다. 앞에 있는 꿀 냄새를 맡은 딱정벌레는 꿀에 가 닿을 것이라는 희망 속에서 천천히 앞으로 기어갔고, 마침내 탑의 꼭대기에 도달하였다. 그때 그 장관은 딱정벌레를 잡고서 명주실을 손에 넣었다. 그는 자신의 아내에게 명주실의 다른 한쪽 끝을 노끈에 묶으라고 하고서, 노끈을 끌어당긴 후에 튼튼한 삼끈으로 그 과정을, 마지막에는 로프로 그 과정을 반복하였다. 그런 다음, 나머지는 쉬웠다. 그 장관은 로프로 그 탑에서 내려와서 탈출하였다. 우리 몸에서 호흡 운동은 명주실이다. 우리는 신경의 흐름들이라는 노끈을 쥐고 이것들로부터 우리의 생각이라는 튼튼한 삼끈을, 마지막에는 프라나라는 로프를 쥔다. 프라나를 통제함으로써 우리는 자유에 도달한다.

우리는 우리 몸에 대해서 아무것도 모른다. 알 수 없다. 기껏해야 시체를 구해서 여러 조각으로 자를 수 있다. 살아있는 동물을 잡아서 몸의 내부에 무엇이 있는지를 보기 위해서 여러 조각으로 자를 수 있는 일부의 사람들도 있다. 여전히 그것은 우리 자신들의 몸과 어떠한 연관도 없다. 우리는 몸에 대해 아주 조금 알 뿐이다. 왜 그러한가? 왜냐하면 우리의 주의가 몸의 내부에서 일어나고 있는 아주 미세한 움직임들을 파악하여 구별하기에 충분치 않기 때문이다. 마음이 더 미세하게 되어서, 말하자면 몸속으로 더 깊게 들어갈 때 우리는 그것들에 대해 알 수 있다. 그러한 미세한 지각을 획득하기 위해서 우리는 보다 조대한 지각들로 시작해야만 한다. 전체 엔진을 움직이게 하는 것을 찾아내야만 한다. 그것은 프라나이고, 그것이 가장 분명하게 나타나는 것이 호흡이다. 그렇다면 우리는 호흡과 더불어 천천히 몸으로 들어가야 하고, 그리하여 미세한 힘들 즉 몸 전체를 통해 움직이는 신경의 흐름들에 대해 알아낼 수 있을 것이다. 그것들을 지각하고 느끼는 법을 배우자마자 우리는 그것들과 몸을 통제할 수 있게 되기 시작할 것이다. 마음 또한 이 다양한 신경의 흐름들에 의해서 움직이기 시작한다. 그래서 마침내 우리는 몸과 마음에 대한 완전한 통제 상태에 도달할 수 있을 것이다. 그래서 이 둘을 우리의 하인으로 만들게 된다. 아는 것이 힘이다. 우리는 이 힘을 가져야만 한다. 그래서 우리는 처음에 프라나야마 즉 프라나의 제어에서 시작해야만 한다. 이 프라나야마는 장기간의 주제이고 그것을 완전히 설명하려면 몇 차례 강의를 해야 할 것이다. 우리는 주제를 부분 부분 차례로 다루기 시작할 것이다.

우리는 점차 각 행법을 하는 이유들과 함께 몸 안의 어떤 힘들이 움직이기 시작하는지도 알아가게 될 것이다. 이 모든 것이 우리에게 일어날 것이다. 그러나 이것은 지속적인 수행을 요구하고, 그 증거는 수행에서 나올 것이다. 내가 하는 많은 논증들은 당신 스스로 그것을 입증하기 전까지는 당신에게 증거가 되지 못할 것이다. 당신의 모든 곳에서 이러한 흐름들이 움직이는 것을 느끼기 시작하자마자 의심은 사라질 것이다. 그러나 이를 위해서는 매일매일 힘든 수행을 해야만 한다. 반드시 적어도 매일 두 차례 수행을 해야만 하고, 최상의 시간대는 아침 무렵과 저녁 무렵이다. 밤이 지나서 낮이 되고 낮이 지나서 밤이 될 때 상대적으로 고요한 상태가 계속된다. 이른 아침과 이른 저녁이 두 번의 고요한 때이다. 당신의 몸은 그러한 때에 고요하게 되는 유사한 경향성을 가질 것이다. 우리는 그러한 자연적 조건을 이용해서 그때 수행하기 시작해야만 한다. 수행을 마치기 전까지 먹지 않는 것을 원칙으로 하라. 이것을 지킨다면 배고픔의 순수한 힘이 게으름을 깨부술 것이다. 인도에서는 수행을 마치거나 신에 대한 경배를 끝내기 전까지 절대 음식을 먹지 못하도록 아이들에게 가르치기에, 이것은 얼마 지나지 않아 그들에게 자연스럽게 된다. 아이는 목욕하고 요가의 단련법 수행을 마치기 전까지 배고픔을

비베카난다의 요가수트라

느끼지 않을 것이다.

　　　형편이 되는 사람들은 혼자 수행할 수 있는 방을 가져야 한다. 그 방에서 잠을 자지 마라. 그곳은 반드시 신성하게 유지되어야만 한다. 목욕을 해서 몸과 마음이 완전하게 깨끗하게 되기 전까지 결코 그 방에 들어가서는 안 된다. 그 방에 항상 꽃을 놓아두어라. 그리고 기분 좋게 하는 그림을 걸어두어라. 이것들은 요가수행자를 위한 최고의 환경이 된다. 아침과 저녁에 향을 피워라. 그 방에서 다툼이나 분노 또는 불경한 생각을 가지지 마라. 당신과 같은 생각을 가진 사람들만 그곳에 들어가도록 허락하라. 그러면 점차 그 방에서 신성한 분위기가 있게 될 것이다. 그래서 당신이 비참하거나 슬프거나 의심스러울 때 또는 마음이 혼란스러울 때, 그때 그 방에 들어간다면 당신은 내면의 평화를 느끼게 될 것이다. 이것이 사찰과 교회의 배후에 숨겨져 있는 실재적 관념이다. 몇몇 사찰과 교회에서 당신은 지금도 그것을 발견하게 될 것이다. 그러나 대부분의 사찰이나 교회에서 이 관념은 상실되었다. 사실은 어떤 장소에서 영적인 진동들을 보존함으로써 그곳을 신성하게 만들 수 있다는 것이다. 분리된 방을 가질 수 있는 여유가 되지 않는 사람들은 자신들이 좋아하는 어느 곳에서든 수행할 수 있다.

　　　바른 자세로 앉아라. 그런 다음 해야 할 일은 모든 창조물에게 신성한 생각의 흐름을 보내는 것이다. 정신적으로 다음과 같은 말을 반복하라.

　　　"모든 존재가 행복하기를 모든 존재가 평화롭기를 모든 존재가 더없이 행복하기를"

동쪽, 남쪽, 북쪽, 서쪽으로 그렇게 하라. 이
것을 더 수행하면 할수록 당신의 기분은 더 나아지게 될 것이다. 자신을
건강하게 만드는 가장 쉬운 방법은 다른 사람들이 건강한 것을 보는 것이
고, 자신을 행복하게 만드는 가장 쉬운 방법은 다른 사람들이 행복한 것을
보는 것이라는 사실을 마침내 당신은 발견하게 될 것이다. 그것을 한 후
에, 신을 믿는 사람들은 돈이나 건강이나 천국을 위해서 기도해서는 안 된
다. 지식과 빛을 위해서 기도하라. 다른 모든 기도는 이기적이다. 그때 다
음으로 해야 할 일은 당신의 몸이 단단하고 강하고 건강하다고 생각하는
것이다. 왜냐하면 당신이 가진 최상의 도구는 몸이기 때문이다. 몸을 금강
석처럼 강한 존재라고 생각하라. 몸의 도움으로 당신은 인생이라는 대양
을 건널 수 있을 것이다. 결코 약함으로 자유에 도달하지 못한다. 모든 약
함을 내던져버려라. 몸에게 '몸, 너는 강하다'고 말하라. 마음에게 '마음, 너
는 강하다'고 말하라. 그리고 자신에 대한 한없는 믿음과 희망을 가져라.

프라나
Prāṇa

많은 사람이 생각하는 것처럼 프라나야마 prāṇāyāma가 오로지 호흡과 관련되어 있는 것은 아니다. 사실 호흡은 프라나야마와 연관이 매우 적다. 호흡은 우리가 진짜 프라나야마에 도달하는 많은 행법 중 단지 하나일 뿐이다. 프라나야마는 프라나의 통제를 의미한다.

인도의 철학자들에 따르면 우주는 두 가지 실체로 이루어져 있고, 그것 중 하나를 그들은 공空, ākaśa 요소라고 부르고 다른 하나는 프라나라고 부른다. 아카샤는 모든 곳에 퍼져 있는 존재이다. 형상을 가진 모든 것, 결합의 결과인 모든 것은 아카샤로부터 전개되어 나왔다. 아카샤는 기체가 되고 액체가 되고 고체가 된다. 아카샤는 태양이 되고 지구가 되고 달이 되고 별이 되고 혜성이 된다. 아카샤는 인간의 몸이 되고 동물의 몸이 되고 식물이 되고 우리가 보는 모든 형태가 되고 감각될 수 있는 모든 것이 되고 존재하는 모든 것이 된다. 사람은 그것을 지각할 수 없다. 그것은 매우 미세해서 일반적인 모든 지각을 넘어선다. 그것이 조대하게 되어서 형태를 갖추게 되었을 때 오직 그는 볼 수 있을 뿐이다. 창조의 시작에 오직 아카샤만이 있었다. 주기의 마지막에 고체, 액체, 기체 모두 아카샤로 다시 녹아들어가고, 다음의 창조는 앞서와 유사하게 아카샤로부터 전개된다.

어떤 힘에 의해서 아카샤가 만들어져서 이 우주로 들어왔는가? 프라나의 힘에 의해서이다. 아카샤는 이 우주의 무한하고 편재하는 물질인 것과 마찬가지로, 프라나는 이 우주의 무한하고 편재하는 분명한 힘이다. 주기의 시작과 끝에 모든 유형의 물체는 분해되어 아카샤 속으로 되돌아가고 우주에 있는 모든 힘은 분해되어 프라나 속으로 들어간다. 다음 주기에 이 프라나로부터 우리가 에너지라고 부르는 모든 것, 힘이라 부르는 모든 것이 전개되어 나온다. 움직임으로 나타나는 것이 프라나이다. 자기력과 마찬가지로 중력으로 나타나는 것이 프라나이다. 신경의 흐름들, 생각의 힘과 마찬가지로 몸의 행동으로 나타나는 것이 프라나이다. 생각에서부터 물질적인 힘에 이르기까지 모든 것은 단지 프라나의 현현일 뿐이다. 분해되어서 자신들의 원래 상태로 되돌아갈 때, 우주에서 모든 정신적 또는 물질적인 힘들로 된 모든 것은 프라나라고 불린다. "유有도 무無도 없었을 때, 어둠이 어둠을 덮었을 때, 그때 무엇이 존재했는가? 그 아카샤가 움직임 없이 존재했다." 프라나의 물질적인 움직임이 멈추게 되었지만, 프라나는 동일하게 존재했다. 주기의 끝에 에너지들은 이제 우주에서 평정되었음을 보여 주고 잠재력이 되었다. 다음 주기의 시작 때, 그 에너지들은 갑자기 발생하여서 아카샤에 부딪힌다. 그리하여 아카샤로부터 다양한 이 형태가 전개되어 나온다. 그리고 아카샤가 변화하는 것과 마찬가지로 프라나 또한 변화하여서 에너지의 이 모든 현현 속으로 들어간다. 프라나에 대한 지식과 프라나의 통제가 사실상 프라나야마가 의미하는 바이다.

이것은 거의 무제한의 힘으로 가는 문을 우리에게 열어 준다. 예를 들어, 어떤 사람이 프라나에 대해 완전하게 이해했고 그것을 통제할 수 있다고 가정해 보자. 지상의 어떤 힘이 그의 것이 아니겠는가? 그는 태양과 별들을 그것들이 원래 자리로부터 벗어나게 할 수 있고, 원자에서부터 가장 큰 태양들에 이르기까지 우주에 있는 모든 것을 통제할 수 있을 것이다. 이것이 프라나야마의 끝이자 목표이다. 요가수행자가 완전하게 되었을 때 그의 통제 하에 있지 않은 자연은 아무것도 없을 것이다. 그가 신이나 죽은 사람의 영혼에게 오라고 명령을 내린다면 그들은 그의 명령에 따라서 올 것이다. 자연의 모든 힘이 노예들처럼 그에게 복종하게 될 것이다. 요가수행자의 이러한 힘들을 볼 때 무지한 자들은 그것들을 기적이라고 부른다.

인도인의 마음의 한 가지 특징은 언제나 처음에 최고로 가능한 일반화에 대해 묻고, 추후에 자세한 내용들이 해결되도록 둔다는 것이다. 그 질문이 베다에 다음과 같이 제기되어 있다. "모든 것을 알기 위해서 우리가 알아야 하는 그것은 무엇인가?" 그러므로 모든 책과 철학은 앎으로써 모든 것을 알게 되는 그 하나의 것을 증명하기 위해 쓰여 왔다. 한 인간이 조금씩 이 우주를 알기를 원한다면, 그는 모든 개개의 모래 알갱이를 알아야만 하고, 이는 무한한 시간을 요구한다. 그는 그것들 모두를 알 수는 없다. 그렇다면 어떠한 지식이 어떻게 있을 수 있겠는가? 한 인간이 어떻게 상세한 것을 앎으로써 모든 것을 알 수 있겠는가?

요가수행자들은 이 특정한 나타남의 배후에 일반화가 있다고 말한다. 특정한 모든 생각의 배후에 일반화되고 추상화된 원리가 있다. 그것을 이해하면 당신은 모든 것을 이해한다. 베다에서 마치 이 우주 전체가 일반화되어서 하나의 절대적 참존재 속으로 들어가는 것처럼, 그 참존재를 이해한 그는 우주 전체를 이해한다. 그리고 프라나를 이해한 그는 우주와 정신과 몸의 모든 힘을 이해한다. 프라나를 통제한 그는 자신의 마음과 존재하는 모든 마음을 통제한다. 프라나는 모든 에너지의 원천이기 때문에, 프라나를 통제한 그는 자신의 몸과 존재하는 모든 몸을 통제한다.

　　　　　　프라나야마의 유일한 목적은 '프라나를 어떻게 통제할 것인가'이다. 이 점과 관련하여 모든 훈련과 수행은 그 하나의 목적을 위한 것들이다. 모든 사람은 자신이 서 있는 곳에서 시작해야만 하고, 자신에게 가장 가까이 있는 것들을 통제하는 법을 배워야만 한다. 이 몸은 우리에게 매우 가깝고, 외부의 우주에 있는 어떤 것보다 더 가깝다. 그리고 마음은 몸보다 더 가깝다. 그러나 이 마음과 몸을 움직이고 있는 프라나는 가장 가깝다. 그것은 우주를 움직이는 프라나의 한 부분이다. 무한한 프라나의 대양에서 우리 자신의 정신적, 육체적 에너지들을 나타내는 프라나의 이 작은 파도는 우리에게 가장 가까운 것이다. 만일 우리가 그 작은 물결을 통제하는 데 성공할 수 있다면, 그때만이 우리는 프라나 전체를 통제하기를 바랄 수 있다. 이것을 완수한 요가수행자는 완전함을 얻는다. 더 이상 그는 어떤 힘에도 종속되지 않는다. 그는 거의 전지전능하게 된다.

　　　　　　우리는 모든 나라에서 프라나를 통제하려고

시도해 온 분파들을 본다. 이 나라에는 마음 치유자, 신앙 요법가, 강령술사, 크리스천 사이언스 신봉자, 최면술사 등이 있다. 이 여러 분파를 조사한다면 우리는 그들의 방법들의 배후에 있는, 그들이 알든 알지 못하든, 프라나에 대한 통제를 발견할 것이다. 그들의 모든 이론들을 요약해 보면 남는 것은 그것이다. 그들이 조작하고 있는 것은 하나이자 동일한 힘인데, 단지 모를 뿐이다. 그들은 우연히 힘을 발견하였고 그것의 본성을 알지 못한 채 그것을 무의식적으로 사용하고 있다. 그러나 그것은 요가수행자가 사용하는 것과 동일한 것이고 그것은 프라나로부터 온다.

모든 존재의 생명 유지에 필수적인 에너지는 프라나이다. 생각은 이 프라나가 가장 미세하고 가장 높은 수준으로 나타난 것이다. 또 우리가 보는 바와 같이 의식적인 생각이 생각의 전부가 아니다. 또한 거기에는 소위 본능 또는 무의식적 생각이라 부르는 즉 생각의 가장 낮은 층위가 있다. 모기가 나를 물면 내 손은 자동적이고 본능적으로 그것을 때릴 것이다. 이것은 생각의 한 표현이다. 몸의 모든 반사적 행위는 생각의 이 층위에 속한다. 거기에는 또 생각의 다른 층위 즉 의식이 있는데 '나는 추론한다', '나는 판단한다', '나는 생각한다', '나는 어떤 것들의 장단점을 본다' 등과 같은 것들이다. 그러나 그것이 전부는 아니다. 우리는 이성이 한정되어 있다는 것을 안다. 이성은 단지 어느 정도의 거리만 갈 수 있다. 이성은 그것을 넘어서 갈 수 없다. 이성이 미치는 범위는 정말 아주 심하게 한정되어 있다. 그러나 동시에 우리는 혜성들이 지구의 궤도 속으로 들어오는 것처럼 사실들이 급히 이 범위 안으로 들어온다는 것을 발견한다. 비록 우리의 이성이 한정된 범위를 넘어갈 수 없지만, 사실들이 바깥으로부터 온다는 것은 분명하다. 이 작은 범위 안으로 들어가는 이러한 현상들의 원인들은 이성의 바깥에 있다. 요가수행자들은 심지어 이것이 지식의 한계일 리가 없다고 말한다. 다시 말해서, 마음은 훨씬 높은 층위 즉 초의식에서 작용할 수 있다. 마음이 사마디 즉 완전한 집중이라 불리는 이 상태를 획득했을 때, 마음은 이성의 한계를 초월하여서 본능이나 이성이 결코 알 수 없는 사실들과 대면하게 된다. 프라나가 다양하게 나타난 몸의 미세한 힘들에 대한 모든 조작은 마음이 작용하고 있는 곳으로부터 마음을 밀어서 마음이 더 높이 올라가도록 돕는다. 이로 인해 마음은 초의식이 된다.

이 우주에는 존재의 모든 층위에 있는 하나의 지속적인 질료가 있다. 물질적으로 이 우주는 하나이다. 태양과 당신 사이에 차이는 없다. 과학자는 당신에게 그렇지 않다고 말하는 것은 의미가 없다고 이야기할 것이다. 이 테이블과 나 사이에 실제적인 차이는 없다. 그 테이블은 물질 덩어리의 한 점이고 나는 다른 점이다. 이를 테면, 각각의 형태는 물질의 무한한 대양에 있는 하나의 소용돌이이다. 소용돌이는 영원히 변화하고 있다. 세찬 물살의 개울에 수백만 개의 소용돌이가 있는 것처럼, 각 소용돌이 속의 물은 매 순간 다르고, 소용돌이는 몇 초간 빙글빙글 돈 다음, 사라지고 새로운 양의 물로 대체된다. 그래서 전체 우주는 지속적으로 변화하는 물질의 덩어리이다. 그 속에서 존재의 모든 형태는 무척 많은 소용돌이이다. 물질의 한 덩어리가 하나의 소용돌이로 들어가고, 가령 인간의 몸이라면, 일정 기간 동안 거기에 머물고 변화하게 되고 나와서 다른 것 속으로 들어간다. 이번에는 동물의 몸이라면, 몇 년 후에 그것으로부터 다시 그 덩어리는 다른 소용돌이, 아마도 미네랄 덩어리 속으로 들어간다. 거기에는 끊임없이 계속되는 변화가 있다. 하나의 몸이 동일하게 유지되지는 않는다. 말 외에 나의 몸 또는 너의 몸과 같은 그러한 것은 없다. 하나의 거대한 물질 덩어리 중의 한 점은 달이라고, 다른 점들은 태양, 인간, 지구, 행성, 미네랄이라고 불린다. 하나가 지속하고 있는 것이 아니라 모든 것이 변화하고 있다. 물질은 영원히 형성되고 해체된다.

그렇게 내면의 세계도 마찬가지이다. 물질은 에테르에 의해 나타나게 된다.[01] 프라나의 활동이 가장 미세할 때, 진동의 보다 미세한 상태인 이 에테르는 마음을 나타내게 될 것이고, 거기에서 그것은 여전히 하나의 온전한 덩어리로 있을 것이다. 자신 속에서 그 미세한 진동을 만들어 낼 수 있다면, 당신은 우주 전체가 미세한 진동들로 이루어져 있다는 것을 보고 느끼게 될 것이다. 가끔 어떤 약물들은 그러한 진동을 느낄 수 있는 초감각 상태로 우리를 데려가는 힘을 가지고 있다. 많은 사람들이 험프리 데이비Humphry Davy의 다음과 같은 유명한 실험을 기억하고 있을지도 모른다. 웃음가스laughing-gas[02]가 그를 압도했을 때, 강의 중에 그는 움직임 없이 마비된 상태를 유지했고, 그 후에 그는 우주 전체가 생각들로 이루어져 있다고 말했다. 얼마 동안 조대한 진동들이 멈추었고 그가 생각들이라고 부른 오직 미세한 진동들만이 그에게 존재하고 있

---

01 [옮긴이 주] 19세기 말엽에 에테르 관념은 특정한 과학자들 사이에서 매우 유행하였다.
02 [옮긴이 주] '아산화질소'이다.

었다. 그는 단지 그를 둘러싼 미세한 진동들만을 볼 수 있었다. 모든 것이 생각이 되었다. 우주 전체가 생각으로 된 대양이었다. 그와 다른 사람들 모두는 생각으로 된 작은 소용돌이가 되었다.

그러므로 생각으로 된 우주에서조차 우리는 단일성을 발견한다. 그리고 마지막에 우리가 참자아에 도달할 때 우리는 그 참자아가 오직 하나일 뿐이라는 것을 안다. 조대하고 미세한 형태들 속에서 물질의 진동들을 넘어서, 운동을 넘어서, 거기에는 오직 하나만 존재한다. 심지어 현현된 운동에서도 오직 단일성만이 있다. 이 사실들은 더 이상 거부될 수 없다. 현대의 물리학은 우주의 에너지들의 총합이 처음부터 끝까지 동일하다는 것을 증명했다. 이 에너지의 총합은 두 가지 형태로 존재한다는 것 또한 증명되었다. 이 총합은 잠재적이고 나타나지 않게 되고, 다음에 그것은 이 모든 다양한 힘으로 나타나게 된다. 또 그것은 정적인 상태로 돌아갔다가 다시 나타난다. 그렇게 그것은 영원히 계속해서 전개하고, 역전개 환몰(環沒)하게 된다. 앞서 언급한 바와 같이 이 프라나에 대한 통제는 소위 프라나야마라고 불리는 것이다.

이미 얘기했다시피 프라나야마는 호흡과 거의 관련성이 없다. 그러나 호흡의 통제가 진짜 프라나야마 수행의 한 수단이다. 인간의 몸에서 프라나가 가장 분명하게 나타나는 것은 폐의 움직임이다. 만일 그 움직임이 멈추면 대개 몸에서 힘의 다른 모든 나타남이 즉각적으로 멈출 것이다. 그러나 심지어 이 움직임이 멈추었을 때에도 몸이 계속 사는 그러한 방식으로 자신들을 훈련시키는 사람들도 있다. 여러 날 동안 자신들을 땅에 묻지만 호흡을 하지 않고서 살 수 있는 일부의 사람들이 있다. 미세함에 도달하기 위해서 우리는 반드시 조대함의 도움을 받아야만 하고, 목표를 얻기 전까지 가장 미세한 것을 향해서 천천히 여행해야만 한다.

　　　　프라나야마는 실제로 폐의 움직임을 통제하는 것을 의미하고 이 움직임은 호흡과 연관이 있다. 호흡이 그 움직임을 만들어 내는 것이 아니고, 반대로 그것이 호흡을 만들어 낸다. 이 움직임은 펌프 작용으로 공기를 들이쉰다. 프라나가 폐를 움직인다. 폐의 움직임이 공기를 들이쉰다. 그러므로 프라나야마는 호흡이 아니고 폐를 움직이는 근육의 힘을 통제하는 것이다. 신경을 통해서 근육으로 근육에서 폐로 전달되는 그 근육의 힘은 우리가 프라나야마 수행으로 통제해야만 하는 프라나이다. 이 프라나가 통제될 때, 그때 우리는 몸속의 프라나의 다른 모든 작용이 천천히 통제 아래에 들어오게 될 것이라는 것을 곧바로 알게 될 것이다. 몸의 거의 모든 근육을 통제한 사람들을 나는 본 적이 있다. 왜 그렇게 못하겠는가? 특정한 근육들을 통제할 수 있다면 왜 몸의 모든 근육과 신경을 그렇게 하지 못하겠는가? 왜 그것이 불가능하겠는가? 현재 우리는 그러한 통제력을 잃어버렸고 움직임은 자동적으로 일어나게 되었다. 우리는 마음대로 귀를 움직일 수 없지만 동물들은 그렇게 할 수 있다는 것을 안다. 우리는 그것을 훈련하지 않았기 때문에 그러한 힘을 가지고 있지 못하다.

　　　　또한 우리는 잠재적이게 된 움직임이 나타나게 만들 수 있다는 것을 안다. 힘든 노력과 수행으로 우리의 통제를 넘어서는 몸의 특정한 움직임들을 완전하게 통제 아래에 둘 수 있다. 이러한 방식으로 추론해 보면 우리는 몸의 각 부분을 완전한 통제 하에 둘 수 있는 것이 전혀 불가능한 것이 아니고 반대로 매우 가능성이 높음을 알 수 있다. 요가수행자는 프라나야마를 통해서 이것을 한다.

아마 여러분 중 일부는 프라나야마에서 숨을 들이쉴 때 몸 전체를 프라나로 채워야만 한다는 것을 알았을 것이다. 영어로 프라나prāṇa라는 용어는 호흡breath으로 번역되고, 당신은 왜 그렇게 번역되는지 묻고 싶을 것이다. 잘못은 번역자에게 있다. 신체의 모든 부위는 프라나 즉 생기 에너지로 채워질 수 있다. 그렇게 할 수 있을 때 당신은 몸 전체를 통제할 수 있다. 몸으로 느끼는 모든 질병과 고통은 완전하게 통제될 수 있을 것이다. 그렇게 할 수 있을 뿐만 아니라 다른 사람의 몸도 통제할 수 있을 것이다. 선한 것이든 악한 것이든 이 세상에서 모든 것은 전염성이 있다. 당신의 몸이 어떤 긴장 상태에 있다면 다른 사람들에게도 동일한 긴장을 발생시키는 경향이 있을 것이다. 당신이 튼튼하고 건강하다면 당신 가까이에 사는 사람들 또한 튼튼하고 건강하게 되는 경향성이 있을 것이다. 그러나 당신이 아프고 약하다면 당신 주변의 사람들 또한 똑같이 되는 경향이 있을 것이다. 한 사람이 다른 사람들을 치유하려고 노력하는 경우에 첫 단계는 그저 자기 자신의 건강을 다른 사람들에게 전달하는 것이다. 이것은 원초적인 종류의 치유이다. 의식적이든 무의식적이든 건강은 전달될 수 있다. 약한 사람과 함께 사는 매우 건강한 사람은 그 약한 사람이 알든 알지 못하든 약간 더 건강하게 느끼도록 만들 것이다. 이러한 전달 작용을 의식적으로 한다면 더 빠르게, 더 잘하게 될 것이다. 다음으로, 비록 그 자신이 그다지 건강하지는 못할지라도 다른 사람을 건강

비베카난다의 요가수트라

하게 만들 수 있는 사람이 있는 그러한 경우들도 있다. 그러한 경우에 첫 번째 사람은 자신의 프라나를 조금 더 통제하고, 얼마 동안 프라나를 각성시키고 어떠한 진동 상태로 만들어서 다른 사람에게 전달할 수 있다.

이러한 과정이 먼 거리에서 실행되는 경우들이 있다. 그러나 실제로는 공백들을 허용하는 거리란 없다. 어디에 그러한 공백들이 있는 거리가 있는가? 당신과 태양 사이에 어떠한 공백이 있는가? 계속 이어지는 물질 덩어리가 있고, 태양은 한 부분이고 당신은 다른 부분이다. 강의 한 부분과 다른 부분 사이에 공백들이 있는가? 공백들이 없다면 그 경우 왜 힘프라나이 이동할 수 없겠는가? 그렇게 될 수 없는 이유는 없다. 원거리 치유 사례들은 완전히 사실이다. 프라나는 매우 먼 거리까지 전달될 수 있다. 그러나 거기에는 하나의 진실한 사례 대신에 수백 개의 조작된 사례가 있다. 이러한 치유 과정은 생각처럼 그리 쉽지 않다. 치유자들이 그러한 치유의 가장 일반적인 사례들에 인간의 몸이 자연적으로 건강한 상태를 이용할 뿐이라는 것을 당신은 알게 될 것이다. 대증 요법 의사는 와서 콜레라 환자들을 치료하고 자신의 약을 그들에게 준다. 동종 요법 의사는 와서 자신의 약을 주고 아마도 대증 요법 의사의 치유 이상으로 치유할 것이다. 왜냐하면 동종 요법 의사는 자신의 환자들을 교란시키는 것이 아니라 자연이 그들을 치유하도록 허용하기 때문이다. 신앙 요법 치유자는 훨씬 더 잘 치유한다. 왜냐하면 그는 자신의 마음의 힘을 가져와서 환자에게 영향을 미치고, 믿음을 통해서 자신의 지배적인 프라나를 각성시키기 때문이다.

믿음 치유자들에 의해 지속적으로 저질러지

는 실수가 있다. 그들은 믿음이 직접적으로 사람을 치유한다고 생각한다. 그러나 믿음만으로 모든 치유를 하지는 않는다. 환자가 결코 자신이 질병에 걸려 있다고 생각하지 않는 최악의 증상을 가진 질병들이 있다. 환자의 그러한 소름끼치는 믿음은 그 자체로 질병 증상이고 대개 그가 곧 죽을 것이라는 징조이다. 그러한 경우에 믿음이 치유하는 원리는 적용되지 않는다. 믿음만으로 치유되었다면 이 환자들 또한 치유되었어야 한다. 실제로 치유한 것은 프라나이다. 자신의 프라나를 통제한 순수한 영혼의 사람은 그 프라나를 다른 사람들에게 전달될 수 있는 특정한 진동 상태로 변화시켜서 그들 안에서 유사한 진동을 일으키는 힘을 가지고 있다. 매일의 행위들 속에서 당신은 그것을 본다. 나는 말하고 있다. 나는 무엇을 하려고 하는가? 실제로 나의 마음을 특정한 진동 상태로 만들고, 내가 마음을 그러한 상태로 만드는 데 성공하면 할수록, 당신은 내가 말한 바에 의해서 더 영향을 받게 될 것이다. 여러분 모두는 내가 열정적일 때 더 강의를 즐기고, 내가 덜 열정적일 때 흥미가 없다고 느낀다는 것을 안다.

거대한 의지력을 지닌, 세상을 움직이는 사람들은 자신들의 프라나를 높은 상태의 진동으로 변화시킬 수 있다. 그리고 그 진동은 매우 위대하고 강력해 순식간에 다른 사람들에게 영향을 미치고 수많은 사람들이 그들에게로 끌려가고 세상의 절반이 그들이 생각하는 것처럼 생각한다. 세상의 위대한 예언자들은 자신들의 프라나에 대한 가장 놀라운 통제력을 가지고 있었고, 이는 그들에게 거대한 의지력을 주었다. 자신들의 프라나를 최고의 진동 상태로 변화시켰고, 이는 그들에게 세계를 움직일 수 있는 힘을 주었다. 힘의 모든 나타남은 이 통제로부

비베카난다의 요가수트라

터 발생한다. 사람들은 그 비밀을 알지 못할 수도 있을 것이다. 그러나 이것이 그것에 대한 설명이다.

때때로 몸에서 프라나가 거의 한 부분으로 쏠려서 공급된다. 즉 균형이 깨진다. 프라나의 균형이 교란되었을 때 우리가 질병이라 부르는 것이 발생된다. 여분의 프라나를 제거하거나 부족한 프라나를 공급해주면 질병은 치유될 것이다. 몸의 한 부위에 있어야만 하는 것보다 더 많거나 또는 더 적은 프라나가 있을 때를 인식하는 것 또한 프라나야마의 한 부분이다. 그 인식은 매우 미세하여서 마음은 발가락이나 손가락에 프라나가 보통 있어야만 하는 양보다 더 적게 있다는 것을 느낄 것이고, 프라나를 공급하기 위한 힘을 가지게 될 것이다. 이것들은 프라나야마의 다양한 기능 중 일부이다. 천천히 점진적으로 그것들을 배워야만 한다. 보다시피 라자 요가의 전체 범위는 실제로 다양한 방식으로 프라나를 통제하고 관리하는 법을 가르치는 것이다. 어떤 사람이 명상을 하고 있을 때 그는 또한 자신의 프라나를 통제하고 있는 것이다.

대양에는 산맥과 같은 거대한 파도들이, 이어 보다 작은 파도들이 있고, 훨씬 더 작은 조그만 거품들도 있다. 그러나 이 모든 것의 뒤에는 무한한 대양이 있다. 그 대양은 한쪽 끝으로는 거품과 다른 쪽 끝으로는 매우 큰 파도와 연관이 있다. 한 사람은 거대한 파도일 수 있고, 다른 사람은 작은 거품일 수 있지만, 각각은 존재하는 모든 생명체의 공통적인 타고난 권리인 무한한 에너지의 대양과 연관되어 있다. 생명이 있는 곳에는 어디에나 그것의 배후에 무한한 에너지의 저장고가 있다. 어떤 균류와 매우 작은, 현미경으로밖에 볼 수 없는 어떤 거품으로 시작하는, 그리고 항상 그 무한한 에너지의 저장고로부터 끌어내는 하나의 형태는 시간이 지남에 따라 식물이 되고, 그 다음에 동물이, 그 다음에 인간이 그리고 종국에는 신이 될 때까지 천천히 지속적으로 변화한다. 무한히 긴 시간을 거치며 이것은 이루어졌다. 그러나 시간이란 무엇인가? 속도의 상승 즉 노력의 증가는 시간의 심연을 메울 수 있다. 자연적으로 이루어지기에 걸리는 긴 시간이 행위의 강도에 의해서 줄어들 수 있다고 요가수행자는 말한다. 어떤 사람이 우주에 존재하는 무한한 덩어리로부터 이 에너지를 계속해서 천천히 끌어낸다면 그는 아마도 데바_{deva} 즉 신이 되기 위해서는 십만 년이 필요할 것이고, 그런 다음 훨씬 더 높아지기 위해서는 대략 오십만 년이 필요할 것이고, 완전하게 되기 위해서는 아마 오백만 년이 필요할 것이다. 빠른 성장을 고려해 볼 때, 그 시간은 줄어들 것이다. 충분히 노력한다면 육 년 내에 또는 여섯 달 내에 바로 이 완전함에 도달하는 것이 왜 불가능하겠는가? 한계는 없다. 일정한 양의 석탄을 실은 기관차가 시속 2마일로 달리고 있다면, 보다 많은 석탄을 공급함으로써 더 짧은 시간에 그 거리를 달릴 것이다. 유사하게, 왜 영혼이 자신의 행위를 강하게 함으로써 바로 이 삶에서 완전함을 획득하지 못하겠는가? 모든 생명체는 결국 그 목표를 성취한다는 것을 우리는 안다. 그러나 누가 이 무한히 긴 시간을 기다리고 싶어하겠는가? 심지어 이 몸으로, 이 인간의 형상으로 왜 당장 그것에 도달하지 못하는가? 왜 나는 당장 그 무한한 지혜를, 무한한 힘을 갖지 못하는가?

　　　　　　요가수행자의 이상 즉 요가의 전체 과학은 한 지점에서 다른 지점으로 천천히 나아가고 전체 인류가 완전함에 이르게 될 때까지 기다리는 대신에 동화력을 강화함으로써 완전함에 이르기 위한 시간을 짧게 줄이는 법을 사람들에게 가르친다는 목표를 향하고 있다. 세상의 모든 위대한 예언자·성자·현자, 그들은 무엇을 했는가? 한 생애 동안에 그들은 보통 사람이 완전하게 되는 데 걸리는 기간 전체를 가로질러서 인류 전체의 삶을 살았다. 한 번의 생으로 그들은 스스로를 완성시켰다. 그들은 다른 어떤 생각도 하지 않았고, 한 순간도 결코 다른 어떤 생각도 하지 않고 살았으며, 그리하여 그들을 위한 그 길은 짧아졌다. 이것은 집중을 의미하는 것이고, 동화력을 강화하는 것이며, 따라서 그 시간을 줄이는 것이다. 라자 요가는 우리에게 집중력을 얻는 법을 가르쳐주는 과학이다.

프라나야마는 심령주의spiritualism와 무슨 연관이 있는가? 심령주의는 또한 프라나야마의 나타남이다. 분리된 영혼이 존재하고 단지 우리가 그것을 볼 수 없다는 것이 사실이라면, 우리 주위에 우리가 볼 수도 느낄 수도 만질 수도 없는 무수한 영혼이 있다는 것은 상당히 있음직한 일이다. 우리는 지속적으로 그들의 몸을 반복해서 통과하고 있을지도 모르고, 그들은 우리를 보지도 느끼지도 못한다. 그것은 층위 속의 층위이고 우주 속의 우주이다. 우리는 다섯 가지 감각을 가지고 있다. 그리고 우리는 특정한 진동 상태에 있는 프라나를 나타낸다. 동일한 진동 상태에 있는 모든 생명체는 서로 볼 것이다. 그러나 보다 높은 진동 상태에 있는 프라나를 나타내는 생명체들이 있다면 그들은 보이지 않을 것이다. 우리가 그것을 전혀 볼 수 없을 때까지 빛의 광도를 높일 수도 있을 것이다. 그러나 매우 강력해서 그러한 빛을 볼 수 있는 눈을 가진 생명체들이 있을 수 있다. 또 그것의 진동이 너무 낮다면 우리는 빛을 볼 수 없다. 그러나 고양이나 올빼미와 같은, 그것을 볼 수 있는 동물들이 있다. 우리 시야의 범위는 오직 프라나의 진동들의 한 층위만을 본다. 대기를 예로 들어보자. 그것은 층층으로 쌓여져 있지만, 지상과 가까운 층위들은 그 위의 층위들보다 더 밀도가 있다. 그리고 더 높이 올라갈 때 대기는 더욱 더 미세하게 된다. 아니면 대양을 예로 들어보자. 더욱 더 깊이 내려갈수록 수압은 높아진다. 바다의 바닥에 사는 동물들은 결코 올라올 수 없다. 만일 그렇게 한다면 그것들은 찢겨져 조각날 것이다.

우주 전체를 프라나의 작용 하에서 진동하고 진동의 정도가 다양한 여러 개의 층위로 이루어진 에테르의 대양으로 생각해 보라. 더 바깥에 있을수록 진동들은 더 느리고, 더 가까이 중심에 있을수록 진동들은 더 빠르다. 모든 것을 하나의 원으로 생각해 보라. 그 원의 중심은 완전하다. 중심에서 멀어질수록 진동들은 더 느리다. 물질은 가장 바깥의 층위이다. 다음으로 마음이 있고, 참영혼이 중심에 있다. 특정한 진동 층위에 사는 사람들은 서로 알아보는 힘을 가지고 있을 것이지만, 자신들 위나 아래의 층위에 있는 사람들을 알아보지 못할 것이다. 그러나 망원경과 현미경으로 우리의 시야의 범위를 넓힐 수 있는 것과 꼭 마찬가지로, 유사하게 요가로 다른 층위의 진동 상태로 우리 자신을 데려갈 수 있다. 따라서 우리 자신은 거기에서 일어나는 일을 볼 수 있다.

이 방이 우리가 보지 못하는 생명체들로 가득 차 있다고 상상해 보라. 그들은 특정한 진동 상태의 프라나를 나타내는 한편, 우리는 다른 것을 나타낸다. 그들은 빠른 것을 나타내고, 우리는 그 반대의 것을 나타낸다고 상상해 보라. 프라나는 우리와 마찬가지로 그들을 이루는 물질이다. 우리는 프라나로 된 동일한 대양의 모든 부분이고 단지 진동률에서만 다르다. 만일 내가 스스로를 빠른 진동이 되게 할 수 있다면, 이 층위는 나를 위해서 당장 바뀌게 될 것이다. 나는 당신을 더 이상 볼 수 없게 될 것이고, 그들이 나타날 것이다. 아마도 당신 중 일부는 이것이 사실이라는 것을 안다. 마음을 더 높은 진동 상태로 만드는 이 모든 것은 요가의 한 단어 즉 삼매에 포함된다. 더 높은 진동 즉 마음의 초의식적 진동으로 된 이 모든 상태는 그 한 단어, 삼매로 표현된다. 삼매의 더 낮은 상태들은 우리에게 이 초자연적 생명체들을 보게 해준다. 참된 것을 보는 가장 높은 종류의 삼매에서 우리는 이 모든 층위의 생명체가 나와서 이루어지게 된 물질을 본다. 한 덩어리의 점토를 아는 우리는 우주에서 점토로 만들어진 모든 대상을 안다.

그러므로 프라나야마는 심지어 심령주의에도 해당되는 모든 것을 포함한다. 유사하게 당신은, 사람들의 어떠한 분파나 집단이 오컬트적이거나 신비하거나 또는 숨겨진 어떤 것을 발견하려 노력하고 있는 어떤 경우에나, 그들이 실제로 자신들의 프라나를 통제하려 노력하는 어떤 종류의 요가를 수행하고 있다는 것을 발견하게 될 것이다. 어떠한 비범한 능력이 표현되는 어느 경우에나, 이것이 프라나의 나타남이라는 것을 당신은 알게 될 것이다. 심지어 자연과학도 프라나야마에 포함될 수 있다. 무엇이 증기 엔진을 움직이는가? 프라나가 증기를 통해서 작용하고 있다. 전기 등의 이 모든 현상이 프라나가 아니라면 무엇인가? 무엇이 자연과학인가? 외적인 의미로는 프라나야마의 과학이다. 정신

력으로 자신을 나타내는 프라나는 오직 정신적 수단에 의해서만 통제될
수 있다. 프라나의 물리적인 나타남을 통제하려는 시도인 프라나야마의
그 부분은 자연과학으로 불린다. 그리고 정신적인 수단에 의해서, 정신력
으로서의 프라나의 나타남을 통제하려 노력하는 그 부분은 라자 요가라고
불린다.

심령적 프라나
Psychic Prāṇa

요가수행자들에 따르면 척추에는 핑갈라 pingalā와 이다idā로 불리는 두 가지의 신경 흐름이 있고, 척수를 관통하고 있는 수슘나suṣumṇā라고 불리는 속이 비어 있는 관管이 있다. 그 관의 맨 아래 끝에 요가수행자들이 '쿤달리니kundalini의 연꽃'이라고 부르는 것이 있다. 그 속에·요가수행자들의 상징적인 언어로 쿤달리니라고 불리는 똘똘 감겨진 힘이 있다. 쿤달리니가 깨어났을 때 그것은 이 속이 빈 관을 통해서 헤치고 나아가 통과하려고 한다. 말하자면, 그것이 점진적으로 상승할 때 마음의 각각의 층위가 열리고 여러 가지 많은 비전vision들과 놀라운 힘들이 요가수행자에게 발생한다. 그것이 뇌에 다다를 때 요가수행자는 몸과 마음으로부터 완전히 분리된다. 영혼은 자신의 자유를 실현한다.

우리는 척수가 독특한 방식으로 형성되었다는 것을 안다. 아라비아 숫자 8의 형상을 수평 즉 ∞으로 놓으면 우리는 중앙에서 연결된 두 부분을 볼 수 있다. 이제 하나의 ∞위에 다른 하나의 ∞을 놓는 방식으로 많은 ∞을 쌓아올리면 그것은 척수를 나타내게 될 것이다. 왼쪽은 '이다'이고 오른쪽은 '핑갈라'이며 척추의 중앙을 관통하는 속이 빈 관은 '수슘나'이다. 척수가 몇 개의 요추로 끝나는 곳에서 미세 섬유가 아래를 향해 나오고, 그 관은 훨씬 더 미세한 그 섬유조차 관통한다. 그 관은 천골신경총이라고 불리는 것 가까이에 위치한 맨 아래에서 막혀 있다. 현대의 생리학에 따르면 이 신경총은 삼각형 형태이다. 척추에 자신들의 센터들을 가진 다른 신경총들은 요가수행자의 여러 '연꽃'을 매우 잘 나타낼 수 있다.

A Symbolic Representation of the Kundalini Rising
through the Different Centres in the Sushumna
to the Thousand-petalled Lotus in the Brain

쿤달리니의 상징적 표현. 그림은 쿤달리니^{맨 아래}가 수슘나^{중간} 속의 여러 센터를 관통하여 뇌 속의 천 개의 꽃잎으로 된 연꽃^{맨 위}에 이르기까지 상승한다는 것을 상징적으로 표현하고 있다.

요가수행자는 토대인 물라다라_{mūlādhāra}에서 시작해서 뇌 속에 있는 천 개의 꽃잎으로 된 연꽃인 사하스라라_{sahasrāra}로 끝나는 몇 가지 센터를 묘사하고 있다. 그러므로 여러 신경총을 이 연꽃들을 나타내는 것으로 여긴다면, 요가수행자의 생각을 현대 심리학의 언어로 매우 쉽게 이해할 수 있을 것이다. 우리는 신경의 흐름들에서 두 가지 종류의 작용이 있다는 것을 안다. 하나는 수입輸入적이고 다른 하나는 수출輸出적이다. 하나는 감각적이고 다른 하나는 운동적이다. 하나는 구심적이고 다른 하나는 원심적이다. 하나는 감각들을 뇌로 전달하고 다른 하나는 감각들을 뇌로부터 몸의 바깥 부분들로 전달한다. 결국에 이 진동들은 모두 뇌와 연관되어 있다.

앞으로 할 설명을 준비하기 위해서 기억해야만 할 몇 가지 다른 요소가 있다. 뇌에 있는 척수는 뇌에 붙어 있지는 않지만 뇌 속의 액체에 떠 있는, 수질medulla에 있는 일종의 구근으로 끝난다. 그 결과 머리를 세게 때리면, 강타한 힘은 액체에 의해 흩뜨려질 것이고, 구근에 상처를 입히지 못할 것이다. 이것은 기억해야 할 중요한 사실이다. 둘째로 우리는 또한 모든 센터 중에서 세 개가 특히 중요하다는 것을 기억해야만 한다. 그것들은 물라다라土臺, 사하스라라뇌에 있는 천 개의 꽃잎으로 된 연꽃, 마니푸라manipura, 배꼽에 있는 연꽃이다.

다음으로 우리는 물리학에서 한 가지 사실을 가져올 것이다. 우리 모두는 전기와 그것과 연결된 다른 다양한 힘에 대해 듣는다. 전기가 무엇인지 아무도 모르지만, 알려진 바에 의하면 그것은 일종의 운동이다. 우주에는 여러 가지 다른 운동이 있다. 그것들과 전기 사이의 차이점은 무엇인가? 이 책상이 움직이고 이 테이블을 이루는 분자들이 상이한 방향들로 움직이고 있다고 가정해 보라. 그러나 만일 그것들이 모두 동일한 방향으로 움직인다면, 그때 이 운동은 전기가 될 것이다. 전기는 몸의 분자들이 동일한 방향으로 움직일 때 나타나게 된다. 만일 방안의 모든 공기 분자가 동일한 방향으로 움직인다면, 그것은 그 방을 거대한 전기 배터리로 만들 것이다.

생리학에서 우리가 기억해야만 하는 다른 점은 호흡 기계 즉 호흡 체계를 조절하는 신경 센터는 신경 흐름의 전체 체계에 대한 통제 작용을 한다는 것이다. 이제 우리는 왜 리드미컬한 호흡을 수련해야 하는지 알 수 있다. 우선, 그 수련으로부터 몸의 모든 분자의 운동성이 동일한 방향으로 움직이게 된다. 선천적으로 산란한 마음이 한 곳을 향하게 되고 따라서 강한 의지가 될 때, 신경의 흐름들 역시 전기와 유사한 운동으로 변화하게 된다. 왜냐하면 신경들은 전기적 흐름들의 작용 하에서 양극성을 보여 준다는 것이 증명되었기 때문이다. 이것은 의지가 변화되어서 신경의 흐름들이 될 때 그 의지는 전기와 같은 무엇으로 변화된다는 것을 보여 준다. 그러므로 몸의 모든 운동이 완전히 리드미컬하게 될 때, 몸은 의지로 된 거대한 배터리가 된다. 이 엄청나게 큰 의지는 정확히 요가수행자가 얻고자 하는 것이다. 따라서 이것이 프라나야마에 대한 생리학적 설명이다. 프라나야마는 몸을 리드미컬하게 움직이게 만드는 경향이 있고 호흡 센터를 통해서 우리가 다른 센터들을 통제할 수 있게 돕는다. 프라나야마의 목적은 물라다라에 있는 쿤달리니라고 불리는, 똬리를 틀고 있는 힘을 각성시키는 것이다.

보거나 상상하거나 꿈꾼 모든 것을 우리는 공간에서 인식해야만 한다. 이것은 마하카샤mahākāśa 즉 물리적 공간으로 불리는 보통의 공간이다. 요가수행자가 다른 사람들의 생각을 읽거나 또는 초감각적 대상들을 지각할 때, 그는 칫타카샤cittākāśa 즉 정신적 공간이라 불리는 다른 종류의 공간에서 그것들을 본다. 인식에서 대상이 없게 되고 참영혼이 자기 자신의 본성으로 빛날 때, 그것은 칫타카샤Cittākāśa 즉 참지식의 공간으로 불린다. 쿤달리니가 깨어나서 수슘나의 관管으로 들어갈 때, 모든 인식은 정신의 공간에 있다. 더 열려서 뇌 속으로 들어가는 관의 끝에 쿤달리니가 도달했을 때, 대상이 없는 인식이 참지식의 공간에 있다.

전기의 비유를 들어서 우리는, 사람은 전선을 따라서만 흐름을 보낼 수 있지만,[01] 자연은 자신의 거대한 흐름들을 보내기 위해서 전선을 필요로 하지 않는다는 것을 알았다. 이것은 전선이 실제로 필요하지 않다는 것을 증명한다. 단지 우리는 그 전선을 제거할 능력이 없어서 그것을 억지로 사용한다. 유사하게 신경섬유들로 된 이 전선들을 통해서 몸의 모든 감각과 움직임은 보내져서 뇌로 들어가고 뇌에서 나온다. 척수에 있는 감각신경섬유와 운동신경섬유로 된 기둥들은 요가수행자들의 이다와 핑갈라이다. 그것들은 구심적이고 원심적인 흐름들이 움직여 나가는 주요 통로들이다. 그러나 왜 마음은 정보들을 어떤 전선 없이 보내거나 반응하면 안 되는가? 우리는 자연에서 행해진 이것을 본다. 요가수행자는 당신이 그것을 할 수 있다면, 당신은 물질의 속박을 제거했다고 말한다. 당신이 어떻게 이것을 할 수 있을까? 만일 당신이 척추의 가운데 있는 관인 수슘나를 통해서 흐름이 지나가도록 만들 수 있다면, 당신은

---

01 무선 전신술이 발견되기 이전에 이것을 말했다는 점을 독자들은 기억해야만 한다.

이 문제를 해결하였다. 마음이 신경계의 이 네트워크를 만들었고, 통과해야 할 전선이 필요하지 않게 되려면 마음이 그 네트워크를 깨뜨려야만 한다. 그때만이 모든 지식이 우리에게 발생할 것이고, 더 이상 몸의 속박이 없다. 이것이 우리가 수슘나에 대한 통제력을 획득해야 하는 매우 중요한 이유이다. 우리가 전선들로 작용할 어떠한 신경섬유들 없이 그 빈 관을 통해서 정신적 흐름을 보낼 수 있다면, 요가수행자는 문제가 해결되었다고 말한다. 보통 사람들에게 있어서 이 수슘나는 아래의 맨 끝이 닫혀 있고, 흐름이 그것을 뚫고 지나가지 못한다. 요가수행자는 그것을 열 수 있고 신경의 흐름들이 그것을 통과해서 가도록 만들 수 있는 수련법을 제시한다.

어떤 감각이 센터로 전달될 때, 센터는 반응한다. 자동 센터에서 이 반응에 움직임이 뒤따른다. 의식 센터들에서 그것은 첫째로 인식이, 둘째로 움직임이 뒤따른다. 모든 인식은 바깥으로부터의 작용에 대한 반작용이다. 그렇다면 어떻게 꿈속에서 인식이 일어나는가? 그때는 바깥으로부터의 작용이 없다. 그러므로 감각들이 어딘가에서 똘똘 감겨 있음에 틀림없다. 예를 들면, 나는 도시를 본다. 그 도시에 대한 인식은 그 도시를 이루는 바깥의 대상들로부터 온 감각들에 대한 나의 반응으로부터 온 것이다. 말하자면, 전달 신경들의 움직임이 뇌분자들의 특정한 움직임을 불러 일으켜 왔고 다시 그 도시의 외부 대상들이 그 신경들을 움직이게 한다. 이제 심지어 오랜 시간이 지난 후에 나는 그 도시를 기억할 수 있다. 꿈들은 단지 보다 가벼운 형태의 정확히 동일한 현상들이다. 그러나 뇌에서 유사한 진동들로 된 보다 더 가벼운 형태를 불러일으킨 작용은 어디에서 오는가? 분명히 주요한 감각들로부터 온 것은 아니다.

그러므로 감각들은 어딘가에 똘똘 말려 있고, 자신들의 작용에 의해서 우리가 꿈 인식이라 부르는 가벼운 반응을 일으키는 것임에 틀림없다.

이제, 이를테면 이 모든 잔여 감각들이 축적되어 있는 센터는 뿌리 저장소인 물라다라로 불리고, 똘똘 말린 활동 에너지는 '똬리를 튼 것', 즉 쿤달리니이다. 잔여 운동 에너지는 또한 동일한 그 센터에 축적된다. 왜냐하면 몰두하여 학습하거나 외부 대상들에 대해 명상한 후에 물라다라 센터가 위치한 몸의 부위가, 아마도 천골신경총이 뜨거워지게 되기 때문이다. 이제, 만일 이 똘똘 말린 에너지가 각성되어서 움직이게 된 다음, 의식적으로 수슘나 관을 따라 위쪽으로 올라가게 된다면 즉 그것이 연이은 센터들에 계속해서 작용한다면, 엄청난 반응이 시작될 것이다. 아주 적은 양의 에너지가 신경섬유를 따라서 이동하고 센터들로부터 반응을 발생시킬 때, 인식은 꿈이거나 상상이다. 그러나 긴 내적 명상의 힘에 의해서 축적된 에너지의 거대한 덩어리가 수슘나를 따라서 움직이고 센터들을 때릴 때 그 반응은 엄청나고 꿈이나 상상의 반응보다 대단히 우세하고 감각 인식의 반응보다 훨씬 더 강력하다. 초감각적 인식이다. 그리고 그것이 모든 감각의 수도인 뇌에 도달할 때, 말하자면 뇌 전체가 반응할 때, 그 결과는 깨달음의 완전한 불꽃 즉 참자아의 인식이다. 이 쿤달리니의 힘이 센터에서 센터로, 마음의 연이은 층위들을 계속해서 나아갈 때, 말하자면 열릴 때, 요가수행자는 우주를 그 자체의 미세한 즉 인과적 형태로 인식한다. 그때만이 감각과 반응 양자로서의 우주의 원인들이 있는 그대로 알려진다. 그러므로 모든 지식이 생긴다. 원인을 알면, 결과들에 대한 앎이 틀림없이 뒤따른다.

그러므로 쿤달리니의 각성은 신성한 지혜, 초의식적 인식, 참영혼의 깨달음을 획득하기 위한 하나의, 유일한 길이다. 그 각성은 다양한 방식으로 발생할 것이다. 예를 들면, 신에 대한 사랑을 통해서나 완성된 성자들의 자비를 통해서 또는 철학자들의 분석적 의지력을 통해서. 일반적으로 초자연력 또는 지혜라 불리는 것의 어떠한 나타남이 있어 온 곳마다, 쿤달리니의 작은 흐름이 자신의 길을 발견하여 수슘나로 들어갔음에 틀림없다. 그러한 경우 중 압도적 다수는 단지 사람들이 모르고서 똬리를 튼 쿤달리니의 작은 부분을 자유롭게 하는 어떤 수행을 우연히 발견했을 뿐이다. 의식적이든 무의식적이든 모든 숭배는 이 목적으로 귀결된다. 자신의 기도에 대한 응답을 받고 있다고 생각하는 사람은 성취가 자신의 본성으로부터 온다는 것을 알지 못한다. 기도하는 정신적 태도에 의해서 그는 자기 자신의 내부에 똬리를 틀고 있는 이 무한한 힘을 약간 일깨우는 데 성공했다.

기도에 대한 응답을 자신이 받고 있다고 생각하는 사람은 성취가 자신의 본성으로부터 온다는 것을, 그리고 기도하는 정신적 태도에 의해 자신의 내부에서 똬리를 틀고 있는 이 무한한 힘의 한 조각을 깨우는 데 성공했다는 것을 알지 못한다. 그리하여 요가수행자는 사람들이 알지 못하고서 두려움과 시련을 통해서 다양한 이름으로 숭배하는 것을 모든 생명체 속에 똬리를 틀고 있는 진정한 힘 즉 영원한 행복의 참어머니라고 세상에 분명하게 밝힌다. 라자 요가는 종교의 과학이고, 모든 숭배와 모든 기도와 상像과 의례와 기적의 근거이다.

심령적 프라나의 통제
Control of Psychic Prāṇa

우리는 이제 프라나야마_{prāṇāyāma}의 행법들을 다루어야만 한다. 요가수행자들에 따르면 첫 단계는 폐의 움직임을 통제하는 것이라는 사실을 우리는 보았다. 우리가 하고자 하는 바는 우리 몸에서 일어나고 있는 보다 미세한 움직임들을 느끼는 것이다. 우리의 마음은 외면화되었고 내면의 미세한 움직임들에 대한 통찰을 잃어버렸다. 우리가 그것들을 느끼기 시작할 수 있다면, 우리는 또한 그것들을 통제하기 시작할 수 있다. 신경의 이러한 흐름들은 몸 전체를 통해서 흐르고 모든 근육에 생명과 활력을 가져다준다. 그러나 우리는 그것들을 느끼지 못한다. 요가수행자는 우리가 그렇게 하는 법을 배울 수 있다고 말한다. 어떻게? 폐의 움직임을 통제함으로써 가능하다. 충분한 기간 동안 그것을 해왔을 때 우리는 몸에서 보다 미세한 움직임들을 통제할 수 있을 것이다.

이제 프라나야마 수행을 해보자. 곧게 앉아라. 몸은 수직으로 곧게 유지되어야만 한다. 비록 척추에 붙어 있지 않지만 척수가 그 안에 있다. 구부러지게 앉는다면 당신은 척추를 불편하게 만든다. 그러므로 그것이 자유롭도록 두라. 구부러지게 앉아서 명상하려 노력할 때마다 당신은 자신을 손상시킨다. 몸의 세 부위 즉 가슴, 목, 머리는 언제나 일직선으로 곧게 유지해야만 한다. 약간의 수행으로 숨 쉬는 것만큼 쉽게 이 자세를 할 수 있을 것이라는 사실을 알게 될 것이다. 둘째 것은 신경들에 대한 통제력을 얻는 것이다. 호흡기관들을 통제하는 신경 센터는 다른 신경들에 대한 일종의 통제 효과를 갖기에 리드미컬한 호흡이 필요하다고 우리는 말했다. 우리가 일반적으로 호흡하는 방식은 결코 호흡이라고 불려서는 안 된다. 왜냐하면 그것은 매우 불규칙하기 때문이다. 그리고 남성과 여성 사이에 타고난 몇 가지 차이가 있다.

첫 가르침은 균형 잡힌 방식으로 들이쉬고 내쉬는 것이다. 그것은 그 체계를 조화시킬 것이다. 일정 기간 이것을 수행해 왔다면 당신은 단어 옴Om 또는 다른 어떤 신성한 단어를 호흡과 더불어서 반복할 수 있을 것이다. 인도에서는 들숨과 날숨의 길이를 측정하기 위해서 하나, 둘 등으로 세는 대신에 특정한 상징적인 단어들을 사용한다. 이것이, 당신이 수행하는 동안 마음으로 신성한 단어를 반복하라고 내가 충고하는 이유이다. 그 단어가 호흡과 함께 리드미컬하게 흘러들어오고 흘러나가게 두라. 그러면 몸 전체가 리드미컬하게 되고 있는 것을 발견하게 될 것이다. 그때 당신은 참된 휴식을 즐기게 될 것이다. 그것과 비교했을 때 수면은 휴식이 아니다. 일단 이 휴식이 발생하면 가장 지친 신경들이 고요해질 것이고 당신은 여태까지 결코 참된 휴식을 가져보지 못했다는 것을 알게 될 것이다.

이 수행의 첫째 효과는 얼굴의 표정 변화로 알게 된다. 거슬리는 주름들이 사라지고 고요한 생각과 더불어서 고요함이 얼굴에 나타난다. 다음으로 목소리가 아름답게 된다. 나는 쉰 목소리를 가진 요가수행자를 본 적이 없다. 이러한 징후들은 몇 달간의 수행 후에 나타난다.

며칠 동안 위에 언급한 호흡법을 수행한 후에 보다 높은 수행법을 시작해야 한다. 왼쪽 콧구멍을 통한 호흡으로 천천히 폐를 채워라. 동시에 마음을 '이다' 즉 왼쪽 신경 흐름에 집중시켜라. 말하자면 당신은 척추 아래로 신경의 흐름을 보내서 삼각형의 토대 연꽃 즉 쿤달리니의 자리인 마지막 신경총을 격렬하게 때리고 있다. 그러므로 일정 시간 동안 거기에 그 흐름을 유지시켜라. 그런 다음 호흡과 함께 다른 쪽 즉 '핑갈라'를 통해서 그 신경의 흐름을 천천히 끌어당기고 있다고 상상하라. 곧이어 오른쪽 콧구멍을 통해서 천천히 숨을 내쉬어라. 이것이 좀 어렵다는 것을 알게 될 것이다. 가장 쉬운 방법은 엄지손가락으로 오른쪽 콧구멍을 막고서 왼쪽 콧구멍을 통해서 숨을 들이쉬는 것이다. 곧이어 엄지손가락과 집게손가락으로 양쪽 콧구멍을 막고서 그 흐름을 아래로 보내서 수슘나의 맨 아래 부분을 때리고 있다고 상상하라. 그리고서 엄지손가락을 떼고 오른쪽 콧구멍을 통해서 숨이 나가게 두라. 그 다음 그 콧구멍 즉 오른쪽 콧구멍을 통해서 천천히 숨을 들이쉬고 집게손가락으로 다른 쪽 콧구멍을 막은 상태를 유지한다. 곧이어 앞서와 마찬가지로 양쪽 콧구멍을 막아라.

인도인들이 이것을 수행하는 방식은 이 나라^{미국} 사람들에게는 매우 어려울 것이다. 왜냐하면 인도인들은 그것을 어린 아이 때부터 해왔고 그들의 폐는 그 수행법을 위해 준비되어 있다. 지금은 4초로 시작해서 천천히 늘려나가는 것이 좋다. 4초간 들이쉬고 16초간 멈춘 다음, 8초간 내쉬어라. 이것이 한 번의 프라나야마이다. 동시에 삼각형의 토대 연꽃물라다라 차크라에 대해 생각하라. 그 센터에 마음을 집중하라. 상상이 크게 도움이 될 수 있다.

다음 행법은 동일한 수를 사용하여, 천천히 숨을 들이쉰 다음, 즉각 천천히 내쉬고서 숨을 모두 멈추는 것이다. 유일한 차이는 첫째 경우는 숨을 들이쉬고 멈추고, 둘째 경우에는 숨을 내쉬고 멈추는 것이다. 폐에 숨을 보유하는 행법은 너무 많이 수행되어서는 안 된다. 아침에 오직 네 차례만, 저녁에 오직 네 차례만 하라. 그런 다음 천천히 시간과 수를 늘릴 수 있다. 그렇게 할 수 있는 능력을 가지고 있고 그것을 즐길 수 있다는 것을 당신은 알게 될 것이다. 그러므로 당신이 능력을 가지고 있다고 느낄 때, 네 차례 대신 여섯 차례까지 매우 주의 깊고 신중하게 수를 늘려라. 불규칙적으로 그것을 수행한다면 그것은 당신에게 손상을 줄 것이다.

위에서 언급된 프라나를 통제하기 위한 세 과정 중 첫째 것과 마지막 것은 어렵지도, 위험하지도 않다. 첫째 것을 더 수행할수록, 마음은 더 고요하게 될 것이다. 호흡할 때 옴Om을 반복하라. 이것은 심지어 직장에 앉아 있는 동안에도 수행할 수 있다. 당신은 그것을 훨씬 더 잘하게 될 것이다. 열심히 수행한다면 머지않아 쿤달리니가 깨어나게 될 것이다. 하루에 한 차례 또는 두 차례 수행하는 사람들에게는 틀림없이 몸과 마음에 약간의 고요함이 계속될 것이고 목소리가 아름다워질 것이다. 수행과 함께 더 앞으로 계속해서 갈 수 있는 사람들만이 쿤달리니가 각성될 것이다. 그때 전체 자연은 변화되기 시작할 것이고 지식의 문이 열리게 될 것이다. 지식을 위해서 더 이상 책들을 볼 필요가 없다. 자신의 마음이 무한한 지식이 담긴 책이 될 것이다.

　　　　　　　나는 이미 척추의 양 옆을 통과하여 흐르는 이다와 핑갈라의 흐름 그리고 또한 척수의 중앙을 통과하는 통로인 수슘나의 흐름에 대해 말했다. 이 셋은 모든 동물, 바꿔 말해서 척추를 가진 모든 피조물에게 나타난다. 그러나 요가수행자들은 일반적인 생명체들에게 있어 수슘나는 닫혀 있고, 그것의 작용은 분명하지 않은 한편, 다른 둘 즉 이다와 핑갈라의 작용은 힘을 몸의 여러 부위들로 운반한다고 주장한다.

　　　　　　　요가수행자만이 수슘나를 연다. 흐름이 수슘나를 통해서 상승하기 시작할 때, 우리는 감각들을 초월하고 우리의 마음은 초감각적, 초의식적이 된다. 우리는 심지어 이성이 다다를 수 없는 지성을 넘어가야 한다. 수슘나를 여는 것은 요가수행자의 주요 목표이다. 그에 따르면 요가의 비유적인 언어로 연꽃들인 센터들이 수슘나를 따라서 배열되어 있다. 맨 아래의 것은 척수의 기저에 있고 물라다라mūlādhāra로 불린다. 그 다음 높은 것은 스와디슈타나svādhiṣṭhāna로 불린다. 셋째는 마니푸라maṇipura, 넷째는 아나하타anāhata, 다섯째는 비슛다viśuddha, 여섯째는 아갸ājñā, 뇌 속에 있는 마지막 것은 사하스라라sahasrāra '천 개의 꽃잎으로 된'로 불린다. 이것들 중에서 가장 아래에 있는 것이 물라다라이고 가장 위에 있는 것이 사하스라라이다. 모든 에너지는 물라다라에 있는 자신의 자리로부터 시작되어야만 하고 사하스라라까지 데려가야만 한다.

　　　　　　　요가수행자들은 인간의 몸에 있는 모든 에

너지 중에서 최상의 것은 자신들이 오자스ojas라 부르는 것이라고 주장한다. 이 오자스는 뇌 속에 축적되고, 인간이 더 많은 오자스를 가지고 있을수록 그는 더 건강하고 더 지성적이며 영적으로 더 강력하다. 어떤 사람은 아름다운 언어로 아름다운 생각을 표현할 수도 있지만, 사람들에게 감명을 줄 수는 없다. 또 한 사람은 자신의 생각을 아름답게 표현할 수 없을지 모르지만, 그의 말은 매혹적이다. 그의 모든 동작은 강력하다. 그것이 오자스의 힘이다.

모든 사람에게 이 오자스는 어느 정도 축적되어 있다. 몸에서 작용하고 있는 모든 힘의 최고의 형태는 이 오자스이다. 그것은 하나의 힘이 변환되어 다른 힘으로 된다는 문제일 뿐이라는 것을 기억해야만 한다. 전기나 자기력과 같이 바깥에서 작용하는 것과 동일한 힘이 변화되어서 내적인 힘이 될 것이다. 근육 에너지로 작용하고 있는 동일한 힘이 변화되어서 오자스가 될 것이다. 요가수행자들은 인간 에너지에서 성적인 작용과 성적인 생각을 통해서 표현되는 부분이 억제되고 통제될 때 그 부분은 쉽게 변화되어서 오자스가 된다고 말한다. 그리고 물라다라가 이것들을 인도하기 때문에 요가수행자는 그 센터에 특별히 주의를 기울인다. 그는 자신의 모든 성적 에너지를 오자스로 변화시키려 노력한다. 순결한 남성이나 여성만이 오자스를 만들 수 있고 뇌에 저장할 수 있다. 그런 이유로 순결이 언제나 최고의 덕목으로 간주되어 왔다. 만일 그가 부정하다면 그의 영성은 사라지고 정신적인 활기와 도덕적인 지구력을 잃는다. 그렇기 때문에 당신은 영적인 거인들을 배출해 온 세계의 모든 종교 교단에서 절대적인 순결을 주장한다는 것을 항상 발견할 것이다. 그

비베카난다의 요가수트라

것이 결혼을 포기한 수도자들이 존재하게 된 이유이다. 생각과 말과 행동에서 완전한 순결이 있어야만 한다. 그것이 없는 라자 요가 수행은 위험하고 정신이상으로 이어질 수 있다. 만일 사람들이 라자 요가 수행을 하면서 동시에 불순한 삶을 산다면, 어떻게 그들이 요가수행자가 될 것이라고 기대할 수 있겠는가?

프라티야하라와 다라나
Pratyāhāra & Dhāraṇā

다음 단계는 프라티야하라로 불리는 것이다. 이것은 무엇인가? 당신은 지각들이 어떻게 발생하는지 안다. 우선 외적인 도구들이 있고, 다음으로 뇌의 센터들을 통해서 몸에서 작용하는 내적인 기관들이 있고, 마지막으로 마음이 있다. 이것들이 함께 결합하여서 자신들을 외부의 대상과 결합할 때, 그때 우리는 그 대상을 지각한다. 동시에 마음을 집중하여서 그것을 하나의 기관에만 붙들어 매는 것은 매우 어렵다. 마음은 물질적 대상들의 노예이다.

우리는 세계 도처에서 "선善하라.", "선하라.", "선하라."라고 가르치는 말을 듣는다. 세상의 어느 나라에서 태어난 아이도 "도둑질하지 마라.", "거짓말하지 마라."라는 말을 들어보지 않은 경우는 거의 없다. 그러나 누구도 그 아이에게 훔치거나 거짓말하지 않을 수 있는 방법을 말해주지 않는다. 말은 그에게 도움이 되지 않을 것이다. 왜 그가 도둑이 되면 안 되는가? 우리는 그에게 훔치지 않는 법을 가르치지 않는다. 단지 그에게 "훔치지 마라."라고 말할 뿐이다. 우리가 그에게 자신의 마음을 통제하는 법을 가르칠 때만이, 그를 진정으로 돕는 것이다.

마음이 자신을 기관들이라 불리는 특정한 센터들과 결합할 때, 내적·외적인 모든 작용은 발생한다. 의도적이든 의도적이지 않든 사람들은 자신들의 마음을 그 센터들과 결합하고, 그런 이유로 그들은 어리석은 행동들을 하고 비참하게 느낀다. 그러나 마음이 통제 하에 있다면, 그들은 그렇게 하지 않을 것이다. 마음을 통제한 결과는 무엇이겠는가? 그때 마음은 자신을 지각 센터들과 결합하지 않을 것이다. 그리고 자연스럽게 감정과 의지는 통제 아래에 있게 될 것이다. 이것은 지금까지 분명하다. 그러나 이것이 가능한가? 틀림없이 가능하다. 왜냐하면 당신은 현대에 수행되는 그것을 보기 때문이다. 신앙 치유사들은 사람들에게 비참함과 고통과 악을 거부하도록 가르친다. 그들의 철학은 상당히 간접적이지만, 그것은 어쨌든 그들이 우연히 발견했던 요가의 한 부분이다. 어떤 사람이 그것을 거부함으로써 고통을 내던져버리도록 만드는 데 성공하는 경우에, 그들은 사람의 마음을 감각들을 무시하기에 충분히 강하게 만들기 위해서 정말 프라티야하라의 한 부분을 사용한다. 유사한 방식으로 최면술사들은 자신들의 암시로 당분간 환자에게 일종의 병적인 프라티야하라를 일으킨다. 소위 최면술적 암시는 단지 약한 마음에 작용할 수 있을 뿐이다. 그리고 고정된 응시나 그 밖의 다른 무언가를 수단으로 최면술사가 최면 대상자의 마음을 일종의 수동적이고 병적인 상태로 만드는 데 성공할 때까지, 그의 암시는 결코 먹히지 않는다.

최면술사에 의해서든 신앙 치유사에 의해서든 환자에게 일시적으로 확립된 센터들에 대한 통제는 비난받아야 한다. 왜냐하면 그것은 궁극적으로는 파멸로 이어지기 때문이다. 그것은 환자 자신의 의지력에 의해서 뇌 센터들을 실제적으로 통제하고 있는 것이 아니고, 말하자면 다른 사람의 의지가 가하는 갑작스런 타격으로 그의 마음을 일시적으로 기절시키는 것이다. 그것은 고삐와 근육의 힘으로 성미가 사나운 한 무리의 말의 미친 질주를 억제하는 것이 아니고, 오히려 당분간 말들을 기절시켜서 온순하게 만들기 위해서 다른 사람에게 말들의 머리에 강한 타격을 가해달라고 부탁하는 것이다. 완전한 통제력을 갖는 대신에 마침내 그의 마음이 형상이 없고 힘이 없는 덩어리가 되어서 환자의 유일한 도착지가 정신병원이 될 때까지, 이 과정들의 하나하나의 영향을 받은 그 사람은 자신의 정신적 에너지들의 한 부분을 상실한다.

자발적이지 않은 즉 개인 자신의 의지로 만들어지지 않은 통제력을 사용하려는 모든 시도는 피해가 막심할 뿐 아니라 그 통제 자체의 목적을 좌절시킨다. 개개의 영혼의 목표는 자유와 지배이다. 즉 물질과 생각의 노예 상태로부터의 자유이고 외적·내적 본성에 대한 지배이다. 병적인 상태 하에 있는 동안 직접적으로 기관들을 통제하든지 사람이 그것들을 통제하도록 강제하든지, 어떠한 형태를 취하든지 간에 다른 사람으로부터 오는 모든 의지의 흐름은 목표를 향해 나아가는 대신에 단지 사람을 과거의 생각들과 과거의 미신들로 된 속박이라는 이미 존재하는 무거운 사슬에 연결고리를 하나 더 단단하게 고정시킬 뿐이다. 그러므로 당신이 어떻게 다른 사람들에 의해서 영향을 받도록 자신을 허용하는지 경계하라. 당신이 얼마나 모르면서 다른 사람을 파멸로 데려가는지 경계하라. 정말 어떤 사람들은 많은 사람의 성향에 새로운 트렌드를 줌으로써 한동안 그들에게 선을 많이 베푸는 데 성공한다. 그러나 동시에 그들은 자신들이 여기저기에서 하는 무의식적인 암시들에 의해서 수백만의 사람을 파멸로 데려간다. 그 암시들은 결국 수많은 남성과 여성을 거의 영혼이 없게 만드는, 그러한 병적이고 수동적이고 최면에 걸리기 쉬운 상태를 그들에게 불러일으키는 것들이다.

　　　　　　　맹목적인 믿음을 요구하거나 자신의 우월한 의지력이라는 통제력으로 사람들을 자신 뒤로 끌어당기는 사람은 누구나 자신이 의도하지 않았을 수도 있지만 인류에게 상해를 입힌다. 그러므로 당신 자신의 지성을 사용하고, 몸과 마음을 스스로 통제하고, 당신이 불건전한 사람이 아니라면 외부로부터의 의지가 당신에게 작용할 수 없다는 것을 기억하라.

　　　　　　　전 세계에는 춤추고 뛰고 고함치는 분파들이 있어 왔고, 그들이 노래하고 춤추고 설교할 때 그들의 영향은 전염병처럼 번진다. 그들 역시 일종의 최면술사들이다. 그들은 민감한 사람들에 대해 얼마간 유일한 통제력을 행사하고, 아! 흔히 결국에는 인류 전체를 퇴보시킨다. 아, 그러한 병적이고 외적인 통제에 의해서 명백히 선하게 되는 것보다 악하게 남아 있는 것이 개인이나 인류를 위해 보다 건강하다. 그런 무책임하지만 선한 종교적 광신자들에 의해서 인류에게 가해진 상해의 양에 대해 생각하게 된다. 그 광신자들의 암시 하에서 음악과 기도로 갑작스럽게 영적으로 고양된 마음은 그저 자신을 수동적이고 병적이며 무기력하게 만들고 다른 어떤 암시에, 그것이 아무리 악하더라도, 자신을 개방한다는 것을 사람들은 거의 알지 못한다. 이러한 무지하고 현혹된 사람들은 구름 위의 어떤 참존재가 자신들에게 쏟아 부었다고 여기는, 인간의 마음을 변화시키는 자신들의 기적적인 힘에 대해 기뻐하고 있는 동안, 그들은 미래의 부패와 범죄와 정신이상과 죽음의 씨앗들을 뿌리고 있다는 것을 꿈에도 모른다. 그러므로 당신의 자유를 빼앗아 가버리는 모든 것을 경계하라. 그것이 위험하다는 것을 알아라. 그리고 힘닿는 데까지 어떻게 해서든 그것을 피하라.

의지대로 그 센터들에 자신의 마음을 붙이거나 떼는 데 성공한 사람은 '~을 향해서 모으기' 즉 외부로 향하는 마음의 힘을 억제함이나 감각들의 속박으로부터 마음을 자유롭게 함을 의미하는 프라티야하라를 성취했다. 우리가 이것을 할 수 있을 때, 우리는 정말 개성을 가질 것이다. 그때 우리는 자유를 향해서 한 걸음 크게 내딛었을 것이다. 그 이전에는, 우리는 단지 기계일 뿐이다.

마음을 통제한다는 것이 얼마나 어려운가! 마음은 이야기 속의 미친 원숭이에 잘 비유되어 왔다. 모든 원숭이와 마찬가지로 본성상 가만히 있지 못하는 원숭이가 있었다. 마치 그러한 상태가 충분하지 않은 것처럼, 누군가 그 원숭이에게 자유롭게 술을 마시게 해서 그 원숭이는 훨씬 더 안절부절못하게 되었다. 그때 전갈이 그 원숭이를 쏘았다. 원숭이는 전갈에 쏘였을 때 하루 종일 뛰어 돌아다닌다. 그렇게 그 불쌍한 원숭이는 자신의 상태가 한층 나쁘게 되었다는 것을 알았다. 악마가 원숭이에게 들어가는 것으로 비참함이 완성되었다. 그 원숭이의 통제 불가능한 안절부절함을 어떤 말로 묘사할 수 있을까? 인간의 마음은 그 원숭이와 같다. 자신의 본성상 끊임없이 작용하는 마음은 그때 욕망이라는 술에 취하게 되어서, 자신의 동요를 증가시킨다. 욕망이 소유를 받아들인 후에, 다른 사람들의 성공에 대한 질투라는 전갈의 침이 오고, 마지막에는 자만이라는 악마가 마음에 들어온다. 그러한 마음을 통제하는 것은 얼마나 어려운가?

그러므로 첫째 가르침은 얼마 동안 앉아 있는 것이다. 마음이 계속 달리게 두라. 마음은 언제나 부글부글 끓어 넘치고 있다. 이는 앞의 뛰어다니는 그 원숭이와 같다. 그 원숭이가 뛰어다닐 수 있는 만큼 뛰어다니게 두라. 당신은 그저 기다리면서 지켜보라. 금언에서는 지식이 힘이라고 말한다. 그것은 진실이다. 마음이 무엇을 하고 있는지 알 때까지, 당신은 그것을 통제할 수 없다. 마음에 완전한 자유를 주라. 많은 끔찍한 생각이 마음에 일어날 수 있다. 그러한 생각들을 마음속에 품을 수 있다는 사실에 당신은 깜짝 놀라게 될 것이다. 그러나 당신은 매일 마음의 변덕스러움이 점점 약화되고 있음을 즉 매일 더 고요해지고 있음을 알게 될 것이다. 처음에 몇 달 동안은 마음이 엄청나게 많은 생각을 가지고 있다는 것을 발견하게 될 것이다. 나중에는 그 생각들이 다소 감소되고, 마침내 마음이 완전히 통제 하에 있을 때까지 몇 개월이 더 지나면 생각들은 더욱 더 적어질 것이라는 사실을 발견하게 될 것이다. 그러나 당신은 인내력 있게 매일 수련해야만 한다. 증기가 있는 한, 엔진은 반드시 작동한다. 사물들이 우리 앞에 있는 한, 우리는 반드시 그것들을 지각한다. 따라서 기계가 아닌 것을 증명하기 위해서 인간은 자신이 어떠한 것의 지배 하에도 있지 않다는 것을 입증해야만 한다. 마음의 이러한 통제와 마음 자신이 센터들과 결합하도록 허락하지 않는 것이 프라티야하라이다. 이것을 어떻게 수행해야 하는가? 이것은 대단한 작업이다. 이것은 하루아침에 이루어지지 않는다. 수년 동안의 참을성 있고 지속적인 분투 이후에야만 우리는 성공할 수 있다.

한동안 프라티야하라를 수행한 후에, 다음 단계인 특정한 지점들에 마음을 유지하는 다라나로 가라. 특정한 지점들에 마음을 유지한다는 것은 무엇을 의미하는가? 다른 것들을 배제하기 위해서 몸의 특정한 부분들을 느끼도록 마음을 강제하는 것이다. 예를 들자면 몸의 다른 부위들을 배제하기 위해서 오직 손만 느끼려고 노력하라. 칫타citta 즉 마음-질료가 어떤 지점에 국한되고 제한될 때, 이것이 다라나이다. 이 다라나는 다양한 종류로 되어 있고, 다라나와 함께 약간의 상상놀이를 하는 편이 낫다. 예를 들어, 마음이 심장의 한 지점에 대해 생각하도록 만들어야 한다. 이것은 매우 어렵다. 보다 쉬운 방법은 거기에 연꽃이 있다고 상상하는 것이다. 그 연꽃은 빛, 정확히 말해서 눈부신 빛으로 가득 차 있다. 마음을 그 곳에 넣어라. 아니면 뇌 속에 있는 빛으로 가득한 연꽃에 대해, 아니면 앞서 언급된 수슘나 속에 있는 여러 센터들에 대해 생각하라.

요가수행자는 언제나 수행해야만 한다. 그는 혼자 살려고 노력해야 한다. 여러 종류의 사람들과의 교제는 마음을 산만하게 한다. 그는 말을 많이 해서는 안 된다. 왜냐하면 말은 마음을 산란하게 하기 때문이다. 일을 많이 해서는 안 된다. 왜냐하면 너무 많이 일하면 마음을 집중하지 못하게 되기 때문이다. 하루 종일 힘든 일을 한 후에 마음은 통제될 수 없다. 이상의 규율들을 준수하는 사람은 요가수행자가 된다.

요가의 힘이 그러하므로 최소한의 요가 수행조차도 엄청난 양의 유익함을 가져올 것이다. 요가는 누구에게도 상처를 주지 않을 것이고, 모두에게 유익함을 줄 것이다. 무엇보다도 요가는 신경의 흥분을 가라앉힐 것이고 평온을 가져올 것이며 상황을 보다 명료하게 볼 수 있게 할 것이다. 성격은 더 나아질 것이고 건강은 더 양호해질 것이다. 양호한 건강과 아름다운 목소리는 첫째 징후 중 하나일 것이다. 목소리의 단점들이 변화될 것이다. 이것은 발생하게 될 많은 효과의 첫째 효과 중 하나일 것이다. 열심히 수행하는 사람들은 다른 많은 징후를 가지게 될 것이다. 때로는 하나의 계속되는 소리로 뒤섞여서 귀에 들리는, 멀리서 들려오는 종소리로 된 것과 같은 소리들이 있을 것이다. 때로는 떠다니고 점점 더 커지는 빛으로 된 작은 점들로 보이게 될 것이다. 그리고 이러한 상태가 나타나면 당신이 빠르게 나아가고 있다는 것을 알아라. 요가 수행자가 되고 열심히 수행하고 싶은 사람들은 먼저 자신들의 식습관에 대해 주의해야만 한다. 그러나 직업을 가지고 생활하는, 매일 약간의 수행만 하기를 원하는 사람들의 경우에는 너무 많이 먹지 말아야 한다. 그 외에는 자신들의 입에 맞는 것은 무엇이든 먹어도 좋다.

빠르게 발전하고 열심히 수행하고 싶어 하는 사람들에게는 엄격한 식습관이 절대적으로 필요하다. 그들은 몇 달 동안 오직 우유와 시리얼만으로 사는 것이 유익하다는 것을 발견하게 될 것이다. 신체 조직이 더욱 더 청정해질 때, 최소한의 불규칙성이 수행자의 균형을 무너뜨린다는 것을 맨 처음에 알게 될 것이다. 수행자가 완전한 통제력을 가져서 자신이 좋아하는 것을 무엇이든지 먹을 수 있게 될 때까지,

사실상 한 입의 음식물만으로도 전체 체계가 교란될 것이다. 수행자가 집중하기 시작할 때, 핀이 떨어지는 것이 뇌를 관통하는 벼락처럼 보일 것이다. 장기들이 더 청정해질수록 인식들이 더 청정해진다. 이것들은 우리가 통과해야만 하는 단계들이고 버티어 내는 모든 사람들은 성공하게 될 것이다. 모든 논쟁과 정신을 산란하게 만드는 다른 모든 일들을 포기하라. 무미건조하고 지적인 헛소리로 된 어떤 것이 있는가? 그것은 단지 마음의 균형을 잃게 하고 마음을 산만하게 할 뿐이다. 보다 미세한 층위들의 것들을 깨달아야만 한다. 그러므로 모든 공허한 대화는 포기하라. 영적인 경험을 가진 사람들이 쓴 그러한 책들만 읽어라.

　　　　　　　　　진주조개와 같아라. 스와티 Svāti 별이 떠오를 때 비가 내리고 빗방울 하나가 조개 속에 떨어진다면, 그 빗방울은 진주가 된다는 취지의 인도의 아름다운 우화가 있다. 조개들은 이것을 알고 있다. 그래서 그 별이 나타날 때 그들은 수면으로 나와서 귀중한 빗방울들을 잡으려고 기다린다. 빗방울들이 조개들 속으로 떨어질 때, 그들은 재빨리 자신들의 껍질을 닫고 해저로 잠수하여서, 거기서 끈기 있게 빗방울을 진주로 발달시킨다. 당신은 그와 같아야 한다. 먼저 듣고서 이해한 다음, 모든 산란함을 떠나서 외부의 영향들에 대해 마음을 차단하고 당신 안에 있는 진리를 발달시키는 데 자신을 바쳐라. 단지 생각의 새로움을 위해서 생각을 시작한 다음, 더 새로운 다른 생각을 위해서 앞서의 생각을 버림으로써 당신의 에너지들을 낭비할 위험이 있다. 한 생각을 시작하고 그것을 따라라. 그리고 그것의 끝을 보라. 끝을 보기 전에, 그것을 포기하지 마라. 하나의 생각에 미치게 될 수 있는 사람만이 빛을 본다. 여기서 한 입만 먹고 저기서 한 입만 먹는 사람들은 결코 어떠한 것도 얻을 수 없을 것이다. 그들은 자신들의 신경을 한순간 즐겁게 할 수 있을지도 모르지만 거기서 끝나게 될 것이다. 그들은 자연의 손에 쥐어 있는 노예가 될 것이고, 결코 감각들을 초월할 수 없을 것이다.

정말 요가수행자가 되기를 원하는 사람들은 어떤 것들에 흥미를 보이는 이러한 짓을 완전히 포기해야만 한다. 하나의 생각을 시작하라. 그 하나의 생각이 삶이 되게 하라. 그것에 대해 생각하고, 그것에 대해 꿈꾸어라. 그 생각으로 살아라. 뇌와 근육과 신경과 몸의 모든 부분이 그 생각으로 가득 차게 하라. 그리고 그저 다른 모든 생각을 내버려두라. 이것이 성공하기 위한 방법이고, 이것이 영적으로 위대한 거인들을 배출한 방법이다. 다른 사람들은 단지 축음기일 뿐이다. 우리가 진실로 은총 받기를 원한다면, 다른 사람들이 은총을 받을 수 있게 만들려면, 우리는 더 깊이 들어가야만 한다.

첫 단계는 마음을 산란하게 하지 않는 것이고, 생각이 혼란스러운 사람들과 어울리지 않는 것이다. 당신들 모두는 어떤 사람이, 어떤 장소가, 어떤 음식이 당신들을 밀어내는지 안다. 그것들을 피하라. 그리고 지고의 상태를 깨닫고자 하는 사람들은 좋은 교제든 나쁜 교제든 모든 교제를 피해야만 한다. 열심히 수행하라. 당신이 살든 죽든 그것은 문제가 아니다. 맹렬히 돌진해야만 하고 결과에 대해 생각하지 않고 수행해야만 한다. 당신이 충분히 용감하다면 6개월 이내에 완전한 요가수행자가 될 것이다. 그러나 단지 그것의 조금과 다른 모든 것의 일부만을 시작하는 사람들은 앞으로 나아가 발전하지 못한다. 단순히 강의 과정만 수강하는 것은 아무런 소용이 없다. 타마스tamas 즉 무지와 우둔함으로 가득한 사람들에게 종교와 철학은 그저 유흥의 대상들이다. 그들의 마음은 결코 어떠한 생각에도 고정되지 않고, 그들은 오로지 자신들을 즐겁게 해주는 어떤 것을 갈망할 뿐이다. 그들은 인내하며 계속하지 않는다. 그들은 말을 듣고 그것이 매우 좋다고 생각한 다음, 집으로 돌아가서는 그것을 까맣게 잊어버린다. 성공하기 위해서는 굉장한 인내심과 엄청난 의지를 가져야만 한다. 불굴의 영혼은 "나는 대양을 마실 것이고, 나의 의지대로 산맥을 부숴버릴 것이다."라고 말한다. 그러한 종류의 에너지와 그러한 종류의 의지를 가져라, 열심히 수행하라. 그러면 당신은 목표에 이르게 될 것이다.

비베카난다의 요가수트라

디야나 와 사마디
Dhyāna & Samādhi

더 순수한 것들 즉 라자 요가가 우리를 인도하여 이르게 할 목표인 집중력 훈련을 제외한 라자 요가의 여러 단계를 우리는 피상적으로 관찰해 왔다. 인간으로서 우리는 합리적이라 불리는 우리의 모든 지식이 의식과 관련이 있다는 것을 안다. 이 테이블과 당신의 존재에 대한 나의 의식은 내가 테이블과 당신이 여기에 있다는 것을 알게 만든다. 동시에 내가 의식하지 못하는 내 존재의 매우 큰 부분이 있는데, 그것은 내 몸 안의 다른 모든 기관과 뇌의 다른 부분들이다. 누구도 이것들을 의식하지 못한다.

음식을 먹을 때 나는 그것을 의식적으로 한다. 음식을 소화할 때 그것을 무의식적으로 한다. 음식이 가공되어서 혈액 속으로 들어갈 때, 그것을 무의식적으로 한다. 혈액으로부터 나와서 내 몸의 모든 다양한 부분이 튼튼해질 때, 이것을 무의식적으로 한다. 그런데도 이 모든 것을 하고 있는 것은 나이다. 이 한 몸에 스무 명의 사람이 있을 수 없다. 내가 그것을 한다는 것을, 그리고 그 외에 아무도 없다는 것을 어떻게 내가 아는가? 내 일은 단지 음식을 먹고 소화하는 것일 뿐이고, 음식으로 몸을 튼튼하게 하는 것은 그 밖의 누군가가 나를 위해서 한 것이라고 주장될 수 있다. 그럴 리가 없다. 왜냐하면 우리가 지금 의식하지 못하는 거의 모든 행위는 의식의 층위까지 올라오게 될 수 있다는 것을 입증할 수 있기 때문이다. 심장은 우리의 통제 없이 뛰고 있다. 우리 중 아무도 심장을 통제할 수 없다. 심장은 그렇게 뛴다. 그러나 수행으로 심장조차 통제 하에 둘 수 있고, 마침내 심장은 그저 뜻대로 천천히 뛰거나 빠르게 뛰거나 또는 거의 멈출 것이다. 몸의 거의 모든 부분을 통제 하에 둘 수 있다. 이것은 무엇을 보여 주는가? 의식 아래의 작용들 또한 우리가 하고, 단지 우리는 무의식적으로 그것들을 움직이게 하고 있을 뿐이다. 따라서 우리는 인간의 마음이 작용하는 두 개의 층위를 가지고 있다. 첫째는 의식적 층위이다. 거기서 모든 작용은 언제나 '나'라는 느낌을 수반한다. 다음으로 무의식적 층위가 온다. 거기서는 작용이 '나'라는 느낌을 수반하지 않는다. 인격egoity을 수반하지 않는 마음 작용의 그 부분은 무의식적 작용이고 인격을 수반하는 그 부분은 의식적 작용이다. 보다 하등한 동물들에게 있어서 이 무의식적 작용은 본능이라고 불린다. 보다 고등한 동물들과 모든 동물 중 가장 고등한 인간에게 있어서는 의식적 작용이라고 불리는 것이 지배적이다.

　　　　　그러나 문제는 여기서 끝나지 않는다. 거기에는 마음이 작용할 수 있는 훨씬 더 높은 층위가 있다. 그것은 의식을 넘어갈 수 있다. 의식의 아래에 있는 무의식적 작용과 꼭 마찬가지로, 그렇게 거기에는 의식의 위에 있는, 다른 종류의 작용이 있다. 그리고 그것 또한 인격을 수반하지 않는다. '나'라는 느낌은 오직 중간 층위에만 있다. 마음이 그 층위의 위나 아래에 있을 때, 거기에는 '나'라는 느낌은 없지만 마음은 작용한다. 마음이 자아의식의 층위를 넘어서 갈 때, 마음은 사마디 즉 초의식을 경험한다. 그러나 사마디에 든 사람이 의식 아래로 가지 않았는지 즉 더 높이 가는 대신에 퇴보하지 않았는지 우리가 어떻게 알겠는가? 두 경우에서는 '나'라는 느낌을 수반하는 경험을 하지 않는다. 대답은, 영향들에 의해서 즉 그 작용의 결과들에 의해서 우리가 어느 것이 아래인지, 어느 것이 위인지 아는 것이다. 깊은 수면 속으로 들어갈 때, 그는 의식의 아래 층위로 들어간다. 그의 몸은 언제나 작용한다. 그는 숨쉬고, 아마도 수면 중에 '나'라는 느낌이 전혀 수반되지 않고서 몸을 움직일 수도 있다. 그는 무의식적이다. 그리고 수면으로부터 돌아올 때, 그는 수면으로 들어갔던 사람과 동일한 사람이다. 수면으로 들어가기 전에 가졌던 지식의 총합은 동일하게 유지된다. 그것은 전혀 증가하지 않는다. 깨달음은 발생하지 않는다. 그러나 사마디에 들어갈 때, 만일 바보로 들어간다면, 그는 성자가 되어 나온다.

　　　　　　무엇이 차이를 만드는가? 한 상태에서는 어떤 사람이 들어갔던 동일한 바로 그 사람으로 나온다. 그리고 다른 상태에서는 그 사람이 깨달아서 나온다. 즉 그는 성자, 예언자, 성인이다. 그의 인격 전체가 변화되고, 그의 삶이 바뀌게 되고 분명하게 보이게 된다. 이것들은 두 가지 다른 결과이다. 자, 그런 까닭에 원인들이 달라야만 한다. 사마디에서 돌아온 한 사람이 가진 이 깨달음이 무의식으로부터 획득될 수 있는 것보다 훨씬 더 높기 때문에 또는 의식 상태에서 생각하는 것으로부터 얻을 수 있는 것보다 훨씬 더 높기 때문에, 그것은 초의식임에 틀림없다. 그러므로 사마디는 초의식적 상태라고 불린다.

간단히 말해서 이것이 사마디의 개념이다. 이것의 응용은 무엇인가? 여기에 그 응용이 있다. 이성의 영역 즉 마음의 의식적 작용의 영역은 좁고 한정되어 있다. 작은 원이 있는데, 인간의 이성은 그 안에서 움직여야만 한다. 그것을 넘어서 갈 수는 없다. 초월하려는 모든 시도는 헛수고이다. 그러나 인류가 가장 소중히 여기는 모든 것이 놓여 있는 그곳은 이 이성의 원을 넘어서 있다. 불멸의 참영혼이 있는지, 신이 있는지, 이 우주를 인도하는 어떤 지고의 참지성이 있는지 없는지와 같은 이 모든 질문은 이성의 범위를 넘어선다. 이성은 결코 이 문제들에 대해 답할 수 없다. 이성은 뭐라고 말할까? 그것은 "나는 불가지론자이고, 그런지 그렇지 않은지 알지 못한다."라고 말한다. 그러나 이 질문들은 우리에게 매우 중요하다. 그것들에 대한 알맞은 대답이 없다면 인간의 삶은 목적이 없게 될 것이다.

우리의 모든 윤리적 이론들, 모든 윤리적 태도들, 인간 본성의 선하고 위대한 모든 것은 그 원을 넘어선 곳으로부터 온 대답들에 의해서 형성되어 왔다. 그러므로 아주 중요하게도 우리는 이 질문들에 대해 대답하지 않으면 안 된다. 만일 삶이 토막극이고, 우주가 단지 '원자들의 우연한 결합'일 뿐이라면, 왜 우리가 다른 사람들에게 선을 베풀어야 하는가? 왜 자비심, 정의심, 동정심이 있어야 할까? 이 세상에서 인간에게 최고의 일은 해가 비칠 때 건초를 말리는 것[01] 즉 각자 자기 자신

---

01 [옮긴이 주] '기회를 놓치지 말라'는 서양의 속담이다.

을 위하는 것이라 할 수 있겠다. 희망이 없다면 왜 나는 나의 형제를 사랑해야 하고 그의 목을 찌르면 안 되는가? 초월적인 것이 없다면, 자유가 없다면, 오직 가혹하고 죽은 법뿐이라면, 나는 여기서 오직 나 자신을 행복하게 만들려 노력해야만 할 것이다. 당신은 요즘 사람들이 도덕성의 기초를 이용한다고 말하는 것을 볼 수 있을 것이다. 무엇이 이 기초인가? 그것은 최대 다수의 최대 행복을 구하는 것이다. 내가 왜 이렇게 해야 하는가? 왜 나는 최대 다수의 최대 불행을 구하면 안 되는가? 공리주의자들은 이 질문에 대해 어떻게 대답할 것인가? 무엇이 옳고 무엇이 그른지 당신이 어떻게 아는가? 나는 행복을 위한 욕망에 휘말렸다. 나는 욕망을 충족시킨다. 왜냐하면 그렇게 하는 것이 나의 본성이기 때문이다. 나는 초월적인 무언가를 모른다. 나는 이 욕망들을 가지고 있고 그것들을 충족시켜야만 한다. 왜 당신은 불평하는가? 인간의 삶에 대한, 도덕성에 대한, 불멸의 참영혼에 대한, 신에 대한, 사랑과 동정에 대한, 선한 것에 대한, 그리고 특히 그 중에서도 비이기적인 것에 대한 이 모든 진실들은 어디에서 왔는가?

　　　　　모든 윤리, 인간의 모든 행위, 인간의 모든 생각은 비이기성이라는 이 한 생각에 단단히 매달려 있다. 인간의 삶의 모든 이상은 한 단어 즉 비이기성에 담길 수 있다. 왜 우리는 비이기적이어야만 하는가? 나를 억지로 비이기적이 되도록 만들 필요성, 영향력, 권력이 어디에 있는가? 당신은 스스로 이성적인 사람 즉 공리주의자라고 부르겠지만, 만일 내게 당신의 공리의 근거를 보여 주지 못한다면, 나는 당신이 비이성적이라고 말한다. 내가 이기적이지 말아야 하는 이유를 내게 보여라. 사람에게 비이기적이 되라고 요구하는 것은 시詩로서는 훌륭할 수도 있다. 그러나 시는 이유가 아니다. 이유를 내게 보여라. 왜 내가 비이기적이어야 하고 선해야 하는가? 왜냐하면 모모한 사람들이 이것을 말한다는 것이 나에게는 중요하지 않기 때문이다. 내가 비이기적이라는 공리가 어디에 있는가? 만일 공리가 최대 행복을 의미한다면, 내게 공리는 이기적이 되는 것을 의미한다. 대답은 무엇인가? 공리주의자는 결코 대답을 주지 못한다. 비이기성을 설교하고 인류에게 그것을 가르친 사람들은 이 생각을 어디에서 얻었는가? 우리는 그것이 본능이 아니라는 것을 안다. 본능으로 행동하는 동물들은 이것을 알지 못한다. 비이기성은 이성에서 온 것도 아니다. 이성은 그러한 생각들에 대해 많이 알지 못한다. 그렇다면 어디에서 그것들이 왔는가?

역사를 공부하는 데서 우리는 지금까지 세상에 있어 온 종교의 모든 위대한 스승이 하나의 사실을 공유한다는 것을 발견한다. 그들은 모두 초월로부터 자신들의 진리를 획득했다고 주장해 왔다. 그들 중 많은 사람은 자신들이 그것들을 어디에서 얻었는지 알지 못한다. 예를 들자면 한 사람은 날개를 가진 인간 형상으로 천사가 내려와서 자신에게 "들어라, 오, 인간이여! 이것이 메시지이다."라고 말했다고 한다. 다른 한 사람은 빛나는 존재인 데바deva가 자신에게 나타났다고 말한다. 세 번째 사람은 자신의 조상이 와서 어떤 것들을 말하는 꿈을 꾸었다고 말하는데, 그는 그것을 넘어선 어떤 것도 알지 못한다. 그러나 이것은 공통적이다. 모두는 이 지식이 초월로부터 자신들에게 왔지, 자신들의 이성을 통해서 왔다고 주장하지는 않는다. 요가의 과학은 무엇을 가르치는가? 그것은 그들이 이 모든 지식이 이성 너머로부터 자신들에게 왔지만, 또한 그것은 자신들 내부로부터 왔다고 주장하는 것이 옳다는 것을 가르친다.

마음 자체는 존재의 더 높은 상태를 가지고 있는데, 이것은 이성을 넘어선 초의식 상태이고, 마음이 그 상태까지 상승할 때 그때 이성을 넘어선 이 지식 즉 형이상학적이고 초월적인 지식이 그 사람에게 온다고 요가수행자는 가르친다. 이성을 초월한, 보통의 인간의 지식을 넘어선 이 상태는 때때로 요가의 과학을 이해하지 못하는 사람에게 우연히 발생할 수도 있다. 이를 테면, 그는 그것을 우연히 만난다. 그것을 우연히 만났을 때, 그는 그것을 외부에서 온 것으로 이해한다. 그러므로 이것은 왜 영감 즉 초월적 지식이 여러 나라에서 동일할 수 있는가를 설명한다. 그러나 한 나라에서 그것은 천사를 통해서, 다른 한 나라에서는 데바를 통해서, 세 번째 나라에서는 신을 통해서 오는 것처럼 보일 것이다. 이것은 무엇을 의미하는가? 이것은 마음이 자체 내부로부터 지식을 내놓았고, 그 지식을 아는 방식은 그것을 받아들이는 사람의 믿음과 교육에 따라서 해석되었다. 진실은, 말하자면, 이러한 여러 사람이 그러한 초의식 상태를 우연히 마주쳤다는 것이다.

요가수행자는 이러한 상태와 우연히 마주치는 것은 매우 위험하다고 말한다. 수많은 경우에 뇌에 이상이 생기게 하는 위험이 있다. 그리고 아무리 위대하다 할지라도 이 초의식 상태를 이해하지 못하고서 이것과 우연히 마주쳤던 그 모든 사람은 어둠 속에서 손으로 더듬듯이 나아갔고, 대개 자신들의 지식에 따라서 다소 별난 미신들을 가졌다는 것을 당신은 발견하게 될 것이다. 그들은 환상들에 자신들을 열었다. 모함마드Mohammed는 어느 날 천사 가브리엘Gabriel이 동굴에 있는 자신에게 와서 천상의 말인 하라크_{Harak}에 자신을 태우고서 천국들을 방문했다고 주장했다. 그러나 그 모든 것과 함께 모함마드는 약간의 놀라운 진리들을 말했다. 만일 《코란》을 읽는다면 당신은 미신들과 섞인 가장 놀라운 진리들을 발견한다. 당신은 그것을 어떻게 설명할 것인가? 틀림없이 그는 영감을 받았다. 그러나 그는 훈련된 요가수행자가 아니었고 그가 무엇을 하고 있었는지 그 이유를 알지 못했다. 모함마드가 세상에 했던 선에 대해 생각해 보고, 그에 대한 광신을 통해서 행해졌던 거대한 악에 대해 생각해 보라. 그의 가르침을 통해서 학살당했던 수백만에 대해 생각해 보라. 어머니들은 자신들의 아이들을 빼앗겼고 아이들은 고아가 되었고 나라 전체가 파괴되었으며 수백만 명의 사람이 죽임을 당했다.

　　　　　　그러므로 우리는 모함마드와 같은 위대한 스승의 삶에 대해 학습할 때, 이러한 위험을 안다. 다시 말해서, 어떤 선지자가 자신의 감정적 본성의 고양에 의해서 초의식 상태에 들어갔을 때면 언제나 그는 그것으로부터 약간의 진리뿐 아니라 가르침의 위대함이 세상을 돕는 만큼 세상을 해쳤던 약간의 광신 역시 가지고, 그리고 약간의 미신을 가지고 돌아왔다. 그러나 우리는 동시에 위대한 모든 스승은 영감을 받았다는 것을 발견한다. 우리가 인간의 삶이라고 부르는 부조화의 덩어리로부터 어떠한 의미를 획득하기 위해서 우리는 이성을 초월해야만 한다. 그러나 우리는 반드시 그것을 과학적으로, 규칙적인 수행을 함으로써 천천히 해야만 하고, 모든 미신을 버리지 않으면 안 된다. 다른 모든 과학과 마찬가지로 초의식 상태에 대한 연구를 시작해야만 한다. 반드시 우리의 토대를 이성에 두어야만 한다. 우리는 이성이 인도하는 한 그것을 따라야만 한다. 그리고 이성이 실패할 때, 이성 자체가 우리에게 최고의 층위로 가는 길을 보여 줄 것이다. 어떤 사람이 "나는 영감을 받았다."라고 말한 다음, 비이성적으로 얘기하는 것을 당신이 들을 때, 그를 받아들이지마라. 왜? 왜냐하면 이 세 상태 즉 본능·이성·초의식 또는 무의식·의식·초의식은 하나의 동일한 마음에 속하기 때문이다. 한 사람 안에 세 마음이있는 것이 아니라 마음의 한 상태가 발달하여서 다른 것들이 된다. 본능이발달하여서 이성이 되고, 이성이 발달하여서 초월적 의식이 된다. 그러므로 그 상태 중 하나는 다른 것들과 모순되지 않는다. 참된 영감은 결코 이성과 모순되지 않고 그것을 충족시킨다. 위대한 선지자들이 '파괴하기 위해서 오는 것이 아니라 충족시키기 위해서 오는 것'과 꼭 마찬가지로, 그렇게 영감은 언제나 이성을 충족시키고 그것과 조화를 이룬다.

요가에서 상이한 모든 단계는 우리를 과학적으로 초의식 상태 즉 사마디로 데려다주는 것을 지향한다. 더 나아가 이것은 영감이 고대의 선지자들의 본성 속에 있는 것과 같은 정도로 모든 사람의 본성 속에 있다는 것을 이해하기 위해 가장 중요한 점이다. 이 선지자들은 특별하지 않았다. 그들은 당신이나 나와 같은 그러한 사람이었다. 그들은 위대한 요가수행자들이었다. 그들은 이 초의식을 획득했었고, 당신과 나 또한 동일한 것을 얻을 수 있다. 그들은 독특한 사람들이 아니었다. 한 사람이 그 상태에 언제나 도달했다는 바로 그 사실은 모든 사람이그렇게 할 수 있다는 것을 증명한다. 그것은 가능할 뿐만 아니라 모든 사람이 틀림없이 종국에는 그 상태에 도달한다. 그리고 그것이 종교이다. 경험이 우리가 가진 유일한 스승이다. 우리는 우리 모두의 삶에 대해 말하고 판단할 수 있지만, 우리가 스스로 그것을 경험하기 전까지 진리의 한 단어조차 이해할 수 없을 것이다. 책 몇 권을 주는 것만으로 한 사람을 외과의로 만들기를 바랄 수는 없다. 내게 지도를 보여 주는 것으로 한 나라를 보고자 하는 나의 호기심을 충족시킬 수는 없다. 나는 실제적으로 경험을 해야만 한다. 지도들은 단지 보다 완전한 지식을 얻기 위한 내 속의 호기심을 만들어 낼 수 있을 뿐이다. 그 외에, 그것들은 어떤 가치도 없다. 책들에 집착하는 것은 단지 인간의 마음을 퇴보시킬 뿐이다. 신의 모든 지식이 이 책이나 저 책에 국한된다는 말보다 더 끔찍한 모독이 지금까지 있었던가? 어떻게 감히 인간이 신을 무한하다고 부를 수 있으며, 그럼에도 불구하고 한 권의 작은 책의 두 겉표지 사이에 신을 압축하려 하는가! 수백만의 사람이 죽임을 당해 왔다. 왜냐하면 그들은 그 책들이 말한 것을 믿지 않았기 때문이고, 그들은 책의 그 두 표지 안에 있는 신의 모든 지식을 보지 못했을 것이다. 물론 이 모든 살육은 지나갔지만, 세상은 여전히 소름끼칠 정도로 책들에 대한 믿음에 매어 있다.

　　　　　　　　과학적인 방식으로 초의식 상태에 도달하기 위해서는 내가 가르쳐주고 있는 라자 요가의 여러 단계를 통과할 필요가 있다. 프라티야하라와 다라나 이후에 우리는 디야나 즉 명상으로 간다. 마음이 내부나 외부의 특정한 대상에 고정된 채 유지되도록 훈련해 왔을 때, 마음에는 이를 테면 그 대상을 향한 중단 없는 흐름 속으로 들어가는 힘이 발생한다. 이 상태가 디야나로 불린다. 수행자가 인식의 외적인 부분을 받아들이지 않고 오직 내적인 부분 즉 의미에 대해서만 명상할 수 있도록 디야나의 힘을 매우 강하게 만들었을 때, 그 상태는 사마디라고 불린다. 그

셋 즉 다라나·디야나·사마디를 합쳐서 상야마 samyama 라고 부른다. 이것들을 설명하자면 다음과 같다. 만일 마음이 처음에 어떤 대상에 집중할 수 있고, 뒤이어 어느 정도의 시간 동안 그 집중을 지속할 수 있으며, 그런 다음 계속된 집중에 의해서 인식의 결과 즉 조대한 부분이었던 그 대상이 인식의 내적인 부분에만 존재할 수 있다면, 모든 것은 마음의 통제 아래로 온다.

이 명상적 상태는 존재의 가장 높은 상태이다. 욕망이 있는 한 진정한 행복은 올 수 없다. 이것은 우리에게 참된 즐거움과 행복을 가져다주는, 단지 대상들에 대한 숙고와 목격자와 같은 탐구일 뿐이다. 동물은 감각들에서 자신의 행복을, 인간은 자신의 지성에서 행복을, 그리고 신은 영적인 명상에서 행복을 갖는다. 이것은 세상이 실제로 아름답게 되는 이 명상적 상태를 획득한 오로지 그 영혼을 위한 것일 뿐이다. 아무것도 욕망하지 않고 자신을 세상과 혼동하지 않는 그에게 자연의 수많은 변화는 아름다움과 숭고함으로 된 하나의 파노라마이다.

이 생각들은 디야나 즉 명상을 학습하면서 이해되어야만 한다. 우리는 소리를 듣는다. 첫째, 외부의 진동이 있다. 둘째, 그 진동을 마음으로 운반하는 신경의 움직임이 있다. 셋째, 마음으로부터의 반응이 있다. 에테르의 진동들로부터 정신적 반응까지의 이러한 여러 변화들의 외적인 원인인 그 대상에 대한 지식이 마음을 따라서 휙 나타난다. 이 셋은 요가에서 샤브다 śabda, 소리, 아르타 artha, 의미, 갸나 jnana, 지식 라고 불린다. 생리학의 용어로 그것들은 에테르의 진동, 신경과 뇌의 움직임, 정신적 반응으로 불린다. 비록 별개의 과정들이지만 이것들은 상당히 구분할 수 없게 될 정도로 그러한 방식으로 섞이게 된다. 사실상 우리는 이제 이것 중 어느 것도 인식할 수 없다. 단지 그것이 결합된 결과 즉 우리가 외부의 대상이라 부르는 것만을 인식한다. 모든 인식 작용은 이 셋을 포함하고, 우리가 그것들을 구분하지 못할 이유는 없다.

　　　　　　　　　　앞의 준비들에 의해서 마음이 강해지고 통제되어서 미세한 인식력을 획득하게 되었을 때, 마음은 명상에 열중하게 될 것이다. 이 명상은 조대한 대상들로 시작해서 대상들이 없어지게 될 때까지 천천히 더 미세한 대상들로 높여나가야 한다. 마음은 처음에 감각들의 외부의 원인들을, 그런 다음 내부의 움직임들을, 그 후에 마음 자신의 반응을 인식하는 데 몰두해야 한다. 마음이 감각들의 외부의 원인들을 그것들 자체로 인식하는 데 성공할 때, 그 마음은 모든 미세한 물질적 존재와 모든 미세한 몸과 형상을 인식하는 힘을 획득하게 될 것이다. 그러므로 마음이 내부의 움직임들을 그것들 자체로 인식하는 데 성공할 때, 심지어 그것들이 자신들 스스로를 변화시켜서 물질적 에너지가 되기 전에조차 그 마음은 그 자체에 있는 것이나 또는 다른 것들에 있는 모든 정신적 파도 즉 움직임들에 대한 통제력을 얻게 될 것이다. 그리고 요가수행자의 마음이 홀로 정신적 반응을 인식할 수 있을 때, 마음은 모든 것에 대한 지식을 획득할 것이다. 왜냐하면 모든 감각할 수 있는 대상과 모든 생각은 이 반응의 결과이기 때문이다. 그때 요가수행자는 자기 마음의 바로 그 토대를 보게 될 것이고, 마음은 자신의 완전한 통제 하에 있게 될 것이다. 여러 힘들이 그 요가수행자에게 생기게 될 것이다. 만일 그가 이것 중 어느 하나의 유혹에 굴복하게 되면, 그는 더 이상 발전하지 못하게 될 것이다. 그러한 것은 즐거움들의 추구라는 해악이다. 그러나 만일 그가 심지어 이 초자연력들조차 거부할 만큼 충분히 강하다면, 그는 요가의 목표 즉 마음의 대양의 파도들에 대한 완전한 억제를 성취하게 될 것이다. 그때 마음의 산란함이나 몸의 움직임에 의해 방해받지 않는 참영혼의 영광이 그 자체의 충만한 광채로 빛나게 될 것이다. 그리고 요가수행자는 자신이 있는 그대로 그리고 자신이 언제나 있었던 그대로, 다시 말해서 지식의 정수이고 불멸이며 편재하는 자기 자신을 발견할 것이다.

사마디는 모든 인간의, 아니 모든 동물의 특성이다. 가장 하등한 동물에서부터 가장 고등한 천사에 이르기까지 언젠가 각 존재는 그 상태에 반드시 이르게 될 것이다. 그때만이 진정한 종교가 그에게 시작될 것이다. 그때까지 우리는 오로지 그 상태를 향해서 분투한다. 이제 우리와 종교가 없는 사람들 사이에 차이가 없다. 왜냐하면 우리가 경험이 없기 때문이다. 우리를 이러한 경험으로 데려다주는 것이 아니라면 왜 집중이 좋겠는가? 사마디를 얻기 위한 그 단계들의 각 단계는 생각해 내어지고 적절하게 조정되고 과학적으로 구성되어져 왔다. 충실하게 수행되어졌을 때 그것들은 틀림없이 바라던 결과를 낳을 것이다. 그때 모든 슬픔이 그치게 될 것이고 모든 비참함은 사라질 것이다. 행위의 씨앗들은 태워질 것이고 참영혼은 영원히 자유롭게 될 것이다.

2부

간추린 라자 요가

간추린 라자 요가

제2부 '간추린 라자 요가'는 기본적으로 《쿠르마 푸라나 *Kūrma Purāṇa*》에 나타난 라자 요가 관련 내용을 발췌 요약한 것으로 보인다. 이 푸라나는 18종의 주요 푸라나 Mahāpurāṇa 중 하나로 대략 AD 550~850년 사이에 성립된 것으로 추정되는 비슈누 교파 Vaishnavism의 문헌이다. 성립 연대로 미루어 보아 라자 요가 즉 《요가수트라》의 요가가 정립되어 확산되었던 시기이다.

본문에서는 먼저, 요가를 아바바 요가 Abhāva Yoga와 마하 요가 Mahā Yoga로 나누고, 후자를 모든 요가 중 최고의 요가로 꼽는다. 원래 마하 요가는 《요가쉬카 우파니샤드 *Yogaśikhā Upaniṣad*》에 따르면 만트라 요가 Mantra Yoga, 라야 요가 Laya Yoga, 하타 요가 Haṭha Yoga, 라자 요가로 구성되어 있다. 이어지는 내용을 보면 이 점이 잘 드러나고, 특히 이 요가들 중에서도 라자 요가가 근간임이 분명해 보인다. 왜냐하면 비베카난다의 설명의 토대가 《요가수트라》의 대표적 수행 체계인 여덟 개의 가지로 된 수행법 8지 요가으로 되어 있고, 내용을 보면 《요가수트라》에는 구체적으로 나타나 있지 않은 것들, 즉 만트라·하타·라야 요가의 수행법들이 나타나 있기 때문이다. 자세히 말해보자면, 니야마 niyama의 스와디야야 svādhyāya를 설명하는 곳에서 만트라 암송법 121쪽 참조이, 사마디

에 대한 언급이 끝나고 이어지는 곳에서 《하타프라디피카 *Haṭhapradīpikā*》 제1
장의 수련 장소의 입지조건에 대해 서술하고 있는 부분과 유사한 내용123~124
쪽 참조이 보이고, 바로 이어서 명상의 대상을 설명하면서 라야 요가에서 볼 수
있는 차크라의 연꽃의 명상적 활용124쪽 참조에 대해 이야기하고 있기 때문이
다. 그런 다음, 박티 요가 Bhakti Yoga의 핵심적 내용을 다루면서 《바가바드 기타
Bhagavad Gītā》의 내용을 인용하고, 마지막으로 비슈누 Viṣṇu 신에 대한 헌신자로
유명한 성자 나라다 Nārada의 일화를 예로 들어 수행에서 '인내'의 중요성에 대
해 강조하며 글을 마무리한다.

다음은《쿠르마 푸라나*Kūrma Purāṇa*》에서 자유롭게 번역한 라자 요가의 요약이다.

요가의 불은 사람을 구속하는 죄의 케이지를 태운다. 지식이 정화되고, 열반Nirvāṇa이 즉시 획득된다. 요가로부터 지식이 발생한다. 또 지식은 요기가 자유를 얻도록 돕는다. 요가와 지식 양자를 결합한 사람, 그 사람과 함께 주主는 기뻐한다. 하루에 한 번이든 두 번이든 세 번이든 또는 언제든지 마하 요가Mahā Yoga를 수행하는 사람들, 그 사람들을 신들로 알아라. 요가는 두 부분으로 나뉜다. 하나는 아바바 요가Abhāva Yoga로 불리고 다른 하나는 마하 요가로 불린다. 자신의 자아를 공空으로 즉 속성들이 없는 것으로 명상하는 것이 아바바 요가라고 불린다. 자신의 자아를 모든 불순함이 제거된 지복으로, 자신을 신으로 보는 것이 마하 요가라고 불린다. 이 중 어느 하나에 의해 요기는 참자아를 깨닫는다. 우리가 읽고 들은 다른 요가들은 요기가 자기 자신을 발견하고 전체 우주가 신이라는 것을 발견하는 마하 요가와 어깨를 나란히 할 만한 가치가 없다. 이것이 모든 요가 중 가장 높은 것이다.

야마, 니야마, 아사나, 프라나야마, 프라티야하라, 다라나, 디야나, 사마디는 라자 요가의 지분支分들이다. 불상해不傷害, 진실, 탐내지 않음=불투도, 동정, 다른 이들로부터 어떠한 것도 받지 않음을 야마라고 하는데, 이것은 마음 즉 칫타를 정화한다. 결코 어떠한 생명체에게도 생각이나 말이나 행동으로 고통을 주지 않는 것이 아힝사ahiṃsā 즉 불상해라 불리는 것이다. 인간이 모든 창조물에 대한 이 비폭력적인 태도로 얻을 수 있는 것보다 더 높은 행복은 없다. 진실에 의해서 우리는 일의

비베카난다의 요가수트라

과실들을 얻는다. 진실을 통해서 모든 것을 얻는다. 진실에서 모든 것이 확립된다. 있는 그대로의 사실들을 말하기. 이것이 진실함이다. 남몰래 또는 강제로 다른 사람의 물건을 취하지 않는 것이 아스테야asteya, 탐내지 않음 즉 불투도라 불린다. 상황에 상관없이 언제나 생각과 말과 행동에서 순결한 것이 브라마차리야brahmacharya 즉 동정이라 불리는 것이다. 모든 이로부터, 심지어 수행자가 끔찍하게 고통받고 있을 때조차도, 어떠한 선물도 받지 않는 것이 아파리그라하aparigraha 즉 무소유라 불리는 것이다. 한 사람이 다른 사람으로부터 어떤 선물을 받을 때 그의 마음은 불결하게 되고, 그는 비천해지고, 자신의 독립성을 잃고, 속박되고 애착을 가지게 된다.

다음은 요가의 성공을 돕는 것들로 니야마 즉 규칙적인 습관들과 규율들이라고 불린다. 타파스tapas, 고행, 스와디야야 svādhyāya, 학습, 산토샤saṃtoṣa, 만족, 샤우차śauca, 청정, 이슈와라 프라니다나Īśvara praṇidhāna, 신을 숭배함이다. 단식이나 몸을 통제하는 다른 방식들은 육체적 타파스라고 불린다. 몸의 삿트와sattva 성분을 정화하는 베다Veda들과 다른 만트라mantra들을 암송하는 것이 학습 즉 스와디야야라 불린다. 이 만트라들을 암송하는 데는 세 종류가 있다. 하나는 구두적이라고, 다른 하나는 반半구두적이라고, 셋째는 정신적이라고 불린다. 구두적인 것, 즉 들을 수 있는 것이 최하의 것이고, 들을 수 없는 것이 최상의 것이다. 큰소리로 암송하는 것이 구두적인 것이다. 둘째 것, 즉 반구두적인 것은 오직 입술만 움직이고 소리는 내지 않는 것이다. 만트라의 의미를 생각하면서 들을 수 없게 만트라를 암송하는 것이 정신적인 암송이라 불리고 최상의 것이다. 성자들은 두 종류의 정화가 있다고들 한다. 외적인 것과 내적인 것이다. 물이나 흙 또는 다른 물질들로 몸을 정화하는 것이 외적인 청정이다. 목욕이 한 예이다. 진실함과 다른 덕목들로 마음을 정화하는 것이 내적인 청정이라고 불리는 것이다. 이 둘은 요가 수행에 필수적이다. 수행자가 내적으로 순수하게 되는 것만으로는 충분하지 않다. 오직 하나만 달성할 수 있을 때 내적인 청정이 더 우선한다. 그러나 양자를 성취하기 전까지 누구도 요가 수행자가 될 수 없다. 신은 찬양과 생각과 헌신에 의해서 숭배된다.

우리는 야마와 니야마에 대해 말했다. 다음은 아사나 즉 요가 자세이다. 이것을 이해하기 위한 유일한 것은 몸을 자유롭게 두고서 가슴과 어깨와 머리를 곧게 유지하는 것이다. 그런 다음 프라나야마가 온다. 프라나prāna는 수행자 자신의 신체에 있는 생기 에너지이고 아야마āyāma는 통제를 의미한다. 세 종류의 프라나야마 즉 매우 간단한 것·중간 것·매우 높은 것이 있다. 더 나아가 이것은 세 부분 즉 채우기·억제하기·비우기로 나뉜다. 12초로 시작할 때 가장 낮은 프라나야마이다. 24초로 시작할 때 중간 프라나야마이다. 36초로 시작하는 프라나야마가 최상의 것이다. 가장 낮은 종류의 프라나야마에서는 땀이 있다. 중간 종류의 것에서는 몸의 진동이 있다. 최고의 프라나야마에서는 몸의 공중부양과 위대한 은총의 흘러듦이 있다. 베다들의 매우 신성한 운문인 가야트리Gayatri라 불리는 만트라가 있다. 그것은 다음과 같이 해석된다. "우리는 이 우주를 만들어 낸 그 참존재의 영광에 대해 명상한다. 그가 우리의 마음을 밝혀주기를." 이 만트라의 시작과 끝에 옴Om을 결합한다. 한 번의 프라나야마에 세 번의 가야트리가 반복된다. 모든 책에서 프라나야마가 레차카recaka, 거부 또는 날숨, 푸라카pūraka, 들숨, 쿰바카kumbhaka, 억제 또는 정지로 나

넌다고 말한다.

인드리야indriya들 즉 감각 기관들은 바깥쪽으로 향하게 되어서 외부의 대상들과 결합한다. 그것들을 의지의 통제 아래로 가져오는 것이 프라티야하라 즉 자신을 향해서 모음이라고 불린다.

마음을 심장의 연꽃이나 머리에 있는 센터에 고정하는 것이 다라나라 불리는 것이다. 토대로서 한 지점에 마음이 한정될 때, 특정한 정신적 물결들이 일어난다. 다른 종류의 물결들에 의해서 삼켜지지 않는 이 물결들은 점차 지배적이게 된다. 한편 다른 종류의 물결들은 감소하고 마침내 사라진다. 그 다음에 다수의 원래 물결은 통합되어서 오로지 하나의 물결만이 마음에 남는다. 이것이 디야나 즉 명상이다.

토대가 필요 없을 때, 다시 말해서 마음 전체가 하나의 물결이 되어서 한 형태를 이루었을 때, 이것은 사마디라고 불린다. 장소들과 센터들과의 모든 연관을 잃을 때 오직 그 물결의 의미만이 나타난다. 만일 마음이 한 센터에 12초 동안 고정될 수 있다면 그것은 다라나가 될 것이다. 그러한 다라나 열두 개는 디야나가 될 것이다. 그리고 그러한 디야나 열두 개는 사마디가 될 것이다.

불이나 물에 대한 걱정이 있는 곳, 마른 잎들이 흩뿌려져 있는 곳, 개미탑이 많은 곳, 야생동물로부터의 위험이 있는 곳, 네 거리가 만나는 곳, 너무 많이 시끄러운 곳, 사악한 사람들이 많은 곳, 그런 곳에서 요가를 수행해서는 안 된다. 이것은 특히 인도에 더 적용된다. 몸이 매우 나른하거나 아프게 느껴지는 때나, 마음이 매우 비참하거나 슬플 때는 수행하지 마라. 잘 은폐되어 있고 사람들이 당신을 방해하지 않는 장소로 가라. 더러운 장소를 택하지 마라. 오히려 아름다운 경치가 있는 곳이나 자신의 집에 있는 예쁜 방을 선택하라. 수행할 때 먼저, 고대의 모든 요가수행자와 자신의 구루와 신에게 경배한 다음, 시작하라.

디야나가 설명되었고, 명상의 대상에 대해 몇 가지 예를 들어보겠다. 곧바르게 앉아서 코끝을 응시하라. 나중에 우리는, 어떻게 그것이 마음을 집중시키는 데 도움이 되는지 즉 두 개의 시신경을 통제함으로써 어떻게 수행자가 신경 경로의 반사궁에 대한 통제를 향해서 멀리 나아가는지, 그리고 의지의 통제에 대해서도 그러한지 알게 될 것이다. 여기 명상의 하나의 실례가 있다. 정수리의 몇 인치 위에 있고 중심으로서 공덕을, 줄기로서 지식을 가진 연꽃 하나를 상상하라. 연꽃의 여덟 개의 꽃잎은 요가수행자의 여덟 가지 힘이다. 안에 있는 수술들과 암술들은 포기이다. 만일 요가수행자가 외적인 힘들을 거부한다면 구원받게 될 것이다. 그래서 그 연꽃의 여덟 개의 꽃잎은 여덟 가지 힘이지만, 내부의 수술들과 암술들은 극단적인 포기이다. 그 연꽃의 내부에 있는 황금빛의 유일자, 전능한 자, 형체가 없는 자, 그의 이름은 눈부신 빛으로 둘러싸인 말로 나타낼 수 없는 것인 옴Om이다. 그것에 대해 명상하라. 다른 명상법이 설명된다. 심장에 있는 공간에 대해 생각하라. 그리고 그 공간의 중앙에 하나의 불꽃이 타오르고 있다고 생각하라. 그 불꽃이 당신 자신의 영혼이라고 생각하라. 그 불꽃의 안에 다른 찬란한 빛이 있고 그것은 당신의 영혼의 참영혼 즉 신이다. 심장 안에 있는 그것에 대해 명상하라.

자비, 불상해, 심지어 가장 큰 적조차 용서함, 진실, 주主를 믿음, 이것들은 모두 다른 맹서들이다. 설령 이 모두에 완전하지 않다 하더라도 두려워하지 마라. 수행하라! 그러면 성공하게 될 것이다. 모든 집착, 모든 두려움, 모든 분노를 포기한 자, 온 영혼이 주에게 간 자, 주에게서 안식을 취한 자, 그의 마음은 정화된다. 그가 주에게 어떠한 욕망을 가지고 간다 하더라도 주는 그에게 그것을 허락할 것이다. 그러므로 지식과 사랑과 포기를 통해서 주를 숭배하라.

　　　　　"아무도 미워하지 않는 자, 모두의 친구인 자, 모두에게 자비로운 자, 자신의 것은 아무것도 가지고 있지 않은 자, 자만심으로부터 자유로운 자, 고통과 즐거움에 대해 평등한 마음인 자, 관대한 자, 언제나 만족하는 자, 언제나 요가에 몰두하는 자, 자신의 자아가 통제되고, 자신의 의지가 확고하고, 자신의 마음과 지성이 나에게 바쳐진 자. 그러한 자는 나의 사랑스런 헌신자bhakta이다. 아무도 방해하지 않는 자, 다른 사람들에 의해 방해받을 리 없는 자, 즐거움, 두려움, 분노로부터 자유로운 자, 그러한 자는 나의 사랑스러운 이이다. 어떤 것에도 의지하지 않는 자, 순수하고 활동적인 자, 선이 오든 악이 오든 괘념치 않고 결코 비참하게 되지 않는 자, 자신을 위한 모든 노력을 포기한 자, 칭찬이나 비난에 동일한 자, 침묵하고 사려 깊고 자신에게 오는 작은 것에도 즐거워하고 온 세계를 자신의 집으로 가진 집 없는 자, 마음이 안정된 자. 그러한 자가 나의 사랑스러운 헌신자이다."[01] 그러한 자가 요가수행자가 된다.

01　[옮긴이 주] 이 내용은 《바가바드 기타Bhagavad Gītā》 제12장의 제13송-제20송이다.

* * *

　　　　　나라다Nārada라 불리는 신과 같이 위대한 성
자가 있었다. 인간들 중에 성자들 즉 위대한 요가수행자들이 있는 것과 꼭
마찬가지로 신들 중에도 위대한 요가수행자들이 있다. 나라다는 위대한
요가수행자였고 유명하였다. 그는 모든 곳을 여행하였다. 하루는 그가 숲
을 통과해 지나가고 있었다. 그는 흰개미들이 몸 주위에 거대한 언덕을 지
을 때까지, 명상을 해오고 있는 한 사람을 보았다. 다시 말해서, 그는 매
우 오랜 시간 그 자세로 앉아 있었다. 그는 나라다에게 "어디를 가고 있습
니까?"라고 물었다. 나라다는 "저는 천국으로 가고 있습니다."라고 대답했
다. 그러자 그는 "그렇다면 신에게 언제 저에게 자비를 베풀 것인지, 언제
제가 자유를 얻게 될지 여쭤봐 주세요."라고 나라다에게 부탁했다. 나라다
는 더 가다가 다른 한 사람을 보았다. 그는 뛰어 돌아다니며 노래하고 춤
을 추고 있었다. 그리고 "오, 나라다, 어디로 가고 있소?"라고 말했다. 그의
음성과 몸짓은 야만적이었다. 나라다는 "저는 천국으로 가고 있습니다."라
고 말했다. 그는 "그렇다면 내가 언제 자유로워질 것인지 물어봐 주시오."
라고 말했다. 나라다는 계속 갔다. 시간이 흘러서 그가 다시 같은 길을 지
나갔다. 자신의 주위에 있는 개미총과 함께 명상을 계속해 오던 그 사람
이 있었다. 그는 "오, 나라다여, 주께 저에 대하여 여쭤보았습니까?"라고
말했다. "예, 물론입니다." "그분께서 뭐라고 말씀하셨나요?" "주께서 제게
말씀하시길, 네 번 더 태어나고 나면 자유를 획득할 것입니다."라고 말했
다. 그때 그 수행자는 울면서 통곡하기 시작했다. 그리고 "개미총이 저를

둘러싸서 커질 때까지 저는 명상을 해왔습니다. 그리고 저는 아직 네 번 더 태어나야 합니다!"라고 말했다. 나라다는 다른 사람에게로 갔다. "내 질문을 물어보았소?" "네, 그랬습니다. 이 타마린드tamarind 나무가 보입니까? 당신은 그 나무들에 있는 이파리들만큼이나 여러 번 태어날 것이고, 그때 자유를 얻게 될 것이라고 저는 당신에게 말해야만 합니다." 그 사람은 기뻐서 춤을 추기 시작했고, "아, 나는 그렇게나 짧은 시간 이후에 자유를 갖게 되는구나!" 한 목소리가 들려왔다. "나의 아이야, 너는 지금 당장 자유롭게 될 것이다." 그것은 그의 인내에 대한 보상이었다. 그는 그 모든 태어남 내내 수행할 준비가 되었다. 아무것도 그를 좌절시키지 못했다. 그러나 첫 번째 사람에게는 네 번 더 태어나는 것조차 너무 길었다. 기꺼이 영겁의 시간들을 기다리려는 그 사람의 인내와 같은 인내만이 최상의 결과를 발생시킨다.

파탄잘리Patañjali의 《요가수트라Yogasūtra》에 대한 소개

제1장 집중: 집중의 영적 활용들Samādhi ᅵ 제2장 집중: 집중의 수행 Sādhana

제3장 힘들: 초능력들Vibhūti ᅵ 제4장 독존: 홀로 있음Kaivalya

파탄잘리의
《요가수트라》에 대한 소개
Patañjali Yogasūtra

《요가수트라 *Yogasūtra*》에 들어가기 전에 나는
요가수행자들을 위해서 종교의 전체 이론이 근거하고 있는 한 가지 거대
한 질문에 대해 논의하려 한다. 현재의 상대적인 상태 이면에 있는 절대적
상태의 소산이자 현현인 우리가 그 절대적인 상태로 되돌아가야만 한다
는 것은 세계의 위대한 지성들의 일치된 견해처럼 보이고, 이러한 사실은
연구를 통해서 거의 증명되었기 때문에 이는 물리적 본성이 되었다. 이것
이 인정된다면 질문은, 절대적인 상태와 이 현재의 상대적인 상태 중에서
어느 것이 더 나은가?라는 것이다. 이 현현된 상태가 인간의 최고의 상태
라고 생각하는 사람들이 적지 않다. 탁월한 역량의 사상가들은 우리가 구
분되지 않는 존재의 현현들이고 구분된 상태는 절대자보다 더 높은 상태
라는 견해를 가지고 있다. 그들은 절대적 상태 속에는 어떠한 속성도 있을
수 없고 틀림없이 무감각하고 우둔하며 생명이 없어서 오직 이 삶만을 즐
길 수 있기에, 우리가 이 삶에 매달려야 한다고 생각한다.

무엇보다 우선 우리는 삶에 대한 다른 해결
책들을 탐구하기를 원한다. 인간은 사후에도 동일하고, 악한 면을 제외한

모든 선한 면들이 영원히 남는다는 오래된 해결책이 있다. 논리적으로 말해서 이것은 인간의 목표가 이 세계라는 것을 의미한다. 더 높은 단계로 이행하게 하고 악들을 제거한 이 세계는 그들이 천국이라 부르는 상태이다. 그럴 수 없기 때문에 표면적으로 이 이론은 이치에 맞지 않고 유치하다. 악이 없는 선은 있을 수 없고, 선이 없는 악도 있을 수 없다. 모든 것이 선하고 악이 없는 세계에 산다는 것을 산스크리트 논리학자들은 '공중누각'[01]이라고 부른다.

몇몇 학파들에 의해 제기되어 온 현대의 다른 이론은 인간의 운명은 언제나 계속해서 그 목표를 개선하고, 그것을 향해 투쟁해 가지만 결코 거기에 다다르지 못한다는 것이다. 이 말은 분명히 멋지기는 하지만 불합리하다. 왜냐하면 일직선으로 움직이는 것은 없기 때문이다. 모든 움직임은 원圓의 형태이다. 당신이 돌을 집어들어서 공중으로 던지고 충분히 오래 산다면 그 돌은, 만일 장애물을 만나지 않는다면, 정확히 당신의 손으로 되돌아올 것이다. 무한하게 뻗어 있는 일직선은 원으로 끝남에 틀림없다. 그러므로 인간의 운명이 영원히 앞을 향해 나아가지 결코 멈추지 않는다는 이 생각은 불합리하다. 비록 주제에서 벗어나는 얘기지만, 움직임이 원을 그린다는 관념은 미워하면 안 되고 사랑해야만 한다는 윤리 이론을 설명하는 것이라고 말할 수 있다. 전기의 경우와 마찬가지로, 현대의 윤리론에 따르면 직류용 발전기dynamo를 떠난 전기가

---

01 [옮긴이 주] '헛된 꿈을 꾼다'는 뜻이다.

원을 그리며 돌아서 그 발전기로 되돌아오듯이 미움과 사랑도 그렇게 된다. 다시 말해서, 그것들은 틀림없이 원천으로 되돌아온다는 것이다. 그러므로 누구도 미워하지 마라. 왜냐하면 당신에게서 나온 그 미움이 결국은 당신에게 되돌아올 것이기 때문에. 사랑한다면, 완전하게 원을 그리며 그 사랑이 돌아올 것이다. 인간의 마음에서 나온 미움의 모든 조각들이 완전한 힘 그대로 그 자신에게 돌아오고, 아무것도 그것을 멈출 수 없다는 것은 너무도 명백하다. 마찬가지로 모든 사랑의 충동도 그에게 돌아올 것이다.

다른 실제적인 근거들에 기초해 보면 우리는 영원히 진보한다는 이론을 지지할 수 없다는 것을 알 수 있다. 왜냐하면 파괴는 지상에 존재하는 모든 것의 종착지이기 때문이다. 우리의 모든 투쟁, 희망, 두려움, 즐거움이 가닿게 되는 곳은 어디인가? 우리는 모두 죽음으로 끝난다. 이것처럼 명백한 것은 아무것도 없다. 그렇다면 이 일직선의 움직임, 이 무한한 전진 운동은 어디에 있는가? 단지 멀리 갔다가 그것이 시작된 중심으로 되돌아올 뿐이다. 어떻게 성운으로부터 태양, 달, 별들이 산출된 다음, 융해되어 성운으로 되돌아가는지를 보라. 같은 일들이 모든 곳에서 행해진다. 식물은 땅에서 구성 요소들을 취하고 분해되어서 이것들을 땅으로 되돌려준다. 이 세계의 모든 형상을 가진 것들은 주위의 원자들로 구성되고 원자들로 되돌아간다. 동일한 법칙이 다른 장소에서는 다르게 작용할 리가 없다. 법칙은 한결같다. 이보다 분명한 것은 없다. 이것이 자연의 법칙이라면 이것은 또한 생각에도 적용된다. 생각은 융해되어서 그것의 근원으로 되돌아간다. 우리가 의도하든 그렇지 않든 간에 신

비베카난다의 요가수트라

또는 절대라고 불리는 우리의 근원으로 되돌아가야만 할 것이다. 우리는 신으로부터 왔고 신을 향해 반드시 되돌아가야만 한다. 신, 절대, 자연. 당신이 부르고 싶은 대로 불러라. 그 실재는 동일하다. "그로부터 이 우주가 생성되고, 태어난 모든 것이 그 속에서 살고, 모든 것은 그에게로 되돌아간다." 이것은 틀림없는 하나의 사실이다. 자연은 동일한 방식으로 작용한다. 한 영역에서 특정한 방식으로 발생되는 것은 수백만의 영역에서 반복된다. 행성들에서 보는 것과 같은 것이 이 지구에, 인간에, 모든 것에 있을 것이다. 거대한 파도는 수백만 개의 작은 파도로 된 강력한 복합체이다. 전체 세계의 생명은 수백만의 작은 생명의 복합체이고, 전체 세계의 죽음은 수백만의 이 작은 존재의 죽음의 복합체이다.

이제 질문이 생긴다. 신에게로 되돌아가는 것이 더 높은 상태인가, 아닌가? 요가학파의 철학자들은 감정을 이입하여 그것에 대해 다음과 같이 대답한다. 인간은 현재 타락한 상태이다. 지구상에서 인간이 진보하였다고 말하는 종교는 하나도 없다. 이 관념은 인간의 시작이 완전하고 순수하고, 그 이후에 그가 더 이상 타락할 수 없을 때까지 타락하고, 종국에는 다시 원▣을 완전히 그릴 때까지 위를 향해 급상승할 때가 반드시 올 것이라는 것이다. 그 원은 묘사되어야만 한다. 그가 아무리 아래로 간다 하더라도, 그는 결국 틀림없이 상승곡선을 그릴 것이고 본래의 원천 즉 신으로 되돌아갈 것이다. 인간은 맨 처음에 신으로부터 왔고, 그 가운데서 그는 인간이 되었으며, 종국에 그는 신에게로 되돌아간다. 이것이 이원론적인 형태로 질문하는 방식이다. 일원론적인 형태는, 인간은 신이고 다시 신이 된다는 것이다. 만일 우리의 현재 상태가 보다 높은 상태라면, 왜 그렇게 심한 공포와 불행이 있고, 결국 그것으로 귀결되는가? 만일 이것이 더 높은 상태라면 왜 그것은 끝이 나는가? 오염되고 쇠퇴하는 것이 지고의 상태일 리가 없다. 왜 그것이 그렇게 불쾌하고, 불만족스러워야 하는가? 그것을 통해서 우리는 더 높은 상태에 도달할 수 있으므로 이것은 단지 변명일 뿐이다. 다시 회생되기 위해서 우리는 이것을 통과해야만 한다. 땅에 씨를 뿌려라. 그러면 시간이 흐른 뒤에 씨앗은 그 형체를 잃고 싹이 난다. 그것으로부터 거대한 나무가 나온다. 모든 영혼은 신이 되기 위해서 붕괴되어야만 한다. 우리가 더 빨리 '인간'이라고 부르는 이 상태로부터 벗어날수록 우리에게 더 낫다. 자살로 이 상태를 벗어난다는 것일까? 전혀 그렇지 않다. 그것은 그 상태를 악화시킬 것이다. 우리 자신을 고문하거나 세계를 비난하는 것은 거기서 나오는 방법이 아니다. 낙담의 수렁을 통과해 지나가야만 한다. 더 빨리 지나갈수록 더 낫다. 인간이라는 상태가 지고의 상태는 아니라는 것을 반드시 기억해야만 한다.

정말 이해하기 어려운 부분은 지고의 상태라고 불린 절대자는, 일부 사람들이 두려워하는 것처럼, 산호나 말미잘 등의 식충류나 돌 같은 것이 아니라는 것이다. 그들에 따르면 오직 두 가지 상태의 존재만이 있다. 하나는 돌로 된 것이고, 다른 하나는 생각으로 된 것이다. 무슨 권리로 그들은 존재를 이 둘로 한정하는가? 생각보다 무한히 더 우월한 무언가는 없는가? 빛의 진동이 매우 약할 때, 우리는 볼 수 없다. 빛이 약간 더 강해지면, 그것은 우리에게 빛이 된다. 한층 더 강하게 되면, 우리는 그것을 볼 수 없고, 우리에게 그것은 어둠이다. 마지막의 어둠이 최초의 어둠과 동일한가? 분명히 그렇지 않다. 그것들은 양극단으로

비베카난다의 요가수트라

서 상이하다. 돌의 생각 없음이 신의 생각 없음과 동일한가? 틀림없이 그렇지 않다. 신은 생각하지 않는다. 그는 판단하지 않는다. 그가 왜 그래야만 하는가? 판단해야만 할 어떤 것도 그에게 알려지지 않는가? 돌은 판단할 수 없고, 신은 판단하지 않는다. 그것이 차이이다. 이 철학자들은 우리가 생각을 초월하는 것을 끔찍하다고 생각한다. 그들은 생각을 넘어서 있는 어떠한 것도 발견하지 못한다. 이성을 초월한 훨씬 더 높은 존재 상태들이 있다. 이것은 종교 생활의 첫째 상태에서 발견되는 지성을 실제로 넘어서 있다. 생각과 지성과 모든 이성을 넘어서 나갈 때, 바로 그때 당신은 신으로 향하는 첫 걸음을 내딛었다. 그리고 그것이 생명의 시작이다. 우리가 보통 생명이라 부르는 것은 단지 태아 상태이다.

이어지는 질문은 다음과 같은 것이 될 것이다. 생각과 이성을 초월한 상태가 지고의 상태라는 어떤 증거가 있는가? 우선, 말뿐인 자들보다 세계에서 훨씬 더 위대한 모든 사람 즉 세계를 움직인 사람들, 어떠한 이기적인 목적을 결코 생각하지 않는 사람들은 이 삶을 단지 저 너머 무한을 향해 가는 길에 있는 작은 무대일 뿐이라고 단언한다. 둘째, 그렇게 말할 뿐만 아니라 모든 사람에게 그 길을 보여 줬던 그들은 모든 이가 자신들의 발자국을 쫓아올 수 있도록 그들이 길을 갔던 방법들을 설명한다. 셋째, 다른 길이 남겨져 있지 않다. 다른 어떠한 설명도 없다. 더 높은 상태가 없는 것이 틀림없다면, 왜 우리는 항상 이 원형의 움직임을 통해서 가고 있는가, 어떤 이성이 세계를 설명할 수 있는가? 우리가 더 나아갈 수 없다면, 어떤 것도 더 요구해서는 안 된다면, 지각할 수 있는 세계는 우리의 지식을 한정지을 것이다. 이것이 불가지론이라 불리는 것이다. 그러나 감각의 증거를 믿을 어떠한 이유가 있는가? 나는 길거리에 고요하게 서서 죽으려는 사람을 진정한 불가지론자라고 부를 것이다. 만일 이성이 전부라면, 이성은 우리에게 허무주의의 근처에 서 있을 여지를 주지 않는다. 만일 어떤 사람이 돈, 명예, 평판을 제외한 모든 것에 대해 회의하는 사람이라면, 그는 단지 사기꾼일 뿐이다. 임마누엘 칸트Immanuel Kant는 우리가 이성이라고 불리는 무시무시한 죽음의 벽을 초월하여 꿰뚫고 나아갈 수 없다는 것은 의심의 여지가 없다고 말했다. 그러나 우리가 이성을 넘어서 갈 수 있다는 생각은 인도의 모든 사상이 바로 첫째 관념으로 주장하는 것이다. 그들은 단지 현재의 상태를 설명하는 곳에서만 발견되는 이성보다 더 높은 무엇인가를 대담하게 추구하였고 발견하는 데 성공했다. 이것이 우리를 이성 너머로 데리고 갈 요가를 연구하는 가치이다.

"당신은 우리의 아버지로서 우리를 이 무지의 대양의 맞은편에 있는 다른 해안으로 데려다 주십니다."

무지를 넘어서 가는 것, 이것 외에 다른 어떤 것도 종교의 목표는 아니다.

제1장 집중: 집중의 영적 활용들[01]
Samādhi

1. ── 이제 요가가 설명된다.

2. ── 요가는 마음citta이 다양한 형태들을 취하는 것vrtti을 억제하는 것이다.[02]

　　　　　　　　여기에 많은 설명이 필요하다. 우리는 마음이 무엇인지, 작용들이 무엇인지 이해해야만 한다. 나는 눈을 가지고 있다. 눈은 보지 못한다. 뇌에 있는 신경중추를 제거하라. 눈은 여전히 거기에 있고 망막도, 또 망막에 비친 대상들의 상像들도 완전할 것이다. 그러나

---

01 [옮긴이 주] 먼저, 제1장은 Samādhi Pāda로 흔히 '삼매장'으로 번역된다. 다음으로, 비베카난다는 사마디(samādhi)를 때로 집중(concentration)으로 표현한다. 집중으로 번역했을 때 사마디의 의미가 명확히 드러나지 않는 경우 뒤에 samādhi를 함께 표기해 주었다.

02 [옮긴이 주] 비베카난다는 국내에서 '마음'이라 번역되는 citta를 이따금씩 '마음-질료(mind-stuff)'로 번역하고, 마나스(manas)를 '마음(mind)'으로 번역한다. 본 번역서에서는 이러한 혼동을 줄이기 위해 citta에 대한 영역어 mind-stuff를 '마음'으로, manas에 대한 영역어 mind를 '마나스' 또는 '하위의 마음'으로 번역하였다. 그러나 저자는 citta를 mind 즉 마음으로 번역하는 경우도 많으므로 문맥을 고려하여 보다 적합하다고 판단되는 번역어를 채택하여 사용하였다.

눈은 보지 못할 것이다. 그러므로 눈은 단지 부차적 도구일 뿐이지, 시각 기관이 아니다. 시각 기관은 뇌의 신경중추에 있다. 두 눈은 충분하지 않을 것이다. 때때로 사람은 눈을 뜨고 잔다. 빛이 거기에 있고 상像이 거기에 있지만 세 번째의 것이 필요하다. 마나스manas가 그 감각 기관과 합쳐져야만 한다. 눈은 외적인 도구이다. 우리는 또한 뇌중추와 마나스의 매개도 필요하다. 마차들이 거리를 굴러 내려가고 있고, 당신은 그것들을 듣지 못한다. 왜? 마나스가 자신을 청각 기관에 붙이고 있지 않기 때문이다. 첫째, [*외적인] 도구가 있고 둘째, [*내적인] 기관이 있으며 셋째, 마나스가 이 둘에 붙어 있다. 마나스는 인상을 더 깊이 안쪽으로 받아들여서 그것에 반응하는 결정 능력 즉 붓디buddhi에 건네준다. 이 반응과 함께 에고ego 즉 자아의식의 관념이 분출된다. 그런 다음, 작용과 반응의 이 혼합물이 대상을 인식하는 참자아인 푸루샤Puruṣa에 건네지고, 푸루샤는 이 혼합물 속의 대상을 인식한다.

감각 기관indriya들, 마나스, 결정 능력buddhi, 자기본위성ahaṃkāra; =자아의식 모두는 합쳐져서 안타카라나antaḥkaraṇa 즉 내적 도구라 불리는 그룹을 형성한다. 그것들은 단지 마음 즉 칫타 안의 다양한 과정일 뿐이다. 칫타 속의 생각의 파도는 브릿티vṛtti, 문자 그대로 '소용돌이'들이라고 불린다.

생각이란 무엇인가? 생각은 중력이나 반발력과 같은 힘이다. 칫타라 불리는 도구는 자연에 있는 힘의 무한한 저장소로부터 일부를 붙잡아서 흡수하고 그것을 바깥에 생각으로 내보낸다. 힘은 음식을 통해서 우리에게 공급되고, 그 음식에서 신체는 운동력 등을 얻

비베카난다의 요가수트라

는다. 음식은 우리가 생각이라 부르는 것과 같은 다른 것들 즉 더 미세한 힘들을 내놓는다. 그러므로 우리는 마음에 지성이 없다는 것을 알 수 있다. 그러나 그것은 지성을 가진 것처럼 보인다. 왜 그러한가? 지성을 가진 참자아가 그것의 뒤에 있기 때문이다. 참자아만이 유일하게 지성이 있는 존재이기 때문이다. 마음은 도구일 뿐이고, 참자아는 이 도구를 통해서 외부 세계를 인식한다. 여기 이 책을 보라. 이것은 책으로 외부에 존재하지 않는다. 외부에 존재하는 것은 알려지지 않고 알 수 없다. 돌을 물에 던졌을 때 물이 물결의 형태로 돌에 되던지는 것과 마찬가지로, 그 알 수 없는 것이 마음에 일격을 가하는 연상을 제공하고 마음은 책의 형태로 반응을 내놓는다. 실재 세계는 마음이 반응하게 되는 원인이다. 책 형태이거나 코끼리 형태이거나 또는 인간 형태는 외부에 존재하지 않는다. 우리가 아는 모든 것은 외부의 연상으로부터 오는 우리의 정신적 반응이다.

존 스튜어트 밀John Stuart Mill이 말하길, "물질은 영속적인 감각 가능성이다." 물질은 단지 외부에 있는 연상일 뿐이다. 굴을 예로 들어보자. 당신은 진주가 어떻게 만들어지는지 안다. 껍질 속으로 기생충이 들어가서 자극하면 굴은 일종의 에나멜을 내뿜어 그것을 둘러싸고, 이것이 진주가 된다. 말하자면, 경험하는 세계는 우리 자신의 에나멜이고, 실재 세계는 핵 역할을 하는 기생충이다. 보통 사람은 결코 이것을 이해하지 못할 것이다. 왜냐하면 그렇게 하려고 시도할 때 에나멜을 내뿜어서 단지 자신의 에나멜만을 볼 뿐이기 때문이다.

이제 우리는 이 브릿티들이 의미하는 바를 이해한다. 진정한 인간은 마음 너머에 있다. 즉 마음은 그의 손안에 있는 도구이다. 그것은 마음에 스며들어 있는 그의 지성이다. 당신이 마음 너머에 서 있을 때만 마음은 지성적이게 된다. 사람이 마음을 포기하면, 그것은 떨어져 조각나서 아무것도 아니게 된다. 이와 같이 당신은 칫타가 의미하는 바를 이해한다. 칫타는 마음이고 브릿티들은 외부의 원인들이 그것에 부딪칠 때 그 속에서 일어나는 파도이고 물결이다. 이 브릿티들이 우리의 세계이다.

우리는 호수의 바닥을 볼 수 없다. 왜냐하면 그것의 표면이 물결로 덮여 있기 때문이다. 잔물결이 멈추어서 물이 고요해졌을 때 우리는 그 바닥을 힐끗 보는 것만이 가능할 뿐이다. 물이 진흙탕이거나 항상 흔들리고 있다면 바닥이 보이지 않을 것이다. 물이 깨끗하고 파도가 없다면 우리는 바닥을 볼 수 있다. 호수의 바닥은 우리 자신의 참자아이다. 호수는 칫타이고 파도는 브릿티들이다. 다시 말해서, 마음은 세 가지 상태를 가지고 있다. 하나는 타마스tamas로 불리고, 짐승들이나 어리석은 사람들에게서 발견되는 어두움이다. 이것은 상처를 입히기 위해서만 작용한다. 다른 어떤 생각도 그 상태의 마음에 들어오지 못한다. 다음으로 활동하는 상태의 마음인 라자스rajas가 있다. 이것의 주요 동인들은 힘과 즐거움으로, "나는 강력하게 되어서 다른 사람들을 지배할 것이다."라는 말로 이것을 표현할 수 있다. 마지막으로 평온하고 고요한 삿트와sattva로 불리는 상태가 있다. 그 상태에서 파도는 그치고 마음의 호수에 있는 물은 맑아지게 된다. 활동하지 않는 상태라기보다는 의도적으로 활동하는 상태이다. 이것은 고요하게 되기 위한 힘의 가장 위대한 나타남이다. 고삐를 풀어놓으면 말이 당신과 함께 달아날 것이다. 아무나 그렇게 할 수 있다. 그러나 돌진하는 말을 멈출 수 있는 사람은 강한 사람이다. 가게 두는 것과 억제하는 것 중 어느 것이 더 큰 힘을 요구하는가? 고요한 사람은 어리석은 사람이 아니다. 삿트와를 결코 어리석음이나 게으름으로 착각해서는 안 된다. 고요한 사람은 마음의 파도를 통제할 수 있는 사람이다. 활동은 보다 열등한 힘이 나타난 것이고 고요함은 보다 고등한 힘이 나타난 것이다.

마음은 언제나 자신의 자연스런 순수 상태로 돌아가려 한다. 그러나 감각 기관들은 칫타를 바깥으로 끌어낸다. 이를 억제하는 것, 외부로 향하는 이 경향성을 제어하는 것, 지성의 정수로 돌아가는 여행을 시작하는 것이 요가의 첫 단계이다. 왜냐하면 오직 이 방식으로만 칫타가 알맞은 상태에 들어갈 수 있기 때문이다.

비록 칫타가 하등 동물에서부터 고등 동물에 이르기까지 모든 동물에 존재하지만, 지성으로 그것을 발견할 수 있는 것은 오직 인간뿐이다. 마음이 지성의 형태를 취할 수 있을 때까지, 그것이 이 모든 단계를 통과하여 돌아가서 영혼을 해방시키는 것은 가능하지 않다. 소나 개도 마음을 가지고 있기는 하지만 즉각적인 구원은 불가능하다. 왜냐하면 그것들의 칫타는 아직 우리가 지성이라고 부르는 형태를 취할 수 없기 때문이다.

칫타는 다음과 같은 양태로 자신을 드러낸다. 산란함, 어두움, 모으기, 한 곳을 향하게 됨, 집중됨.[03] '산란함'은 활동

---

03 [옮긴이 주] 비베카난다의 표현과 원문은 약간의 차이가 있다. 이해를 돕기 위해 《요가수트라

이다. 그것의 경향성은 즐거움이나 고통의 형태로 자신을 나타낸다. '어두움'은 상처를 입히는 경향이 있는 어리석음이다. 주석자는 첫째 양태는 데바deva들 즉 신들에게 어울리고 둘째 양태는 악마들에게 어울린다고 말한다. 칫타가 자신을 중심으로 끌어가려고 분투할 때 '모으기'라는 양태가 작용한다. 집중하려고 노력할 때 '한 곳으로 향하게 됨'이라는 양태가 작용한다. 그리고 '집중됨'이라는 양태는 우리를 사마디samādhi로 데려간다.

3. ―― 그때즉 집중된 때 보는 자Puruṣa는 그 자신의 [작용되지 않은] 상태에 머문다.

파도가 멈추어서 호수가 고요해지자마자, 우리는 그 바닥을 볼 수 있다. 마음도 그러하다. 마음이 고요할 때 우리는 우리 자신의 본성이 무엇인지 볼 수 있다. 우리는 우리 자신을 작용된 마음과 뒤섞지 않고 우리 자신의 본성에 머무른다.

4. ―― 다른 때즉 집중되지 않은 때 보는 자는 작용된 것들과 동일시된다.

예를 들자면 누군가 나를 꾸짖으면, 이것은 작용 즉 내 마음 속에 브릿티vṛtti를 만들어 내고, 나는 나 자신을 그것과 동일시하게 된다. 그 결과는 고통이다.

주석)을 참조하여 원어 즉 산스크리트와 그것의 번역어를 옮겨 보면 다음과 같다. 산란함=동요(kṣipta), 어두움=미혹(mūḍha), 모으기=산란(vikṣipta), 한 곳을 향하게 됨=집중(ekāgra), 집중됨=억제(niruddha)이다. 이하 산스크리트 원문과 비교하여 소개할 필요한 있는 경우에는 이런 방식으로 각주를 달겠다.

비베카난다의 요가수트라

5. ___ 다섯 종류의 작용이 있는데, [어떤 것들은] 고통스럽고 [다른 것들은] 고통스럽지 않다.

6. ___ [이것들은] 바른 지식, 무분별=그릇된 지식, 말에 의한 망상, 수면, 기억이다.[04]

7. ___ 직접 지각, 추론, 충분한 증언[05]은 바른 지식 즉 증거를 구성한다.

　　　　　　　　　　우리의 두 지각이 상호 모순되지 않을 때 그것을 증거라고 부른다. 내가 무언가를 듣고, 그것이 이미 인식하고 있는 무엇인가와 모순된다면 나는 그것을 믿지 않고 해결될 때까지 끝까지 싸울 것이다. 세 종류의 증거가 있다. 무엇을 보고 듣든지 간에 만일 거기에 감각을 속일 것이 없다면, 직접 지각 즉 프라티야크샤pratyakṣa 그것 자체가 증거이다. 둘째는 아누마나anumāna 즉 추론이다. 당신이 어떤 징후를 보고, 그 징후에서부터 의미된 대상에 도달하는 것이다. 셋째는 압타바키야 āptavākya[06] 즉 진리를 본 요가수행자들의 직접 지각이다. 우리 모두는 지식을 향해 분투한다. 당신과 나는 열심히 분투해서 길고 지루한 추론의 과

---

04 [옮긴이 주] 바른 지식=바른 인식(pramāṇa), 무분별=그릇된 인식(viparyaya), 말에 의한 망상=망상(vikalpa), 수면(nidrā), 기억(smṛti).

05 [옮긴이 주] 직접 지각(pratyakṣa), 추론(anumāna), 충분한 증언=증언(āgama)

06 [옮긴이 주] 문자 그대로는 '권위 있는 사람의 말(āptavākya)'=āpta(권위 있는 또는 믿을 수 있는 사람)+vākya(말)이라는 뜻으로, 여기서는 요가수행자가 직접 지각을 통해서 인식한 것을 표현한 말을 지칭한다.

정을 통해서 지식에 도달해야만 한다. 그러나 요가수행자 즉 순수한 자는 이 모두를 넘어서 간다. 그에게 과거·현재·미래는 모두 그의 마음이 읽는 한 권의 책과 같다. 그는 지식을 얻기 위해서 우리가 겪어야만 하는 지루한 과정을 거칠 필요가 없다. 그의 말은 그 자체가 증거이다. 왜냐하면 그는 자신 속에서 지식을 보기 때문이다. 예를 들자면, 그들은 신성한 문헌의 저자들이므로, 그 문헌들 자체가 증거이다. 만일 그러한 어떤 사람들이 지금 살고 있다면, 그들의 말은 그 자체가 증거가 될 것이다. 다른 철학자들은 압타바키야에 대한 긴 토론에 들어가서, "그들의 말의 증거가 무엇입니까?"라고 묻는다. 그 증거는 그들의 직접 지각이다. 왜냐하면 직접 지각한 것이 과거의 어떤 지식에 모순되지 않는다면, 내가 보는 것이 무엇이든지 간에 그것 자체가 증거이고, 당신이 보는 것이 무엇이든지 간에 그것 자체가 증거이다. 감각을 넘어서는 지식이 있고, 그것이 이성과 인간의 과거 경험에 모순되지 않을 때면 언제나 그 지식 자체가 증거이다. 어떤 미친 사람이 이 방에 들어와서 자신의 주위에 있는 천사를 본다고 말할 수 있다. 그것은 충분한 증거가 되지 못할 것이다. 우선, 증거는 참된 지식이어야만 한다. 둘째, 과거의 지식에 모순되지 않아야만 한다. 셋째, 그것은 그것을 주장하는 사람의 품성에 의해 결정되어야만 한다. 나는 그 사람의 품성이 그가 말하는 바만큼 그렇게 중요하지는 않다는 얘기를 듣는다. 우리는 맨 먼저 그가 말하는 것을 들어야만 한다. 이것은 다른 경우들에서는 진실일 수 있다. 어떤 사람이 사악하더라도 천문학적인 발견을 할 수 있다. 그러나 종교에서는 다르다. 왜냐하면 부정한 사람은 결코 종교의 진리들을 설교할 수 있는 능력을 가지지 못할 것이기 때문이다.

그러므로 우리는 무엇보다도 먼저, 자신을 압타 āpta라고 공표하는 그 사람은 완전히 이타적이고 신성한 사람이고, 둘째, 그는 감각을 넘어서 있으며, 셋째, 그가 말하는 것은 인류의 과거 지식과 모순되지 않는다는 것을 알아야만 한다. 진실에 대한 어떠한 새로운 발견도 과거의 진실에 모순되지 말아야만 하고 그것에 적합해야만 한다. 그리고 넷째, 그 진실이 확정 가능성을 가지고 있다는 것을 알아야만 한다. 만일 어떤 사람이 "나는 비전vision을 보았다."고 말하고서 나에게 너는 그것을 볼 수 없다고 말한다면, 나는 그를 믿을 수 없을 것이다. 누구나 스스로 그것을 볼 수 있는 능력을 가지고 있음에 틀림없다. 게다가 자신의 지식을 파는 사람은 누구도 압타가 아니다. 이 모든 조건이 충족되어야만 한다. 당신은 먼저, 그 사람이 순수하고 이기적인 동기를 가지고 있지 않으며 이익이나 명성을 갈망하지 않는 것을 보아야만 한다. 둘째, 그는 그가 초의식적 경험을 가지고 있다는 것을 보여 주어야만 한다. 셋째, 그는 우리가 감각으로부터 얻을 수 없고 세상을 위한 무언가를 우리에게 주어야만 한다. 그리고 우리는 그것이 다른 진실들과 모순되지 않는다는 것을 알아야만 한다. 만일 그것이 다른 진실들과 모순된다면 우리는 즉시 그것을 버려야만 한다. 넷째, 그 사람이 결코 예외가 되어서는 안 된다. 그는 오직 모든 사람이 성취할 수 있는 것만 말해야 한다. 그러므로 세 종류의 증거는 직접적인 감각적 지각, 추론, 압타의 말이다. 나는 이 용어를 영어로 옮길 수 없다. 이것은 '계시 받은 사람'이 아니다. 왜냐하면 계시는 외부로부터 오는 반면, 이 지식은 그 사람 자신으로부터 온다고 생각되기 때문이다. 문자 그대로의 의미는 '성취한 자'이다.

8. _____ 무분별=그릇된 지식은 [대상의] 실재 본성에 근거하지 않은 그릇된 지식이다.

　　　　　　　　일어나는 브릿티vrtti들 중 그 다음 종류는 [*조개껍데기의] 진주층 조각을 은조각으로 오인하는 것과 같이 하나의 것을 다른 것으로 착각하는 것이다.

9. _____ 말에 의한 망상은 [상응하는] 실재를 갖지 않는 말에 잇달아 일어난다.

　　　　　　　　분별vikalpa이라 불리는 다른 종류의 [*마음의] 브릿티vrtti들이 있다. 어떤 단어가 말로 표현되면 우리는 그것의 의미를 검토하려고 기다리지 않는다. 즉시 결론으로 뛰어넘어간다. 그것은 칫타citta가 약해진 징표이다. 이제 우리는 억제의 중요성을 이해할 수 있다. 사람은 약해질수록 억제력도 줄어든다. 이 테스트로 항상 자기 자신을 관찰해 보라. 당신이 화가 나거나 비참하게 되기 시작할 때, 그것을 생각해 내어 당신에게 다가오는 어떤 일들이 어떻게 마음을 브릿티들 속으로 내던지는지 보라.

10. _____ 수면잠은 텅 빈空 느낌을 알아차리는 브릿티vrtti이다.

　　　　　　　　그 다음 종류의 브릿티vrtti는 꿈과 깊은 수면07으로 이뤄진 수면이라 불리는 것이다. 깨어났을 때 우리는 우리가 잠들었다는 것을 안다. 우리는 오직 지각으로 된 기억만을 가질 수 있다. 우리

---

07 [옮긴이 주] 꿈꾸는 수면 상태와 꿈 없는 수면 상태를 뜻한다.

는 결코 지각하지 않는 것으로 된 어떠한 기억도 가질 수 없다. 모든 반작용은 호수의 물결이다. 자, 만일 잠자는 동안 마음이 어떠한 물결도 갖지 않는다면, 마음은 긍정적이거나 부정적인 어떠한 지각도 가질 수 없을 것이므로 우리는 지각을 가지지 않을 것이다. 수면이 기억나는 바로 그 이유는 잠자는 동안 마음에는 어떤 종류의 물결이 있었다는 것이다. 기억은 브릿티들 중에서 다른 종류이다. 이것은 스므리티smrti로 불린다.

11. ___ 기억은 지각된 대상들[로 된 브릿티(vrtti)들]이 사라지지 않고 [인상들을 통해서 의
식으로 되돌아올] 때 발생한다.

기억은 직접 지각, 그릇된 지식, 말에 의한 망상, 수면으로부터 올 수 있다. 예를 들자면, 당신이 어떤 말을 듣는다. 그 말은 마음의 호수에 던져진 돌과 같다. 그것이 잔물결을 발생시키고, 그 잔물결은 일련의 잔물결들을 일으킨다. 이것이 기억이다. 그러므로 이것은 수면 속에 있다. 수면이라 불리는 독특한 종류의 잔물결이 칫타citta를 기억의 잔물결 속으로 던질 때, 이것을 꿈이라 부른다. 꿈꾸는 것은 깨어 있는 상태 속에서 기억이라 불리는 잔물결의 다른 형태이다.

12. ___ 이 [작용]들은 수행과 집착하지 않음⁰⁸에 의해 억제된다.

---

08 [옮긴이 주] '집착하지 않음'의 원어는 vairāgya로, 흔히 이욕(離欲) 또는 무욕(無慾)으로도 번역된다.

집착하지 않는 마음은 명석하고 선善하며 사리에 맞아야만 한다. 우리는 왜 수행을 해야 하는가? 왜냐하면 행위들은 호수의 표면을 흔드는 물결과 같기 때문이다. 물결이 사라지고 나면 무엇이 남는가? 상스카라samskāra 즉 인상들이다. 수많은 이 인상들이 마음에 남을 때, 그것들은 합체하여서 습관이 된다. 습관은 제2의 천성이라고들 한다. 그것은 또한 첫 번째 천성이고 인간의 전체 본성을 이룬다. 우리의 모든 것은 습관의 결과이다. 이 점은 우리에게 위안을 준다. 왜냐하면 만일 그것이 단지 습관일 뿐이라면 우리는 언제든지 그것을 만들 수도, 만들지 않을 수도 있기 때문이다. 이 물결들은 상스카라들을 남기고서 우리의 마음에서 잊히고, 그것들 각각은 자신의 결과를 남긴다. 우리의 기질은 이 인상들의 총합이다. 독특한특정한 물결이 지배함에 따라서 그 사람은 그 [*물결의] 성질을 따른다. 선이 지배적이면 선한 사람이 되고, 악이 지배적이면 악하게 된다. 즐거움이 지배적이면 행복하게 된다. 나쁜 습관들에 대한 유일한 치료약은 상반된 습관들이다. 인상을 남기는 모든 나쁜 습관은 좋은 습관들에 의해서 제압된다. 지속적으로 선을 행하고 성스러운 생각을 계속해서 하라. 그것이 기본적 인상들을 억제하기 위한 유일한 길이다. 어떤 사람도 희망이 없다고 결코 말하지 마라. 왜냐하면 그는 단지 새롭고 더 나은 습관들에 의해서 억제될 수 있는 습관의 덩어리 즉 기질을 나타낼 뿐이기 때문이다. 기질은 반복된 습관들이고 반복된 습관들만이 기질을 개선할 수 있기 때문이다.

13. —— 완전하게 억제된 그것들=작용들을 유지하려는 지속적 노력이 수행이다.

수행이란 무엇인가? 그것은 마음이 나가서 물결을 만들지 못하게 하기 위해서 마음을 계속 억제하려는 시도이다.

14. ___ 그것=수행은 [획득될 목표를 향한] 위대한 사랑과 함께 장기간 지속적인 노력에 의해 확고하게 뿌리내리게 된다.

억제는 하루아침에 이루어지는 것이 아니라 오랜 기간 지속되는 수행에 의해서 이루어진다.

15. ___ 보거나 들은 대상들에 대한 갈망을 제압하는 것이 집착하지 않음=이욕 (vairāgya)이다.

우리 행위의 원동력은 두 가지이다. 우리 자신을 보는 것과 다른 것들에 대한 경험이다. 이 두 동력은 마음 즉 호수에 여러 가지 물결이 생기게 한다. 집착하지 않음은 이 힘들에 대항하여 싸우는 힘이고, 마음을 억제하는 힘이다. 이것들에 대한 억제는 우리가 원하는 것이다. 내가 거리를 걸어가고 있고 한 남자가 다가와서 시계를 뺏어 달아난다. 이것은 나 자신의 경험이다. 나 자신이 그것을 보았고, 그것은 즉각 나의 칫타citta에 물결을 일으켜서 화의 형태를 만든다. 그것이 일어나게 두지 마라. 그것을 막지 못한다면, 당신은 별 볼 일 없는 사람이다. 만일 막을 수 있다면, 당신은 바이라기야vairāgya를 가지고 있는 사람이다. 다시 말해서, 세속적인 마음으로 된 경험은 우리에게 감각적 즐거움들이 최고의 이상이라고 말한다. 이것들은 엄청난 유혹이다. 그것들을 거부하여서 그것들에 관한 물결들이 마음에 일어나지 않도록 하는 것이 집착하지 않음이다. 나 자신의 경험과 다른 이들의 경험으로부터 발생하는 두 가지 원동력을 억제하여서, 마음이 그것들에 의해서 지배되지 않도록 막는 것이 바이라기야이다. 이것들은 나에 의해서 억제되어야만 하지, 내가 그것들에 의해서 통제되어서는 안 된다. 이런 종류의 정신력이 집착하지 않음이라고 불린다. 바이라기야는 해탈을 향한 유일한 길이다.

16. ___ 그것은 구나guṇa들에 대한 갈망조차 포기하고, 푸루샤Puruṣa[의 실재 본성]에 대한 지식으로부터 발생하는 극도의 집착하지 않음=이욕(vairāgya)이다.

구나들을 향한 우리의 갈망조차 없어질 때 바이라기야vairāgya의 힘이 최고로 나타난다. 우리는 우선 푸루샤 즉 참자아가 무엇인지, 구나가 무엇인지 이해해야만 한다. 요가 철학에 따르면 전체 자연은 세 구나, 바꿔 말해서 요소들 또는 힘들로 이루어져 있다. 하나는 타마스tamas로, 다른 하나는 라자스rajas로, 셋째는 삿트와sattva로 불린다. 이 세 구나는 물질계에서 불분명함이나 불활성, 유혹이나 충동, 양자의 균형으로 자신들을 나타낸다. 자연에 있는 모든 것, 즉 모든 나타난 것은 이 세 힘의 종합들이자 재조합들이다. 자연은 상키야Sāṃkhya 철학에 의해 다양한 범주들로 나눠져 왔다. 인간의 참자아는 이 모든 것, 자연을 넘어서 있다. 그것은 찬란히 빛나고 순수하며 완전하다. 자연에서 보는 어떠한 정보라도 자연에 대한 이 참자아의 반영에 불과하다. 자연 그 자체는 의식이 없다. 자연이라는 용어는 또한 마음을 포함한다는 것을 명심해야만 한다. 마음은 자연 속에 있다. 생각은 자연 속에 있다. 생각에서부터 조대한 형태의 물질에 이르기까지 모든 것은 자연 속에 있다. 이 자연은 인간의 참자아를 덮어 왔고, 자연이 그 덮개를 제거할 때 참자아는 그 자신의 영광 속에 나타난다. 대상 즉 자연에 대한 갈망을 진압하는 것으로 제15경에서 서술된 이욕은 참자아를 나타나게 하는 데 가장 큰 도움이 된다. 다음의 경문은 요가수행자의 목표인 사마디samādhi 즉 완전한 집중에 대해 정의한다.

17. ___ **바른 지식이 있는**=유상(有想) **사마디**samādhi**는 추론**=심(尋), **구별**=사(伺), **환희, 철저한 에고**=자아의식**에 의해 획득되는 것이다.**[09]

사마디는 두 종류로 나뉜다. 하나는 유상 samprajñāta[*삼매]이라 불리고 다른 하나는 무상無想, asamprajñāta[*삼매]이라 불린다. 유상 삼매에서 자연을 통제하는 모든 힘이 발생한다. 네 가지 종류가 있다. 첫 번째 종류는 사비타르카savitarka, 유심(有尋)[*삼매]라고 불리는데, 명상의 대상이 다른 대상들로부터 분리됨에 의해서 마음이 그 대상에 대해 반복해서 명상할 때이다. 상키야Sāṃkhya의 25범주에서 명상을 위한 대상은 두 종류가 있다. 자연의 의식이 없는 24범주와 의식을 가진 하나의 푸루샤Puruṣa이다. 요가의 이 부분은 이미 말했듯이 전적으로 상키야 철학에 근거하고 있다. 기억하는 것처럼, 에고와 의지, 마나스manas는 동일한 토대

---

09 [옮긴이 주] 추론=심(尋; vitarka), 구별=사(伺, vicāra), 환희(ānanda), 철저한 에고=자아의식 (asmitā).

를 가지고 있고, 칫타 즉 마음으로부터 그것들이 모두 생성된다. 이 마음은 자연의 힘을 받아들여서 생각으로 그것들을 보여 준다. 그런데 힘과 물질 양자가 하나인 무엇인가가 있어야만 한다. 이것은 아비약타avyakta 즉 창조 이전의 자연의 미현현 상태로 불린다. 사이클의 끝=전개가 끝난 이후에 전체 자연은 그것으로 되돌아가고, 다음 창조의 시기에 다시 미현현으로부터 마음이 나온다. 그것을 넘어서 있는 것이 푸루샤 즉 지성의 정수이다.

　　　　　　　　지식은 힘이다. 그래서 우리가 어떤 것을 알기 시작하자마자 우리는 그것을 지배할 힘을 획득한다. 그와 마찬가지로 마음이 여러 요소에 대해 명상하기 시작할 때, 마음은 그것들을 지배하는 힘을 갖는다. 외부의 조대 요소들이 대상들인 그러한 종류의 명상은 사비타르카[*savitarka], 유심(有尋)라 불린다. 비타르카尋, vitarka는 '의심'을, 사비타르카savitarka는 '의심을 수반한'을 뜻한다. 이 삼매는 요소들에 대해 의심하는 것, 이를 테면 요소들은 자신들에 대해 명상하는 사람들에게 자신들의 힘을 양도할 수도 있다는 사실을 내포한다. 힘들을 획득하는 데서는 어떠한 해탈도 없다. 그것은 세속적인 즐거움을 추구하는 것이고, 이 삶 속에서는 어떠한 참된 즐거움도 없다. 모든 즐거움에 대한 추구는 헛되다. 이것은 인간이 배우기 매우 어렵다는 것을 아는 아주 오래된 교훈이다. 그 교훈을 정말 배우게 될 때 그는 우주로부터 빠져나와서 자유롭게 된다. 오컬트적 힘들이라고 불리는 것에 대한 소유는 세속성을 강화하는 것일 뿐이어서 결국에는 고통을 심해지게 한다. 과학자로서 파탄잘리Patañjali는 그의 과학의 가능성들을 알려주려고 마음먹었지만, 그는 우리에게 이 힘들에 대해서 경고할 기회를 결코 놓치지 않는다.

다시, 바로 그 동일한 명상에서 수행자가 시간과 공간으로부터 나온 요소들을 취하려고 고투하여서 있는 그대로 그것들에 대해 생각할 때, 이것은 니르비타르카nirvitarka, 무심(無尋) 삼매 즉 '의심이 없는 삼매'라고 불린다. 명상이 한 단계 더 높아져서 명상의 대상으로서 다섯 미세요소tanmātra를 취하고 시간과 공간 내에 있는 것으로서 그것들에 대해 생각할 때, 이것은 사비차라savichāra, 유사(有伺) 삼매 즉 '구별이 있는 사마디'라고 불린다. 그리고 동일한 명상에서 수행자가 시간과 공간을 제거하고 미세요소들에 대해 있는 그대로 생각하게 될 때, 니르비차라nirvichāra, 무사(無伺) 삼매 즉 '구별이 없는 사마디'라고 불린다.

다음 단계에서 조대요소와 미세요소 양자는 버려지고 명상의 대상이 내적 기관 즉 생각하는 기관이 된다. 생각하는 기관이 활동과 어리석음의 속성들을 잃어버렸다고 생각될 때, 그 다음에 사난다sānanda 즉 환희 삼매가 잇따른다. 라자스rajas와 타마스tamas의 오염으로부터 자유로워진 마음 그 자체가 명상의 대상이 될 때, 명상이 매우 숙달되어서 집중될 때, 조대하고 미세한 물질들에 대한 모든 생각이 중단될 때, 오직 에고의 삿트와sattva 상태만이 남아 있지만 다른 모든 대상으로부터 구별될 때, 아스미타asmitā, 자아의식 사마디라고 불린다. 심지어 이 상태에서도 수행자는 마음을 완전하게 초월하지는 못한다. 이것을 획득한 수행자는 베다Veda에서 비데하videha 즉 '신체를 잃은離身'이라고 불린다. 그는 자신에 대해 조대한 신체가 없다고 생각할 수 있다. 그러나 그는 자신에 대해 미세한 신체를 가지고 있다고 생각해야만 할 것이다. 이 상태에서 목적을 성취하지 않고 자연 속으로 합쳐지게 되는 자들은 프라크리틸리

나prakrtilina들로 불린다. 그러나 심지어 여기에서 멈추지 않는 자들은 해탈인 목표에 도달한다.

18. —— 모든 정신 작용을 중지하는 끊임없는 수행에 의해 획득되는 다른 사마디가 있다. 그 속에서 칫타citta는 미현현된 인상들만 유지하고 있다.

　　　　　이것이 완전한 초의식적 아삼프라갸타asam-prajñāta, 무상(無想) 사마디로 우리에게 해탈을 주는 상태이다. 첫 번째 상태는 우리에게 해탈을 주지 않고, 영혼을 해탈시키지 않는다. 수행자는 모든 힘을 얻게 될 것이지만, 다시 떨어진다. 영혼이 자연을 넘어서기 전까지 어떤 보호 수단도 없다. 그 방법은 쉬운 것처럼 보이지만 그렇게 하기는 매우 어렵다. 그 방법은 마음 자체에 대해 명상하는 것으로, 어떤 생각이 올 때마다 그것을 중지시켜서 마음에 어떤 생각도 들어오지 못하게 한다. 그리하여 마음을 완전하게 텅 빈 상태로 만드는 것이다. 우리가 정말 이것을 할 수 있을 때, 바로 그 순간에 해탈을 얻게 될 것이다. 훈련과 준비가 안 된 사람들이 자신들의 마음을 비우려 노력한다면, 그들은 오직 자신들을 무지로 된 성분인 타마스tamas로 덮기만 할 가능성이 있다. 이 성분은 마음을 흐리멍덩하고 어리석게 만들고, 그것들이 마음을 텅 비게 만들고 있다고 생각하도록 이끈다. 그것을 실제로 할 수 있는 것은 가장 위대한 힘인 최고의 통제력을 드러내 보이는 것이다.

　　　　　이 상태 즉 초의식인 아삼프라갸타 [*사마디]에 도달했을 때, 그 사마디는 종자가 없게 된다. 그것은 무엇을 의미하는가? 의식이 있고, 칫타 속의 물결을 가라앉혀서 그것들을 억제하는 데만 성공하는 집중=사마디에서는 물결들이 경향성들의 형태로 유지된다. 기회가 오면 이 경향성들 즉 종자들은 다시 물결이 된다. 그러나 이 모든 경향을 파괴했을 때 즉 마음을 거의 파괴했을 때, 그때 사마디는 종자가 없게 된다. 그래서 마음에는 더 이상 거듭 반복해서 이 생명의 나무 즉 태어남과 죽음의 끊임없는 회전을 만들어 내는 종자들이 없다.

당신은 마음과 지식이 없는 그 상태가 어떠할 것인지 물을 것이다. 우리가 지식이라고 부르는 것은 그것을 넘어선 상태보다 낮은 상태이다. 당신은 극단들이 매우 유사하게 보인다는 것을 언제나 명심해야만 한다. 공空, 에테르의 매우 낮은 진동이 어두움으로, 중간 상태가 빛으로 간주된다면, 매우 높은 진동이 다시 어두움이 될 것이다. 유사하게 무지는 가장 낮은 상태이고 지식은 중간 상태이고 지식을 넘어선 것은 가장 높은 상태이다. 양극단은 동일하게 보인다. 지식 자체는 만들어진 어떤 것, 즉 조합이다. 그것은 참실재가 아니다.

이 더 높은 집중=사마디으로 된 지속적 수행의 결과는 무엇인가? 동요와 어리석음으로 된 오래된 모든 경향성들은 파괴될 것이고, 선함도 역시 마찬가지일 것이다. 이 경우는 금광석에서 불순물을 제거하기 위해 사용되는 화학약품의 경우와 유사하다. 금광석이 녹았을 때, 불순물은 화학물질들과 함께 태워진다. 그러므로 이 지속적인 통제력은 이전은 나쁜 경향성들을 파괴하고 결국은 좋은 경향성들 또한 파괴할 것이다. 선하고 악한 경향성들은 서로 파괴하여서 선이나 악에 의해 속박되지 않는 편재하고 전지전능한 그 자신의 광채 속에서 참영혼만을 남긴다. 그런 다음, 그는 태어나지도 죽지도, 천국에 대한 필요나 지상에 대한 필요도 없다는 것을 알게 될 것이다. 그는 오지도 가지도 않았다는 것을 알게 될 것이다. 그것은 움직이고 있는 자연이고, 그 움직임은 참영혼에 반영된다. 유리가 벽에 반사한 빛의 형상이 움직이면, 그 벽은 어리석게도 자신이 움직이고 있다고 생각한다. 우리 모두도 그러하다. 끊임없이 움직여서 그 자신을 다양한 형태로 만드는 것은 칫타citta이고, 우리는 우리가 이 다양한 형태라고 생각한다. 이 모든 환영은 사라지게 될 것이다. 그 해탈된 참영혼이 명령할 때, 기도하거나 구걸하는 것이 아니라 명령할 때, 그때 그 참영혼이 무엇을 바라든지 간에 즉각적으로 충족될 것이다. 무엇을 원하든지 간에, 할 수 있을 것이다.

상키야Sāṃkhya 철학에 따르면 신은 없다. 이 우주에는 신이 있을 수 없다고 한다. 왜냐하면 만일 신이 있었다면, 그는 틀림없이 영혼이고, 이 영혼은 속박되거나 해탈되어야만 한다. 자연에 의해 속박된 또는 자연에 의해 통제되는 영혼이 어떻게 창조할 수 있는가? 그 자체가 노예이다. 다른 한편, 왜 해탈된 참영혼이 이 모든 것을 창조하고 조작하는가? 그것은 욕망이 없다. 그러므로 그것은 창조하기 위한 어떠한 필요도 가지고 있을 리 없다. 둘째, 신에 대한 이론은 불필요하다고들 한다. 자연이 모든 것을 설명한다. 어떤 신의 유용함은 무엇인가? 그러나 카필라Kapila는, 완전함을 거의 획득했음에도 곧 타락하는 많은 영혼이 있는데 그 이유는 그들이 모든 힘을 완전하게 포기할 수 없기 때문이라는 사실을 가르친다. 그들의 마음은 잠시 자연 속으로 합쳐졌다가, 자연의 주인들로 다시 나타난다. 이 영혼들은 신이라고 불린다. 그러한 신들은 있다. 우리는 모두 신이 될 것이다. 상키야에 따르면 베다에서 말해진 신은 실재로 자유로운 이 영혼들 중 하나를 의미한다. 그들을 넘어서 영원히 자유롭고 은총 받은 우주의 창조주는 없다.

다른 한편, 요가수행자들은 다음과 같이 말한다. "그렇지 않다. 신은 있다. 다른 영혼들로부터 분리된 하나의 참영혼은 있다. 그리고 그는 모든 창조물의 영원한 주인이고, 영원한 자유인이며, 모든 스승의 스승이다." 요가수행자들은 상키야가 "자연 속으로 합쳐진 것"이라고 부르는 것들 또한 존재한다고 인정한다. 그들은 완전함의 부족으로 타락한 요가수행자들이다. 비록 잠시 목적을 성취하지 못하게 되었지만, 그들은 우주의 부분들에 대한 지배자로서 남아 있다.

19. ___ [극단적인 집착하지 않음=이욕(vairāgya)이 뒤따르지 않을 때 이 사마디는] **신들과 자연에 합쳐지게 된 자들이 다시 나타나게 되는 원인이 된다.**

인도 철학의 체계에서 신들은 여러 영혼에 의해 연속적으로 채워지는 특정한 높은 지위들을 나타낸다. 그러나 그들 중 누구도 완전하지 않다.

20. ___ 다른 이들은 [이 사마디를] **믿음, 에너지, 기억, 집중**=사마디, [비실재로부터] **실재를 구별함을**[10] **통해서 얻는다.**

---

10 [옮긴이 주] 믿음(śraddhā), 에너지=정진(vīrya), 기억(smṛti), 집중=삼매(samādhi), [비실재로부터] 실재를 구별함=예지(叡智; prajñā).

이 경문은 신의 지위나 심지어 사이클 즉 주기의 지배자의 지위를 원하지 않는 자들에 대해 언급한다. 그들은 해탈을 성취한다.

21. ____ 극단적으로 열정적인 사람은 성공이 빠르다.

22. ____ 선택하는 수단들이 부드럽거나 중간이거나 강렬함에 따라서 요가수행자들의 성공은 다양하다.

23. ____ 또는 [이 사마디는] 이슈와라Īśvara에 대한 헌신에 의해 [획득된다].

24. ____ 고통, 행위와 그 결과, 욕망에 의해 영향을 받지 않는 이슈와라Īśvara, 지고의 지배자는 특별한 푸루샤Puruṣa이다.

파탄잘리Patañjali의 요가 철학이 상키야Sāṁkhya 철학에 기초하고 있다는 점을 다시 상기해야만 한다. 차이는 후자에 있어서는 신을 위한 자리가 없는 반면, 전자에서는 요가수행자들과 함께 신은 자리를 가지고 있다는 것이다. 그러나 요가수행자들은 우주를 창조하거나 유지하는 것으로 된 관념의 신과 관련이 없다. 우주의 창조주로서 신은 요가수행자들의 이슈와라가 의미하는 것이 아니다. 베다Veda에 따르면 이슈와라는 우주의 창조주이다. 그것은 조화롭기 때문에 하나의 의지의 나타남에 틀림없다. 요가수행자들 역시 신을 확립하기를 원하지만, 그들은 그들 자신의 독특한 독특한 방식으로 그에게 도달한다. 그들은 다음과 같

비베카난다의 요가수트라

이 말한다.

25. —— 다른 이들에게 [단지] 싹=종자[일 뿐인] 전지함은 그에게 있어서 무한대가 된다.

      마음은 언제나 양극단 사이를 오간다. 당신은 한정된 공간을 생각할 수 있지만, 바로 그 생각은 또한 당신에게 무한한 공간을 준다. 눈을 감고 작은 원을 생각하라. 작은 원을 인식함과 동시에 그것을 둘러싼 무한한 차원들로 된 원을 인식한다. 그것은 시간적으로 동일하다. 둘째 것에 대해 생각하려고 노력하라. 당신은 동일한 인식 작용으로 한정되지 않은 시간에 대해 생각해야만 할 것이다. 지식에 대해서도 마찬가지다. 지식은 단지 인간에게 싹일 뿐이다. 그러나 당신은 그것을 둘러싼 무한한 지식에 대해 생각해야만 할 것이다. 우리 마음의 바로 그 성질은 우리에게 한정되지 않은 지식이 있다고 보여 준다. 그리고 요가수행자들은 무한한 지식이 이슈와라Īśvara에게 속한다고 말한다.

26. —— 그는 시간에 한정되지 않는, 심지어 고대의 스승들의 스승이다.

      모든 지식이 우리 자신 내에 있다는 것은 사실이다. 그러나 이것은 다른 지식에 의해서 네 번째라고 불려야만 한다. 비록 아는 능력이 우리 안에 있다고 하더라도 이 능력은 각성되어야만 한다. 내면의 지식은 오직 다른 지식을 통해서만 요가수행자가 보유하는 네 번째로 불릴 수 있다. 죽은 즉 의식이 없는 물질은 결코 네 번째 지식을 발생시킬 수 없다. 이것은 지식을 끌어내는 지식의 힘이다. 존재들을 안다는 것은 우리가 우리 자신들 속에 있는 것을 일깨우는 데 도움이 되어야만 한다. 그래서 이 스승들은 언제나 필요하다. 세계는 결코 그들 없이 있었던 적이 없고, 그들 없이 어떠한 지식도 가질 수 없다. 이슈와라Īśvara는 모든 스승들의 스승이다. 왜냐하면 이 스승들은, 비록 그들이 아무리 위대하다 할지라도 모두 시간에 속박되고 한정되기 때문이다. 반면 이슈와라는 그렇지 않다.

요가수행자들의 두 가지 특징적인 추론이 있다. 첫째는, 한정된 것에 대해 생각할 때 마음은 또한 한정되지 않은 것에 대해서도 생각함에 틀림없다. 그리고 그 인식의 한 부분이 진실이라면 그와 마찬가지로 다른 부분도 진실이어야 한다. 그 이유는 마음의 인식들로서 그것들의 가치가 동일하기 때문이다. 인간이 약간의 지식을 가지고 있다는 바로 그 사실이 이슈와라가 무한한 지식을 가지고 있다는 것을 보여 준다. 만일 내가 하나를 취한다면, 왜 다른 것은 취하지 않는가? 이성은 내가 양자 모두를 취하거나 거부할 것을 강요한다. 내가 약간의 지식을 가진 인간이 있다고 생각한다면, 또한 그의 뒤에 한정되지 않은 지식을 가진 참된 누군가가 있다는 것 또한 인정해야만 한다. 둘째 추론은, 어떠한 지식도 스승 없이 생길 수는 없다는 것이다. 현대 철학이 말하듯이, 자신으로부터 진화한 인간에게 무엇인가가 있다는 것은 진실이다. 모든 지식은 인간 속에 있다. 그러나 그것을 밖으로 불러내는 데는 특정한 환경이 필요하다. 스승 없이 어떠한 지식도 발견할 수 없다. 그러나 비록 인간인 스승, 신인 스승, 천사인 스승이 있지만, 그들은 모두 한정되어 있다. 그들에 앞선 스승은 누구였는가? 마침내 우리는 시간에 한정되지 않는 한 스승을 인정해야만 하고, 무한한 지식을 가지고 있고 시작과 끝이 없는 그 스승은 이슈와라로 불린다.

27. —— 그를 나타내는 단어는 옴Om이다.

당신이 마음속에 가지고 있는 모든 생각은 말로 된 대응물을 갖는다. 말과 생각은 분리할 수 없다. 어떤 것의 외적인 부분은 우리가 말이라 부르는 것이고, 동일한 그것의 내적인 부분은 우리가 생각이라 부르는 것이다. 분석에 의하면 어떤 사람도 말로부터 생각을 분리할 수 없다. 사람들이 언어를 창조하였고, 그들이 함께 앉아서 말을 결정했다는 견해는 틀렸다고 입증되었다. 인간이 존재해 온 한, 말과 언어는 있어 왔다.

생각과 말 사이에는 어떤 연관이 있는가? 언제나 생각과 함께 말이 있음에 틀림없다는 것을 알지만, 동일한 생각이 동일한 말을 필요로 한다는 것이 반드시 진실은 아니다. 스무 개의 다른 국가에서 생각은 같을 수 있지만, 언어는 상이하다. 우리는 각각의 생각을 표현하는 말을 가지고 있음에 틀림없지만, 이 말들이 반드시 동일한 소리를 가지고 있을 필요는 없다. 소리는 여러 국가에서 차이가 있을 것이다. 주석자는 다음과 같이 말한다. "비록 생각과 말의 관계는 완전히 자연발생적인 것이지만, 이것이 생각과 소리 사이의 고정된 관계를 의미하는 것은 아니다." 소리는 다양하지만 소리와 생각 사이의 관계는 자연스러운 것이다. 의미되는 것=기의(記意) 즉 말이 담고 있는 의미과 그 상징=기표(記標) 즉 소리로써 의미를 전달하는 말 사이에 실제적 관계가 있는 경우에만 생각과 소리 사이의 관계는 타당하다. 그때까지 그 상징은 결코 일반적으로 사용되지 못할 것이다. 상징은 의미되는 것을 분명하게 만드는 것이고, 의미되는 것이 이미 존재하고 있다면, 그리고 상징이 그것을 수차례 표현해 왔다는 것을 경험으로 안다면, 그때 우리는 그 둘 사이에 진정한 관계가 있다는 것을 확신한다. 설령 그것이 현재 없다고 하더라도 그것의 상징에 의해서 그것을 알고 있을 수천 명의 사람이 있을 것이다. 상징과 의미되는 것 사이에는 자연발생적인 관계가 있음에 틀림없다. 그 상징이 발음되었을 때, 의미되는 바가 상기된다.

파탄잘리 Patañjali 는 이슈와라 Īśvara 를 나타내는 단어가 옴 Oṃ 이라고 말한다. 왜 그는 이 단어를 강조하는가? 이슈와라를 나타내는 단어가 수백 개 있다. 하나의 생각은 엄청나게 많은 단어들과 연관되어 있다. 이슈와라에 대한 관념은 수백 개의 단어와 연관되어 있고, 각각은 이슈와라에 대한 상징이다. 매우 훌륭하다. 그러나 이 모든 말 사이에 틀림없이 일반화가, 다시 말해서 이 모든 상징의 어떤 토대 즉 어떤 공통된 바탕이 있을 것이다. 그리고 공통적 상징인 것이 최상의 것이고 실제로 그것들 모두를 대표할 것이다. 소리를 만드는 데 우리는 후두와 공명판으로 구개를 사용한다. 다른 모든 소리가 그 소리의 현현들인 어떤 분명한 소리가 있는가? 그것 하나가 가장 자연스러운 소리인가? 옴 Oṃ 즉 Aum 이 그러한 소리 즉 모든 소리의 바탕이다. 첫 글자 A[11]는 혀나 구개의 어떤 부

---

11 dawn의 aw처럼 발음된다. [옮긴이 주] 여기서 aw의 소리는 우리말의 '오', 보다 정확히는 '어'

비베카난다의 요가수트라

분에도 닿지 않고 발음되는 뿌리 즉 핵심 소리이다. M은 그 연속에서 마지막 소리로 입술을 다물고 발음되고, U는 바로 그 뿌리로부터 입의 공명판의 끝까지 굴러간다. 그러므로 옴Oṃ은 발음 현상 전체를 대표한다. 그와 같이 그것은 자연스러운 상징 즉 다양한 모든 소리의 모체임에 틀림없다. 발음될 수 있는 모든 단어의 범위와 가능성 전체를 나타낸다.

이 고찰들과는 별개로, 우리는 인도의 모든 상이한 종교 관념들이 이 단어, 옴Oṃ에 집중되어 있다는 것을 안다. 베다의 다양한 모든 종교 관념은 그들 스스로 이 단어 주위에 모였다. 그것이 미국과 영국 또는 어떤 다른 나라와 무슨 상관이 있는가? 간단히 말해서 이것이다. 그 단어는 인도의 종교적 성장의 모든 국면에서 유지되어왔고, 이슈와라에 대한 모든 다양한 관념을 의미하기 위해 다루어져 왔다. 일원론자, 이원론자, 일원적 이원론자, 분리주의자, 심지어 무신론자도 이 옴Oṃ을 받아들여 왔다. 옴Oṃ은 엄청나게 많은 인간의 종교적 열망에 대한 하나의 상징이 되어 왔다. 예를 들면, 영어 단어 신God을 보라. 그것은 단지 제한된 역할만을 담당한다. 만일 당신이 그것을 넘어서 가고자한다면, 그것을 개인적이거나 비개인적이거나 또는 절대적인 신으로 만들기 위해서 형용사를 덧붙여야만 한다. 다른 모든 언어에서도 신에 대한단어들은 그러하다. 그것들의 의미는 매우 한정적이다. 그렇지만 이 단어,옴Oṃ은 자신의 주위에 모든 다양한 의미를 가지고 있다. 그와 같으므로

를 붙여서 발음하면서 오를 약간 약하게 하는 발음에 가깝다.

그것은 모든 사람이 받아들여야만 한다.

28. ___ 이것옴(Om)에 대한 반복과 그것의 의미에 대해 명상하는 것[이 이 길이다.]

왜 반복해야만 하는가? 상스카라samskāra들에 대한 이론을 잊지 않았다. 잠재인상들 전부는 마음에 살아있다. 그것들은 갈수록 더 잠재적이 될 것이다. 그러나 그것들은 거기에 남아 있고, 꼭 맞는 자극들을 받게 되면 나타나게 된다. 원자들의 진동은 결코 멈추지 않는다. 이 우주가 멸망될 때, 모든 거대한 진동이 사라진다. 태양, 달, 별, 지구가 녹아내린다. 그러나 원자들 속의 진동은 유지된다. 각 원자는 커다란 세계들이 기능을 수행하듯이, 동일하게 그렇게 한다. 그러므로 심지어 칫타citta의 진동들이 가라앉을 때조차 칫타 원자들의 진동은 계속된다. 그것들이 자극을 받게 되었을 때, 다시 나타난다.

이제 우리는 반복이 의미하는 바를 이해할 수 있다. 그것은 영적인 상스카라들에게 줄 수 있는 가장 커다란 자극이다. "신성과의 한 순간의 친교는 삶의 대양을 건너는 배를 건조한다." 그러한 것이 친교의 힘이다. 그러므로 옴Om에 대한 이러한 반복과 그것의 의미에 대해 생각하는 것은 자신의 마음속에서 좋은 친교를 유지하는 것과 같다. 학습해 왔던 것에 대해 탐구하고 명상하라. 그러면 빛이 당신에게 올 것이다. 참자아가 나타나게 될 것이다. 그러나 그는 옴Om에 대해 생각해야만 하고, 그것의 의미에 대해서도 마찬가지이다.

나쁜 친교를 피하라. 왜냐하면 오래된 상처의 흉터들이 당신 속에 있고, 나쁜 친교는 정확히 그것들을 나타나게 하는 데 필요한 것이기 때문이다. 동일한 방식으로 우리는 좋은 친교가 우리 속에 있지만 잠재되어 왔던 좋은 잠재인상들을 불러낼 것이라고 듣는다. 세상에서 좋은 친교를 유지하는 것보다 성스러운 것은 없다. 왜냐하면 그때 좋은 잠재인상이 표면으로 나타나게 될 것이기 때문이다.

29. _____ 그것으로부터 내적 성찰과 장애들에 대한 파괴가 획득된다.

옴Om에 대한 반복과 숙고의 첫째 효과는 내적 성찰의 힘이 갈수록 자신을 나타내게 되어서, 모든 정신적·육체적 장애들이 사라지기 시작할 것이다. 요가수행자에게 있는 장애들은 무엇인가?

30. _____ 질병, 정신적 게으름, 의심, 열정의 결핍, 무기력, 감각적 즐거움에 대한 탐착, 그릇된 인식, 집중=사마디을 얻지 못함, 획득된 집중=사마디으로부터 멀어지게 됨,¹² 이것들은 [*수행을] 방해하는 산란함들이다.

질병: 이 신체는 우리를 삶의 대양의 다른 해안으로 실어 나르는 보트이다. 이것을 보살펴야만 한다. 건강하지 못한 사람은 요가수행자가 될 수 없다. 정신적 게으름은 문제에 대한 모든 생생한 관심을 잃어버리게 만든다. 관심 없이는 의지나 실천할 에너지도 없을

---

12 [옮긴이 주] 질병(vyādhi), 정신적 게으름=무기력(styāna), 의심(saṃśaya), 열정의 결핍=부주의(pramāda), 무기력=나태(ālasya), 감각적 즐거움에 대한 탐착=무절제(avirati), 그릇된 인식(bhrānti darśana), 집중을 얻지 못함=[요가(또는 삼매)의] 상태를(bhūmikatva) 얻지 못함(alabdha), 획득된 집중으로부터 멀어지게 됨=불안정성(anavasthitatvāni).

것이다. 요가 과학의 진리에 대해서 마음속에 의심이 일어날 것이다. 그렇지만 멀리 떨어진 곳에서 듣거나 보는 것과 같은 어떤 독특한 심령적 경험이 나타날 때까지 수행자의 강력한 지성적 확신이 있을 것이다. 이러한 짧은 경험은 마음을 강화하고 수행자들이 목적을 이루게 만든다.

획득된 집중력으로부터 멀어지게 됨: 여러 날 또는 여러 주 수행을 하고 있을 때, 마음이 고요하게 되어 쉽게 집중되면 당신 자신이 빠르게 발전하고 있다는 사실을 알게 될 것이다. 어느 날 갑자기 발전이 멈추고 당신은, 말하자면, 오도 가도 못하는 자신을 발견하게 될 것이다. 그러나 계속하라. 모든 발전은 그러한 상승과 하강을 그리며 진행된다.

31. ___ 큰 슬픔, 정신적 고통, 신체의 떨림, 불규칙한 호흡은[13] 집중=사마디을 유지하지 못함을 동반한다.

집중은 수행할 때마다 몸과 마음에 완전한 고요를 불러올 것이다. 수행을 잘못하거나 마음이 잘 통제되지 않을 때, 이러한 장애들이 나타난다. 옴Oṃ의 반복과 주主에 대한 몰두는 마음을 강화하고 신선한 에너지를 불러올 것이다. 신경의 동요가 거의 모든 이에게 나타날 것이다. 전혀 괘념치 말고 계속 수행하라. 수행이 그것들을 치유해

---

13 [옮긴이 주] 큰 슬픔=고통(duḥkha), 정신적 고통=낙담(daurmanasya), 신체의 떨림(aṅgamejayatva), 불규칙한 호흡=들숨과 날숨(śvāsa praśvāsa)

비베카난다의 요가수트라

줄 것이고 앉은 자세를 안정시켜줄 것이다.

32. ── 이것을 치유하기 위해서 [수행자는] 하나의 대상에 대해 수행[해야만] 한다.

일정 시간 동안 마음이 하나의 대상의 형태
를 취하게 만들면, 다른 장애들은 파괴될 것이다. 이것이 일반적인 조언이
다. 다음 경문에서 이것은 확장되고 자세히 다루어질 것이다. 하나의 수행
법이 모든 사람에게 맞을 수는 없기 때문에, 다양한 기법이 제기될 것이
다. 그리고 실제 경험에 의해서 모든 사람은 자신에게 가장 도움이 되는
기법을 알아낼 것이다.

33. ── 행복, 불행, 선善, 악惡[14]의 대상들 각각에 대한 친밀함, 연민, 즐거움, 무
관심의 느낌들은[15] 칫타citta를 평정한다.

우리는 이 네 종류의 태도를 가져야만 한다.
우리는 모두에게 친밀함을 가져야 한다. 비참한 상태에 있는 사람들을 향
해서는 연민이 있어야 한다. 사람들이 행복할 때 우리도 행복해야 한다.
사악한 사람에게는 무관심해야 한다. 우리 앞에 오는 모든 대상에 대해 그
러해야만 한다. 만일 그 대상이 좋은 것이면, 우리는 그것을 향해 친밀함
을 느껴야 한다. 생각의 대상이 비참한 것이라면, 그 대상을 향해서 연민

---

14 [옮긴이 주] 행복=즐거움(sukha), 불행=고통(duḥkha), 선(puṇya), 악(apuṇya).

15 [옮긴이 주] 친밀함=자비(maitrī), 연민(karuṇā), 즐거움(mudita), 무관심(upekṣa).

을 느껴야 한다. 선한 것이면 즐거움을 느껴야 하고, 악한 것이면 무관심해야 한다. 마음 앞에 오는 상이한 대상들에 대한 마음의 이러한 태도들은 마음을 평화롭게 만들 것이다. 일상의 삶에서 대부분의 어려움은 이런 식으로 우리의 마음을 억제할 수 없는 데서 온다. 예를 들자면, 어떤 사람이 우리에게 악한 짓을 하면, 우리는 즉각 악으로 대응하기를 원한다. 악의 형태로 된 모든 반응은 우리가 칫타를 억제하지 못했다는 것을 보여 준다. 그것은 물결 속에서 나와서 대상으로 향하고, 우리는 우리의 정신적 힘을 상실한다. 증오나 악의 형태로 된 모든 반응은 마음에 엄청 큰 손실이다. 그리고 모든 악한 생각이나 증오로 된 행위 또는 반응에 대한 어떤 생각은, 만일 마음이 통제된다면, 우리의 호의 속에서 꼼짝 못하게 될 것이다. 이와 같이 우리 자신을 억제함에 의해서 무엇을 잃어버리는 것은 아니다. 더 정확히 말하면, 우리가 추측하는 것보다 더 무한하게 얻는다. 우리가 증오나 분노의 감정을 억누를 때마다, 우리의 호의 속에서 매우 많은 좋은 에너지가 축적된다. 그 에너지는 더 높은 힘들로 전환될 것이다.

34. ____ 숨의 배출과 억제에 의해서 [칫타(citta)는 평정된다.]

사용된 용어는 프라나prāṇa이다. 프라나는 정확히 말해서 숨이 아니다. 그것은 우주에 편재하는 에너지에 대한 명칭이다. 우주에서 보는 것이 무엇이든지 간에, 다시 말해서 움직이거나 작용하거나 생명을 가진 것은 무엇이든지 간에 이 프라나가 나타난 것이다. 우주에서 보이는 에너지의 총합이 프라나라고 불린다. 한 주기가 끝날 때, 이 프라나는 거의 움직임 없는 상태로 남아 있다. 그리고 다음 주기가 시작될 때, 그것은 점차 자신을 나타낸다. 인간과 동물에게 있어 신경의 움직임처럼, 움직임으로 나타나게 되는 것이 프라나이다. 그리고 동일한 그 프라나가 생각 등으로 나타나게 된다. 우주 전체는 프라나와 아카샤ākāśa의 조합이다. 인간의 몸도 마찬가지이다. 아카샤로부터 당신은 느끼고 보는 상이한 질료들을 획득하고 프라나로부터 다양한 모든 힘을 얻는다. 이제 프라나의 배출과 억제는 이른바 프라나야마prāṇāyāma이다.

　　　　　요가 철학의 아버지인 파탄잘리Patañjali는 프라나야마에 대해 그다지 많은 특별한 지시를 하지 않는다. 그러나 후대의 다른 요가수행자들은 프라나야마에 대한 여러 가지 것을 발견했고 그것으로 위대한 과학을 만들었다. 파탄잘리에게 그것은 많은 방법 중 하나이다. 그러므로 그는 그것을 많이 강조하지는 않는다. 그는 당신이 그저 공기를 내쉬고 들이쉬고, 그것을 일정 시간 동안 보유하는 것을 가리켜 프라나야마라고 말했다. 그것이 전부다. 그것에 의해서 마음은 약간 더 고요하게 될 것이다. 그러나 당신은 이것으로부터 나중에 프라나야마라고 불리는 특별한 과학이 발전하게 되었다는 것을 알게 될 것이다. 우리는 나중에 이 요가수행자들이 틀림없이 말할 것에 대해 약간 학습할 것이다. 이것들 중 일부는 내가 당신에게 앞서 얘기했던 것이지만, 약간의 반복은 그것을 기억하는 데 도움이 될 것이다.

　　　　　우선, 당신은 프라나가 숨이 아니라는 것을 기억해야만 한다. 그러나 호흡의 움직임을 일으키는 것, 즉 호흡의 생명력이 프라나이다. 다시 말해서, 프라나라는 용어는 그러한 모든 의미로 사용된다. 그것들은 모두 프라나라고 불린다. 그리고 마음도 프라나라고 불린

다. 또한 우리는 프라나가 힘이라는 것을 보아 왔다. 그럼에도 우리는 그
것을 힘이라고 부를 수 없다. 왜냐하면 힘은 프라나의 현현일 뿐이기 때문
이다. 프라나는 힘으로 자신을, 그리고 움직임의 형태로 그 밖의 모든 것
을 나타나게 한다. 칫타 즉 마음은 자신의 주위로부터 프라나를 끌어들이
고 프라나로부터 신체를 지속적으로 보존하는 다양한 생기 에너지를 그
리고 생각과 의지와 다른 모든 힘을 생산하는 엔진이다. 위에 언급된 호흡
과정에 의해서 우리는 신체의 다양한 모든 움직임과 신체를 통과하여 유
동하고 있는 여러 신경의 흐름을 통제할 수 있다. 먼저 우리는 그것들을
알아차리기 시작한 다음, 천천히 그것들에 대한 지배력을 가지게 된다.

후대의 요가수행자들에 따르면 인간의 신
체에는 프라나의 세 가지 주요한 흐름이 있다. 그들은 하나를 이다ida, 다
른 하나를 핑갈라pingalā, 셋째를 수슘나suṣumnā라고 불렀다. 그들에 따르면
척추의 오른쪽 면에 핑갈라가 있고, 왼쪽에 이다가 있으며, 척추의 가운
데 수슘나 즉 속이 빈 도관導管이 있다. 그들에 따르면 이다와 핑갈라는 모
든 인간 속에서 작용하고 있는 흐름들이고, 이 흐름들을 통해서 우리는 삶
의 모든 기능을 행한다. 그러나 수슘나는 모두 안에 존재하고 있지만 활동
하지 않고 있다. 그것은 오직 요가수행자 안에서만 작용한다. 요가가 몸을
변화시킨다는 것을 명심해야만 한다. 지속적으로 수행할 때 당신의 몸은
변화한다. 그것은 당신이 수행하기 이전에 가졌던 몸과 동일한 몸이 아니
다. 그것은 매우 합리적이고 설명될 수 있다. 우리가 품은 모든 새로운 생
각은, 말하자면 반드시 뇌에 새로운 통로를 만들어야만 한다. 이것은 인간
본성의 무서운 보수성을 설명한다. 인간의 본성은 이미 거기에 존재하는

비베카난다의 요가수트라

바퀴자국들을 통과하여 달리기를 좋아한다. 왜냐하면 그것이 쉽기 때문이다. 단지 예를 들기 위한 목적으로 마음이 바늘과 같고 뇌의 구성 물질이 바늘 앞에 놓인 부드러운 덩어리라고 생각한다면, 그 경우에 우리가 가진 개개의 생각은, 이를 테면 뇌에 통로를 만든다. 만일 회백질이 관여하여서 그 통로가 열려 있도록 유지하기 위해서 줄을 긋지 않는다면, 이 통로는 막힐 것이다. 만일 회백질이 없었다면, 기억이 없을 것이다. 왜냐하면 기억이란 오래된 통로들을 거듭 살펴서 어떤 생각을 회상하는 것을 의미하기 때문이다. 이제, 어떤 사람이 대상들로부터 모두에게 익숙한 몇 가지 생각을 취하여 그것들을 결합하고 재결합하여서 그 대상들에 대해 이야기 할 때 우리가 그를 따라가는 것은 쉽다. 왜냐하면 이 통로들은 모두의 뇌에 있고, 그것들을 언급하는 것만이 필요하기 때문이라는 사실을 아마도 당신은 알아차렸을 것이다. 그러나 어떤 새로운 대상이 나타날 때마다 새로운 통로들이 만들어져야만 한다. 그러므로 그것은 쉽사리 이해되지 않는다. 그리고 이것이 뇌가 새로운 생각들에 의해 움직여지는 것을 무의식적으로 거부하는 이유이다. 뇌는 저항한다. 프라나는 새로운 통로들을 만들기 위해 노력하고 뇌는 그것을 허용하려 하지 않을 것이다. 이것이 보수주의의 비밀이다. 보다 적은 통로들이 뇌에 있을수록 보다 적은 프라나 바늘이 이 통로들을 만들어 왔다면, 더 심한 보수성이 그 뇌에 있을 것이고, 더 심한 투쟁이 새로운 생각들에 저항하여 있을 것이다. 더 사려 깊은 사람일수록 더 복잡한 통로들이 그의 뇌에 있을 것이고, 더 쉽게 새로운 생각들을 받아들이고 이해할 것이다. 그러므로 우리는 모든 새로운 생각으로 뇌에 새로운 인상을 만들고 물질로 된 뇌 사이로 새로운 통로들을 만든다. 그리고 바로 그 점 때문에 우리가 완전히 새로운 세트의 생각들과 동기들로 이루어진 요가 수행에서 처음에 엄청나게 많은 육체적 저항이 있다는 사실을 발견한다. 이것이 자연의 외적인 면을 다루는 종교의 일부분을 그렇게 광범위하게 받아들여질 수 있는 반면, 인간의 내적인 본성을 다루는 다른 부분 즉 철학이나 심리학은 빈번히 무시되는 이유이다.

우리는 이 세계에 대한 우리의 정의를 기억해야만 한다. 다시 말해, 이 세계는 단지 무한한 존재가 의식의 층위 속으로 투사된 것에 불과하다. 그 무한의 일부가 우리의 의식 속으로 투사되고, 우리는 그것을 우리의 세계라고 부른다. 그러므로 세계 너머에 무한이 있고 종교는 양자 즉 우리가 우리의 세계라고 부르는 작은 덩어리와 그 너머에 있는 무한을 다루어야만 한다. 이 둘 중 하나만을 다루는 어떠한 종교도 결함이 있을 것이다. 종교는 양자를 다루어야만 한다. 의식의 층위로 들어와서, 말하자면 의식의 층위 속에 즉 시간과 공간과 인과 관계의 케이지 속에 자신을 붙잡히게 된 무한의 그 부분을 다루는 종교의 해당 부분은 우리에게 상당히 친숙하다. 왜냐하면 우리는 이미 그 속에 있고 이 층위에 대한 생각들은 거의 태곳적부터 우리와 함께 있어 왔기 때문이다. 세계 너머의 무한을 다루는 종교의 그 부분은 우리에게 완전히 새롭게 다가오고, 이를 이해하기 위한 우리의 노력은 뇌에 새로운 통로들을 생성하여서 전체 체계를 교란시킨다. 이런 이유로 당신은 평범한 사람들이 요가 수행에서 처음에 자신들의 상투적인 방식으로부터 벗어나게 되는 것을 발견한다. 가능한 한 이러한 교란을 줄이기 위해서 파탄잘리는 이 모든 방법을 마련했다. 우리는 우리에게 가장 알맞은 어느 것이든 수행할 수 있을 것이다.

비베카난다의 요가수트라

35. —— 특별한 감각적 인식들을 일으키는 집중으로 된 이러한 형태들은 마음의 인내를 발생시킨다.

이것은 다라나_{dhāraṇā} 즉 집중과 함께 자연스럽게 일어난다. 요가수행자들은 만약 마음이 코끝에 집중된다면 며칠 후에 그는 놀라운 향기를 맡기 시작할 것이라고 말한다. 만약 혀뿌리에 집중한다면 그는 소리를 듣기 시작하고, 혀끝에 집중한다면 그는 놀라운 풍미를 맛보기 시작하며, 혀의 가운데에 집중한다면 그는 마치 어떤 대상과 접촉하고 있는 것처럼 느낄 것이다. 만일 입천장에 집중한다면 그는 이상한 것들을 보기 시작한다. 마음이 혼란스러운 어떤 사람이 요가의 이 수행법들 중 일부를 받아들이기를 원한다면, 그런데도 그것들의 진실성을 의심하고 있다면, 약간의 수행 후에 이러한 일들이 자신에게 발생할 때, 그는 자신의 의심들을 내려놓게 될 것이고 인내하며 계속 수련해 나갈 것이다.

36. —— 또는 찬란한 빛[에 명상함으로써 안정된 칫타(citta)는] 모든 슬픔을 넘어선다.

이것은 다른 종류의 집중이다. 꽃잎들이 아래로 향하고 수슘나_{suṣumnā}가 관통하고 있는 심장의 연꽃에 대해 생각하라. 숨을 들이쉬어라. 그리고 내쉬는 동안 꽃잎들이 위로 향하게 되고 연꽃의 안쪽에 찬란한 빛이 있는 것을 상상하라. 그것에 대해 명상하라.

37. —— 또는 감각의 대상들에 대한 모든 집착을 포기한 마음[에 대한 명상에 의해서].

어떤 성스러운 사람, 당신이 존경하는 어떤 위대한 사람, 당신이 아는 어떤 성자가 완전하게 집착이 없다고 생각하라.

그리고 그의 마음에 대해 생각하라. 그 마음은 집착이 없게 될 것이다. 그 마음에 대해 명상하라. 그러면 마음은 고요하게 될 것이다. 그것을 할 수 없다면, 다음의 방식이 있다.

38. ____ 또는 꿈속에서 발생하는 지식이나 깊은 수면에서 경험되는 행복[에 대한 명상에 의해서].

　　　　　　　　　　　때로 사람은 천사들을 보고 그들에게 말하고, 무아경 속에서 허공을 떠다니는 음악을 듣는 꿈을 꾼다. 그가 깨어났을 때 이 모두는 그에게 깊은 인상을 심어준다. 그에게 그 꿈이 실재라고 생각하게 하고 그것에 대해 명상하게 하라.

39. ____ 또는 선한 것으로 그의 마음에 드는 무엇에 대해서든 명상함에 의해서.

　　　　　　　　　　　이것은 사악한 대상을 의미하는 것이 아니라 당신이 좋아하는 선한 어떤 것을 의미한다. 당신이 가장 좋아하는 장소, 당신이 가장 좋아하는 풍경, 당신이 가장 좋아하는 생각. 마음을 집중시키게 될 모든 것을 의미한다.

40. ____ 그러므로 명상하는 요가수행자의 마음은 원자에서부터 무한한 것에 이르기까지 가로막는 것이 없게 된다.

　　　　　　　　　　　이 수행에 의해서 마음은 가장 큰 것뿐 아니라 가장 작은 것에 대해서도 쉽게 명상한다. 그러므로 마음의 물결들은 더 약해지게 된다.

41. —— 그리하여 브릿티vṛtti들이 힘을 잃게 된즉 통제된 요가수행자는 받는 자,
받는 [도구], 받는 대상즉 영혼·마음 그리고 외부 대상들 속에서 [여러 색깔의 대상들 앞
에 놓인] 수정처럼 집중됨과 동일함을 획득한다.[16]

　　　　　　　　　이러한 지속적 명상으로부터 얻어지는 결과
는 무엇인가? 앞서의 경문에서 어떻게 우리가 명상의 다양한 상태를 받아
들였는지를 우리는 기억해야만 한다. 첫째는 조대한 대상들에 대해서이
고, 둘째는 미세한 대상에 대해서이며, 그것들로부터 우리는 훨씬 더 미세
한 대상들로 나아간다. 그 결과 우리는 조대한 대상들에 대해서와 마찬가
지로 미세한 대상들에 대해서 쉽게 명상할 수 있다. 그러므로 명상하는 동
안 요가수행자는 세 가지 것, 즉 영혼과 외부 대상들과 마음에 상응하는
받는 자와 받는 대상 그리고 받는 도구를 본다. 우리에게 주어진, 명상의
세 가지 대상이 있다. 첫째는 신체나 물질적 대상과 같은 조대한 것들이
고, 둘째는 마음과 같은 미세한 것들이며, 셋째는 푸루샤Puruṣa 자체가 아
니라 에고ego인 제한적인 푸루샤이다. 수행에 의해서 요가수행자는 이 모
든 명상을 확고히 하게 된다. 명상을 할 때마다 그는 다른 모든 생각을 들
어오지 못하게 한다. 그는 자신이 명상하는 것과 동일시된다. 명상할 때
그는 수정 조각과 같다. 꽃들 앞에서 수정은 꽃들과 거의 동일하게 된다.
만약 꽃이 붉은색이면 그 수정은 붉게 보이고, 꽃이 푸른색이면 그 수정은
푸르게 보인다.

---

16 [옮긴이 주] 여기서 "집중됨과 동일함"이 의미하는 바는 '사마디'(samādhi)이다.

42. ____ 소리, 의미, 그 결과 발생한 지식이 뒤섞인 [사마디(samādhi)는] **'의심과 함께하는**=유심(有尋) **삼매'**[라고 불린다.]

여기서 소리는 진동을 의미한다. 즉 그것을 전도하는 신경의 흐름들을 뜻한다. 그리고 지식은 반응을 의미한다. 지금까지 논의해 왔던 다양한 모든 명상들을 파탄잘리Patañjali는 사비타르카savitarka 즉 '의심과 함께하는'이라고 불렀다. 뒤에 그는 우리에게 보다 더 높은 단계의 명상들을 가르쳐준다. '의심과 함께하는'으로 불리는 이것들에서 우리는 말과 의미와 지식의 혼합으로부터 초래되는, 주체와 객체의 이중성을 유지한다. 첫째 외적인 진동 즉 말이 있다. 신경의 흐름에 의해서 안으로 전해지는 이것은 의미이다. 그 이후에 마음에 반작용의 물결이 일어나는데, 이것은 지식이다. 그러나 이 셋의 혼합은 우리가 지식이라 부르는 것을 만든다. 이것에 이르기까지 모든 명상에서 우리는 명상의 대상들로서 이 혼합물을 가진다. 다음의 사마디는 더 높은 단계이다.

43. ____ 기억이 정화되거나 성질들을 결여하게 되어서 [명상 대상의] **의미만이 나타나게 될 때, '의심과 함께하는'**=유심(有尋)이라고 불리는 **삼매**[가 획득된다.]

명상 수행에 의해서 이 셋이 혼합되지 않는 상태에 도달한다. 우리는 그것들을 제거할 수 있다. 우리는 먼저 이 셋이 무엇인지 이해해야 한다. 여기에 칫타citta가 있다. 당신은 언제나 마음을 호수에, 진동과 말과 소리를 그 호수에 일어나는 물결에 비유하는 것을 기억해야 한다. 당신은 내부에 그 고요한 호수를 가지고 있고, 내가 '소'라는 말을 발음한다. 그 말이 당신의 귀를 통과하여 들어가자마자 그 말을 따라서 당신의 칫타에 물결이 일어난다. 그러므로 그 물결은 우리가 부르는 것과 같은 형태나 의미의 소리라는 관념을 나타낸다. 당신이 아는 명확한 소는 실재 내적, 외적 소리의 진동에 대한 반작용으로서 발생하는, 사실상 마음에 있는 물결이다. 소리와 함께 그 물결은 차츰 사라진다. 그것은 결코 말이 없이 존재할 수 없다. 우리가 소에 대해 생각만 하고 소리를 듣지 않을 때 무슨 일이 일어나는지 물을 수 있다. 그 때 당신은 그 소리를 스스로 낼 수 있다. 들리지 않게 마음속으로 '소'라고 말하면, 그것과 함께 물결이 일어난다. 소리의 자극 없이 어떠한 물결도 있을 수 없고, 소리가 외부로부터 오지 않을 때 그것은 내부로부터 온다. 그리고 그 소리가 사라질 때 그 물결도 사라진다. 무엇이 남는가? 반작용의 결과, 그것은 지식이다. 이 셋은 마음속에서 매우 밀접하게 결합되어 있어서 우리는 그것들을 분리시킬 수 없다. 소리가 발생할 때 감각들이 진동하고 물결은 반작용으로서 일어난다. 그것들은 서로 매우 밀접하게 따르기 때문에 하나와 다른 하나의 구분이 없다. 이 명상을 오랜 기간 수행할 때 모든 인상의 용기인 기억이 정화되어서, 우리는 그것들을 각각 분명하게 구별할 수 있다. 이것은 니르비타르카nirvitarka, 무심(無尋) 즉 '의심이 없는' 삼매라고 불린다.

44. ____ 이 과정에 의해서 대상들이 더 미세한 '구별이 있는'=유사(有伺) 그리고 '구별이 없는'=무사(無伺) [삼매들 또한] 설명된다.

앞서와 유사한 과정이 다시 적용된다. 그러나 앞서의 명상들에서 선택된 대상들은 조대한 반면, 여기서의 대상들은 미세하다.

45. ___ 더 미세한 대상들은 프라다나_{pradhāna}17로 끝난다.

조대한 대상들은 오직 다섯 조대 요소뿐이고 모든 것은 그것들로부터 만들어진다. 미세한 대상은 탄마트라_{tanmātra} 즉 다섯 미세 요소들로 시작한다. 감각 기관들, 마나스_{manas}, 에고, 그리고 프라다나_{주요한 것}, 프라크리티_{prakrti, 자연} 또는 아비약타_{avyakta, 미현현}로 불리는 삿트와_{sattva}, 라자스_{rajas}, 타마스_{tamas}의 균형 상태인 마음_{모든 현현의 원인}은 모두 미세한 대상의 범주 내에 포함된다. 오직 푸루샤_{Puruṣa, 참영혼} 하나만 제외된다.

46. ___ 이 사마디들은 '종자를 가진' [것들]=유종자(sabīja) 삼매들이다.18

이것들은 과거 행위의 종자를 파괴하지 못한다. 그러므로 해탈을 줄 수 없다. 그러나 이것들이 요가수행자에게 가져다주는 것은 다음 경문에 언급된다.

47. ___ 요가수행자가 '구별이 없는'=무사(無伺, nirvicārā) 삼매에 자리 잡게 될 때, 그의 칫타_{citta}는 확고하게 고정된다.

---

17 [옮긴이 주] 기본적으로는 '토대'라는 뜻을 가지고 있다. '프라다나'(근본원질)는 요가 철학에서 프라크리티(prakrti)와 같은 의미로 쓰이고, 대체로 프라크리티가 갖는 물질원리들의 초월적 모체(母體, matrix)의 성격을 강조하는 표현이라고 할 수 있다. 산스크리트 원문에서는 프라다나 대신에 '아링가'(aliṅga) 즉 '징표가 없는 것'으로 표현되어 있다.

18 [옮긴이 주] '종자를 가진 삼매'를 흔히 '유종자(有種子) 삼매'라고 번역한다.

48. —— 그것을 통해 획득된 지식은 '진리로 가득 찬 것'='진리의 보유자'(rtam bharā)이라고 불린다.

다음 경문이 이것을 설명할 것이다.

49. —— 증언과 추론으로부터 얻은 지식은 일반적 대상들에 관한 것이다. 방금 언급된 사마디samādhi로부터 얻은 지식은 훨씬 더 높은 단계로 된 것으로, 추론과 증언은 갈 수 없는 곳을 관통할 수 있다.

이 관념은 우리가 직접 지각에 의해서, 그것으로부터 추론함에 의해서, 충분한 자격을 갖춘 사람들의 증언을 통해서, 일반적 대상들에 대한 지식을 획득한다는 것이다. 충분한 자격을 갖춘 사람들로서 요가수행자들은 언제나 리쉬[rṣi]들 즉 베다Veda라는 경전들에 기록된 사상을 지닌 선지자들을 의미한다. 그들에 따르면 그 경전들의 유일한 증거=그 경전들이 바른 지식이라는 유일한 증거는 그것들이 충분히 자격을 갖춘 사람들의 증언이라는 것이다. 그러나 그들은 그 경전들이 우리를 깨달음으로 데려다주지 못한다고 말한다. 우리는 모든 베다를 읽을 수 있지만, 어떤 것도 깨달을 수 없다. 그러나 그 경전들의 가르침을 수행한다면 그때 우리는 그것들이 말하는 바를 깨닫는 그러한 상태를 획득할 것이다. 그 상태는 이성이나 인식이나 추론이 갈 수 없는 곳을 즉 다른 이들의 증언이 전혀 소용없는 곳을 관통한다. 이것이 경문이 의미하는 바이다. 깨달음이 진정한 종교이다. 나머지 모두는 단지 예비 과정일 뿐이다. 강의 듣는 것이나 책을 읽는 것 또는 추론하는 것은 단지 토대를 준비하는 것이다. 이것은 종교가 아니다. 지적인 동의나 반대는 종교가 아니다.

요가수행자들의 중심 관념은 우리가 감각들의 대상들과 직접적으로 접촉하는 것과 꼭 마찬가지로 그렇게 우리 역시 종교 그 자체를 직접적으로 인식할 수 있다는 것이다. 비록 훨씬 더 강력한 의미에서이지만. 신이나 참영혼과 같은 종교의 진리들을 외적 감각들로 인식할 수는 없다. 나는 눈으로 신을 볼 수도, 손으로 만질 수도 없다. 또한 우리는 감각들을 넘어서 추론할 수도 없다는 것을 안다. 추론은 우리를 매우 막연한 지점에 둔다. 우리는 세상이 수천 년 동안 해오고 있는 것과 마찬가지로 우리의 모든 삶을 추론할 수 있을 것이다. 그러나 유일한 결과는 우리가 종교적 사실들을 증명하거나 반증할 힘이 없다는 것을 발견할 것이라는 사실이 될 것이다. 우리는 토대로서 우리가 직접적으로 인식한 것을 취하고 그것에 기반하여 추론한다. 그러므로 추론은 인식의 범위 내에서 일어남에 틀림없다는 것은 분명하다. 그것은 결코 인식을 넘어설 수 없다. 그러므로 깨달음의 전체 범위는 감각 인식을 넘어선다. 요가수행자들은 사람이 자신의 직접적 감각 인식을 넘어설 수 있고, 자신의 추론 또한 넘어설 수 있다고 말한다. 사람은 자신 속에 자신의 지성조차 초월하는 능력 즉 힘을 가지고 있다. 그 힘은 모든 존재 즉 모든 창조물 속에 있다. 요가 수행에 의해서 그러한 힘이 발생하게 된다. 그런 다음, 사람은 추론의 일반적인 한계를 초월하고 모든 추론을 넘어서 있는 것들을 직접적으로 지각한다.

50. ___ 이 사마디samādhi로부터 초래된 인상은 모든 다른 인상을 방해한다.

우리는 앞선 경문에서 초의식을 획득하는

유일한 방법이 사마디를 통해서라는 것을 보아 왔다. 그리고 우리는 또한 과거의 상스카라samskāra들 즉 인상들은 마음이 사마디를 성취하지 못하게 방해하는 것이라는 사실을 보아 왔다. 여러분 모두는 마음을 집중하려고 노력하고 있을 때 생각들이 돌아다닌다는 것을 관찰해 왔다. 당신이 신에 대해 생각하고 있을 때, 바로 그때가 이 상스카라들이 나타나는 때이다. 다른 때에 그것은 그렇게 활동적이지는 않다. 그러나 당신이 그것들을 원하지 않을 때 그것들은 틀림없이 거기에 있고, 최선을 다해서 당신의 마음 속으로 몰려들어 가려 한다. 왜 그렇게 되어야 하는가? 집중할 때 왜 그것들은 훨씬 더 강력한가? 왜냐하면 당신은 그것들을 억누르고 있고 그것들은 자신들의 전력을 다해 반작용하기 때문이다. 다른 때에 그것들은 반작용하지 않는다. 칫타citta 속 어딘가에 머무르면서 호랑이들처럼 기다리면서 틀림없이 뛰어오를 준비를 하고 있는 이 오래된 과거의 인상들이 얼마나 많겠는가! 다른 생각들은 제외하고 우리가 원하는 하나의 생각이 일어날 수 있게 하려면 이것들은 억제되어야만 한다. 그렇지 않으면 그것들은 모두 동시에 일어나려고 투쟁하고 있다. 그러한 것들이 마음의 집중을 방해하는 상스카라의 다양한 힘이다. 그러므로 방금까지 설명한 이 사마디는 상스카라들을 억제하는 그 자체의 힘 때문에 최고의 수행이다. 이러한 종류의 집중으로 일어나는 상스카라는 매우 강력해서 다른 상스카라들의 활동을 방해하고 그것들을 저지할 것이다.

51. ____ 심지어 [다른 모든 인상을 방해하는] 이 [인상]조차 억제함에 의해서, 모든 것이 억제되어서 종자가 없는 =무종자(nirbīja) 삼매가 발생한다.

당신은 우리의 목적이 참영혼 그 자체를 인식하는 것이라는 점을 기억한다. 우리는 참영혼을 인식할 수 없다. 왜냐하면 그것은 자연과, 마음과, 몸과 섞여 있기 때문이다. 무지한 사람은 자신의 몸을 참영혼이라고 생각한다. 학식이 있는 사람은 자신의 마음이 참영혼이라고 생각한다. 그러나 두 사람 모두 잘못 알고 있다. 무엇이 참영혼을 이 모두와 섞이게 만들었는가? 칫타citta에 일어나는 그리고 참영혼을 덮는 여러 물결들이다. 우리는 이 물결들을 통해서 단지 작은 반영만을 본다. 그렇게 만일 물결이 분노로 된 것이라면 우리는 참영혼이 분노라고 생각하고 "나는 화났어!"라고 말한다. 만일 사랑으로 된 것이라면, 우리는 그 물결에 비친 우리 자신을 보고서 우리는 사랑이라고 말한다. 만일 그 물결이 약함으로 된 것이고 참영혼이 그것에 비친다면, 우리는 우리가 약하다고 생각한다. 다양한 이 생각들은 참영혼을 덮고 있는 인상들 즉 상스카라samskāra들로부터 발생한다. 참영혼의 실재 본성은 칫타라는 호수에서 단 하나의 물결이라도 있는 한 인식되지 않는다. 모든 물결이 가라앉게 될 때까지 이 참된 본성은 결코 인식되지 않을 것이다. 그래서 우선, 파탄잘리Patañjali는 우리에게 이 물결들의 의미를, 둘째로 그것들을 억누르기 위한 방법을, 셋째로 다른 모든 물결을 억제하기 위해서 하나의 물결을 아주 세차게 만드는 법을, 이를테면 불을 먹어치우는 불을 가르친다. 오직 하나만 남았을 때 그것을 억제하는 것 또한 쉬울 것이다. 그것이 완성되었을 때 뒤따르는 삼매 즉 집중은 '종자가 없는'이라고 불린다. 그것은 아무것도 남기지 않는다. 그리고 참영혼은 자신의 영광 속에서 자신이 있는 그대로 나타나게 된다. 그때만이 우리는 참영혼이 혼합물이 아니라는 것을 진실로 안다. 그것은 우주에서 유일하게 영원히 단일한 실체이다. 그리고 그러한 것으로서 그것은 태어날 수 없고 죽을 수 없다. 그것은 죽음이 없고 파괴할 수 없으며 영원히 존재하는 지성의 정수이다.

제2장 집중: 집중의 수행[01]
Sādhana

1. ____ 고행, 학습, 신에게 헌신한 결과의 포기를 크리야 요가Kriyā Yoga라고 부른다.

첫째 장과 함께 끝난 이 사마디samādhi들은 얻기가 매우 어렵다. 그래서 우리는 그것들을 천천히 시작해야만 한다. 예비 단계인 첫째 단계는 크리야 요가라고 불린다. 문자 그대로 이것은 행위를 통해 요가를 수행한다는 것을 의미한다. 감각 기관들은 말들이고 마음[*여기서는 마나스(manas)]은 고삐이고 지성[*여기서는 붓디(buddhi)]은 마부이고 참자아는 마차를 탄 사람이고 신체는 마차이다. 말들이 너무 강해서 고삐를 따르지 않는다면, 그리고 마부가 판단력이 없다면 마차를 탄 사람은 실패한다. 그러나 감각 기관인 말들이 고삐 즉 마음=마나스에 의해 잘 통제되고, 마부

01 [옮긴이 주] 일반적으로 이 장은 사다나 파다(Sādhana Pāda) 즉 '[삼매] 수행의 장'으로 번역된다. 그러나 비베카난다는 이 장을 '집중: 집중의 수행'으로 번역하고 있다. 그 이유는 아마도 이 제2장이 제1장 즉 '집중: 집중의 영적 활용들'(Samādhi Pāda)의 연장선상에 있다는 점을 강조하기 위한 것이라고 생각된다.

가 식별력을 갖추고 있다면, 참자아인 마차를 탄 사람은 목표에 도달한다.

이 경우에 '고행'이 의미하는 바는 무엇인가? 그것은 신체와 감각 기관들을 이끄는 동안 고삐를 단단히 쥔다는 것, 바꿔 말해서 그것들이 좋아하는 것을 모두 하도록 두는 것이 아니라 양자를 적절한 통제 하에 둔 상태를 유지한다는 것을 의미한다.

'학습'은 무엇을 의미하는가? 소설이나 이야기책들에 대한 학습이 아니라, 참자아의 해탈을 가르치는 그러한 책들에 대한 학습이다. 다시 말하자면, 이 학습이 논란이 많은 연구를 의미하는 것은 전혀 아니다. 요가수행자는 논쟁하는 기간을 끝내야 한다. 그는 충분히 논쟁해 와서 만족하게 되었다. 그는 오직 자신의 확신을 강화하기 위해서만 학습한다. 바다vāda와 싯단타siddhānta는 두 종류의 문헌적 지식이다. 바다는 논쟁적이고 싯단타는 해결적이다. 사람이 완전히 무지하다면, 그는 이것들 중 논쟁적인 첫째 것을 받아들여서 싸우고 찬반양론으로 판단한다. 한편, 그것을 끝내면 그는 해결적인 싯단타를 받아들여서 결론에 도달한다. 단순히 이러한 결론에 도달하는 것으로는 안 된다. 이것을 깨달아야만 한다. 책은 무한히 많고 시간은 짧다. 그러므로 지식의 비밀은 오직 핵심적인 것만 취해야 하는 것이다. 핵심적인 것을 취하고 그것에 따라서 생활을 하려고 노력하라. 인도의 오래된 전설이 있다. 당신이 라자 항사rāja haṃsa 즉 백조 앞에 우유와 물을 한 컵씩 둔다면, 백조는 우유를 모두 마시고, 물은 그대로 둘 것이다. 그런 식으로 우리는 지식에서 가치가 있는 것은 취하고, 가치가 없는 것은 무시해야만 한다. 처음에는 지성의 훈련이 필요하다. 다시 말해서, 마구잡이로 아무것에나 파고들어서는 안 된다. 그러나 요가수행자는 논쟁적인 단계를 지나서 결론에 도달한다. 이것은 바위처럼 움직이지 않는다. 이제 그가 하려고 노력하는 유일한 일은 그 결론을 강화하는 것이다. 그는 논쟁하지 말라고 말한다. 누군가 논쟁을 강요한다면 침묵하라. 어떠한 주장에도 답하지 말고 조용히 떠나라. 왜냐하면 논쟁은 마음을 어지럽힐 뿐이기 때문이다. 논쟁의 유일한 유용성은 지성을 기르는 것이다. 그것이 완성되었을 때, 마음을 어지럽히는 것이 더 이상 무슨 소용이 있겠는가? 지성은 약한 도구일 뿐이고, 우리에게 감각들에 의해 한정된 지식을 줄 수 있을 뿐이다. 요가수행자는 감각들을 넘어서 가기를 원한다. 그러므로 그에게 지성은 궁극적으로는 유용하지 않다. 그는 이것을 확신하기 때문에 침묵하고 논쟁하지 않는다. 모든 논쟁은 요가수행자의 마음의 균형을 깨뜨려서 칫타citta를 방해한다. 방해는 결점이다. 논증과 추론은 예비 단계일 뿐이다. 그것들을 넘어선 것들이 있다. 삶 전체가 아이들 다툼과 토론회는 아니다.

'신에게 헌신한 결과의 포기'는 우리 자신이 칭찬에도 비난에도 빠지지 않고 양자를 주主에게 바치고서 고요함에 머무는 것이다.

2. _____ [크리야 요가(Kriyā Yoga)는] **사마디를** [발생시키고] **고통을 일으키는 장애들을 약화시킨다.**

우리 중 대부분은 마음이 원하는 것이 무엇이든지 간에 그것을 하는 버릇없는 아이들이다. 그러므로 마음에 대한 통제력을 획득하고 그것을 지배 하에 두기 위해서는 크리야 요가가 지속적으로 수행되어야만 할 필요가 있다. 요가의 장애는 통제력의 결핍에서 발생하고 우리에게 고통을 야기한다. 그것들은 마음을 통제하고 크리야 요가를 통해서 그것을 억제 하에 둠으로써만 제거될 수 있다.

3. ___ 고통을 일으키는 장애들은 무지, 자아의식, 집착, 혐오, 삶에 대한 애착이다.

　　　　　　　　　　이것들은 다섯 가지 종류의 고통 즉 우리를 묶는 다섯 가지 밧줄이다. 이것들 중 무지가 원인이고 다른 네 가지는 결과이다. 이것이 모든 불행의 유일한 원인이다. 그밖에 다른 무엇이 우리를 불행하게 만들겠는가? 참자아의 본성은 영원한 지복이다. 무지와 환각과 망상을 제외하고 무엇이 참자아를 슬프게 만들겠는가? 참자아에 있는 모든 고통은 단지 망상일 뿐이다.

4. ___ 무지는 뒤따라오는 모든 것의 생산지이다. 그것들이 잠들어 있든, 약화되어 있든, 제압되어 있든, 팽창되어 있든 [상관없이].

　　　　　　　　　　무지는 자아의식, 집착, 혐오, 삶에 대한 애착의 원인이다. 이 인상들은 상이한 상태들로 존재한다. 그것들은 때로는 잠들어 있다. 당신은 자주 '아기처럼 천진난만한'이라는 표현을 듣는다. 그러나 아기에게 점차 드러날 악마의 본성이 있을지도 모른다. 요가수행자에게 이 인상들 즉 과거의 행위들에 의해 남겨진 상스카라samskāra들은 약화되어 있다. 다시 말해서, 그것들의 힘이 상당히 약화되어 있다. 그래서 요가수행자는 그것들을 통제할 수 있어서 나타나지 않게 할 수 있다. '제압되어 있다'는 것은 때로 인상의 한 세트가 더 강한 것들에 의해 잠시 억제된다는 것을 의미한다. 그러나 그것들은 억제하는 그 원인이 제거되면 나타난다. 마지막 상태는 '확장된 것'으로, [*발현하는 데] 도움이 되는 주위 상황을 가진 상스카라들이 선하거나 악한 강렬한 활동을 하게 될 때이다.

5. ＿＿ 무지는 영원하지 않은 것, 부정한 것, 고통스러운 것, 참자아가 아닌 것을 [각각] 영원한 것, 순수한 것, 행복한 것, 아트만 즉 참자아로 생각하는 것이다.

　　　　　　　상이한 종류의 모든 인상들은 하나의 원천을 가진다. 그것은 무지이다. 우리는 처음에 무지가 무엇인지 배워야 한다. 우리 모두는 "나는 신체이지, 순수하고 찬란히 빛나며 영원한 지복인 참자아가 아니다."라고 생각한다. 이것이 무지이다. 우리는 참자아에 대해 생각하고 그것이 신체라고 받아들인다. 이것은 거대한 환영이다.

6. ＿＿ 자아의식asmitā은 보는 도구와 보는 자의 동일시이다.

　　　　　　　보는 자는 실제로 참자아, 유일자, 무한자, 불멸자이다. 이것이 인간의 참자아이다. 그렇다면 무엇이 도구들인가? 마음인 칫타citta, 판단능력인 붓디buddhi, [*하위의] 마음인 마나스manas, 감각 기관들인 인드리야indriya들이다. 이것들이 외부 세계를 보기 위한 참자아의 도구들이다. 그리고 참자아와 도구들의 동일시가 자아의식이라 불리는 것이다. 이것은 무지에서 발생한다. 우리는 "나는 마음이다." "나는 불행하다." "나는 화났다." 또는 "나는 행복하다."고 말한다. 우리가 어떻게 화날 수 있고 미워할 수 있는가? 우리는 우리 자신을 참자아와 동일시해야만 한다. 그것은 결코 변할 수 없다. 그것이 변할 수 없다면 어떻게 한순간 행복하고 한순간 불행할 수 있는가? 참자아는 형상이 없고 무한하고 편재한다. 무엇이 변할 수 있는가? 그것은 모든 법칙을 넘어선다. 무엇이 그것에 영향을 미칠 수 있는가? 우주에 존재하는 어떤 것도 그것에 영향을 미칠 수 없다. 그러나 무지를 통해서 우리는 자신을 마음과 동일시하고 즐거움과 고통을 느낀다고 생각한다.

7. ____ 집착은 즐거움에 머무는 것이다.

우리는 어떤 것에서 즐거움을 찾고 마음은 해류처럼 그것들을 향해 흘러간다. 말하자면 즐거움의 출처를 따르는 이것이 집착이라 불리는 것이다. 즐거움을 찾을 수 없는 것에는 결코 집착하지 않는다. 때로 우리는 매우 기묘한 것에서 즐거움을 발견한다. 그러나 즐거움을 발견하는 대상이 무엇이든지간에 우리는 그것에 집착한다는 원리는 변함이 없다.

8. ____ 혐오는 고통에 머무는 것이다.

혐오는 우리가 즉각 피하려 하는 고통을 주는 것이다.

9. ____ 삶에 대한 애착은 [과거의 죽음의 경험 때문에] 그것의 본성에 머무르는 것이고, 심지어 현자에게도 자리 잡고 있다.

이 삶에 대한 애착이 모든 생명체에게서 나타나는 것을 볼 수 있다. 이에 대한 근거는 사람들이 내세에 대한 이론을 세우려는 시도들을 해왔다는 것이다. 왜냐하면 사람들은 삶을 아주 좋아해서 내세도 원하기 때문이다. 물론, 이러한 논쟁이 그다지 가치 있는 것이 아니라는 것은 말할 필요도 없다. 그러나 서구의 나라들에서 삶에 대한 애착이 내세의 가능성을 나타낸다는 관념은 오직 사람에게만 적용될 뿐이지 동물을 포함하지는 않는다는 점이 그러한 이론에서 가장 호기심을 불러일으키는 부분이다.

인도에서 이 삶에 대한 애착은 전생의 경험과 존재를 증명하려는 논쟁들 중 하나이다. 예를 들자면, 우리의 모든 지식이 경험으로부터 왔다면, 우리가 전혀 경험해 보지 못한 것을 상상하거나 이해할 수 없다는 것은 확실하다. 닭들은 부화되자마자 모이를 쪼아 먹기 시작한다. 암탉이 오리를 부화시켰을 때, 오리는 알에서 나오자마자 물로 달려가고 암탉은 그 오리가 익사할 것이라고 생각하는 것을 여러 차례 보아 왔다. 경험이 지식의 유일한 원천이라면 병아리가 모이를 쪼거나 새끼 오리가 물이 자신의 자연적 요소라는 것을 어디에서 배웠을까? 그것이 본능이라고 말한다면, 그것은 아무 의미가 없다. 그것은 말일 뿐, 설명은 전혀 아니다. 이 본능은 무엇인가? 우리는 내면에 많은 본능을 가지고 있다. 예를 들자면, 당신들 중 피아노를 연주하는 사람은 처음에 배울 때 얼마나 주의 깊게 흑백의 건반 위에 차례로 손가락을 올렸는지 기억할 수 있을 것이다. 그러나 긴 세월의 연습 이후에 이제 손가락들이 기계적으로 연주하는 동안 당신은 친구들과 이야기를 나눌 수 있을 것이다. 연주가 본능

비베카난다의 요가수트라

적이게 되었다. 모든 일이 그러하다. 연습으로 그것은 본능적이고 자동적이게 되었다. 그리고 우리가 아는 한 현재 자동적이라 여기는 모든 경우는 이성이 약화된 것이다. 요가수행자의 언어로 본능은 이성과 연관되어 있다. 구별이 관련되어서 자동적인 상스카라samskāra들이 된다. 그러므로 우리가 이 세계에서 본능이라 부르는 것은 모두 불분명한 이성일 뿐이라고 생각하는 것은 완전하게 논리적이다. 이성은 경험 없이는 발생할 수 없기에, 모든 본능은 과거 경험의 결과이다. 병아리는 매를 두려워하고 새끼 오리는 물을 사랑한다. 이 둘은 과거 경험의 결과이다.

　　　　그렇다면 의문은 그 경험이 특별한 참자아에 속하는지, 단순히 신체에 속하는지, 바꿔 말해서 새끼 오리에게 발생한 이 경험이 선조 오리의 것인지, 오리 자신의 것인지 하는 것이다. 현대 과학은 이것이 신체에 속한다고 주장한다. 그러나 요가수행자들은 이것이 신체를 통해 전달된 마음의 경험이라고 주장한다. 이것은 윤회론이라고 불린다. 그것을 인식이라 부르든, 이성이라 부르든, 본능이라 부르든지 간에 모든 지식은 경험이라 불리는 그 하나의 통로를 통해서 발생해야만 하고, 우리가 지금 본능이라 부르는 모든 것은 퇴화되어서 본능이 된 과거 경험의 결과이며, 본능은 재생되어 다시 이성이 된다는 것을 우리는 보아왔다. 그리고 이것은 우주 전반에 걸쳐 그러하다. 이에 근거하여 인도에서는 윤회에 대한 주요한 주장들 중 하나를 확립해 왔다.

　　　　여러 가지 공포로 된, 되풀이되는 경험이 삶에 대한 애착을 낳는다. 이것이 아이가 본능적으로 두려워하는 이유이다. 즉 고통으로 된 과거의 경험이 그 속에 있기 때문이다. "걱정하지 마라. 우리는 수백 개의 신체를 가지고 있어 왔다. 참자아는 죽지 않아."라고 말하는, 이 신체가 소멸하게 된다는 것을 알고 있는 가장 박학한 사람들조차 그러하다. 다시 말해서, 그들의 지성적 확신에도 불구하고 그들에게서조차 우리는 여전히 삶에 대한 애착을 볼 수 있다. 거기에 왜 삶에 대한 애착이 있는가? 우리는 그것이 본능적이게 되었다는 것을 보아 왔다. 요가수행자들의 심리학적 언어로 그것은 상스카라가 되었다. 미세하고 숨겨진 상스카라들은 마음속에서 잠자고 있다. 우리가 본능이라 부르는, 죽음에 대한 이 모든 과거의 경험은 잠재의식이 된 경험들이다. 그것들은 칫타citta 속에 살아있고, 활동하지 않은 것이 아니라 [*칫타] 안에서 작용한다.

우리는 조대한 칫타 브릿티citta vṛtti들 즉 마음의 물결들을 인식하고 느낄 수 있다. 그것들은 더 쉽게 억제될 수 있다. 그러나 보다 미세한 본능들은 어떠한가? 어떻게 그것들을 억제할 수 있을까? 화를 낼 때 나의 온 마음은 거대한 분노의 파도가 된다. 나는 그것을 느끼고 보고 조절해 쉽게 다룰 수 있고, 그것과 싸울 수 있다. 그러나 그것의 원인들을 약화시킬 수 있을 때까지 나는 그 싸움에서 완전하게 성공할 수는 없을 것이다. 한 사람이 나에게 매우 혹독한 말을 하면, 나는 열 받고 있다는 것을 느끼기 시작한다. 그는 내가 완전히 화가 나서 나 자신을 잃고 화와 나를 동일시 할 때까지 계속한다. 그가 처음에 나를 모욕하기 시작했을 때 "화가 나려고 한다."고 나는 생각했다. 다시 말해서, 화와 나는 별개였다. 그러나 내가 화를 냈을 때 나는 화였다. 이러한 느낌은 싹일 때, 뿌리일 때, 미세한 형태일 때, 심지어 그것들이 우리에게 작용하고 있다는 것을 의식하기 전에 억제되어야만 한다. 대다수의 사람들에게 이 화의 미세한 상태는 심지어 알려지지도 않았다. 그 상태는 의식 아래에 있고, 거기로부터 화가 천천히 나타난다. 거품이 호수의 바닥으로부터 떠오르고 있을 때, 심지어 거의 수면 가까이 왔을 때조차 우리는 그것을 알지 못한다. 거품이 터져서 잔물결을 일으킬 때만 우리는 그것이 거기에 있다는 것을 안다. 우리가 미세한 형태로 있는 그것을 이해할 수 있을 때, 우리는 그 물결과 싸우는 데 성공할 수 있을 뿐일 것이다. 우리가 그것을 이해하고 그것이 조대하게 되기 이전에 그것을 가라앉힐 수 있을 때까지, 어떠한 화도 완전하게 정복할 수 있다는 희망은 전혀 없다. 화를 억제하기 위해서 우리는 바로 그 뿌리에서 화를 억제해야만 한다. 그때만이 우리는 그것의 종자들을 태울 수 있다. 땅에 뿌려진 튀겨진 종자는 결코 자라지 못할 것이다. 그와 마찬가지로 이 화도 절대 발생하지 않을 것이다.

10. ____ 미세한 상스카라samskāra들은 그것들 자신을 원인인 상태로 되게 함으로써 정복되어야 한다.

그 상스카라들은 명상으로 정신적 물결들이 파괴될 때조차도 남아 있는 미세한 인상들이다. 어떻게 이 상스카라들을 통제할 수 있을까? 결과를 원인으로 환원시킴으로써 가능하다. 결과인 칫타citta가 사마디samādhi를 통해서 그것의 원인인 아스미타asmitā 즉 '자아의 식'으로 환원될 때, 그때만이 한정적인 인상들이 그것과 함께 소멸된다.

11. ____ 그 [조대한] 작용들은 명상다라나(dhāraṇā)에 의해서 제거되어야 한다.

명상은 이 물결들의 발생을 통제하는 효과

적인 방법들 중 하나이다. 명상으로 이 정신적 물결들을 억제할 수 있다. 습관이 될 때까지, 자기도 모르게 일어나게 될 때까지, 여러 날, 여러 달, 여러 해 동안 명상을 계속 수행한다면, 화와 증오를 완전하게 통제하고 억제할 것이다.

12. ───── '행위들의 저장고'=잠재업는 그 뿌리가 앞서 말한 고통을 일으키는 장애=번뇌에 있다. 그리고 나중의 것=잠재업의 경험은 이 볼 수 있는 현재의 삶이나 보이지 않는 미래의 삶에 있다.

　　　　　　　　　　　'행위들의 저장고'는 상스카라samskāra들의 총합을 의미한다. 우리가 하는 어떠한 행위도 마음에 물결을 일으킨다. 행위가 끝난 후에 우리는 물결이 사라졌다고 생각한다. 그러나 그렇지 않다. 물결이 미세하게 되었을 뿐이다. 그것은 여전히 거기에 있다. 행위를 기억하려 할 때, 그것은 다시 나타나서 물결이 된다. 그런 식으로 그것은 거기에 있다. 그렇지 않다면 거기에 기억은 없었을 것이다. 그러므로 선하거나 악한 모든 행위, 모든 생각은 마음의 가장 깊은 층위로 들어가서 미세하게 되고 거기에 축적된 채 있다. 행복한 생각과 불행한 생각들은 '고통을 일으키는 장애들'이라고 불린다. 왜냐하면 요가수행자들에 따르면 양자는 결국 고통을 야기하기 때문이다. 감각들로부터 오는 모든 행복은 결국 고통을 야기할 것이다. 모든 즐거움은 더 많은 즐거움을 갈망하게 만들 것이고, 그 결과 그것은 고통을 불러일으킨다. 인간의 욕망에는 한계가 없다. 그는 계속해서 욕망하고, 욕망이 충족될 수 없는 지점에 이르게 되면 그 결과는 고통이다. 그러므로 요가수행자들은 선하거나 악한 인상들의 총합을 고통을 일으키는 장애들로 여긴다. 그것들은 참자아의 자유로 가는 길을 방해한다.

우리의 모든 행위들의 미세한 뿌리인 상스카라들은 현생이나 내생에서 결과들을 발생시킬 원인들로 간주되어야만 한다. 예외적인 경우, 이 상스카라들이 매우 강할 때, 그것들은 빠르게 결실을 맺는다. 비정상적으로 악하거나 선한 행위는 심지어 이 생에서 결실을 맺는다. 요가수행자들은 살아있는 동안 선한 상스카라들의 엄청난 힘을 획득할 수 있는 사람들은 죽을 필요가 없고 심지어 이생에서 그들의 신체를 신의 신체로 바꿀 수 있다고 생각한다. 요가수행자들은 자신들의 책에서 그러한 몇 가지 경우에 대해 언급하고 있다. 이 사람들은 바로 자신들의 물질적 신체를 변화시킨다. 더 이상 질병에 걸리지 않고, 우리가 죽음이라 부르는 것이 그들에게 다가가지 않는 그러한 방식으로 분자를 재배열한다. 왜 이것이 가능하지 않겠는가? 생리학적으로 음식을 먹는다는 것은 태양으로부터 오는 에너지의 흡수를 의미한다. 그 에너지는 처음에 식물 속으로 들어가고, 동물이 식물을 먹고, 인간이 동물을 먹는다. 과학적 용어로 이것은 우리가 태양으로부터 상당한 양의 에너지를 섭취하여서 우리 자신의 일부분으로 만든다는 것을 의미한다. 만약 그렇다면 왜 에너지를 흡수하는 방식이 단지 한 가지 방식뿐이겠는가? 식물의 방식은 우리와는 같지 않다. 땅의 에너지 흡수 과정은 우리 자신과 다르다. 그러나 모든 존재는 어떻게든 에너지를 흡수한다. 요가수행자들은 마음의 에너지만으로 에너지를 흡수할 수 있고, 일반적인 방법들에 의지하지 않고 자신들이 원하는 만큼 빨아들일 수 있다고 강력히 주장한다. 거미가 자신의 물질로 거미줄을 만들어 내고 그것에 의해 얽매여서 그 거미줄의 줄들을 따라 가는 것 외에 어느 곳으로도 갈 수 없는 것처럼, 그렇게 우리는 자신의 신체 물질로부터 신경계라 불리는 이 네트워크를 사출시켰고, 이제 우리는 이 신경통로들을 통하지 않고서는 행위할 수 없다. 요가수행자들은 우리가 그것들에 의해 얽매일 필요가 없다고 말한다.

다른 예를 들자면, 우리는 전기를 세계의 어느 곳으로도 보낼 수 있지만, 전선을 써서 보내야만 한다. 자연은 어떠한 전선도 전혀 없이 엄청난 양의 전기를 보낼 수 있다. 왜 우리는 그와 같이 할 수 없는가? 우리가 마음이라고 부르는 것은 전기와 꼭 같다. 신경액이 일정량의 전기를 가지고 있다는 것은 분명하다. 왜냐하면 그 액은 극성을 띠게 되고 전기의 모든 특성을 갖고 있기 때문이다. 그러면 우리는 오직 이 신경통로들을 통해서 우리의 전기를 보낼 수 있다. 왜 우리는 이러한 도움 없이 정신적 전기를 보낼 수 없는가? 요가수행자들은 이것이 완전하게 가능하고 실제로 할 수 있고, 이것을 할 수 있을 때 당신은 우주 전체를 움직일 것이다. 당신은 신경계의 도움 없이 어느 누구와도, 어느 곳에서도 일할 수 있을 것이다. 영혼이 이 신경통로들을 통해서 작용할 때 우리는 살아있다고 말하고, 그 통로들을 통한 작용이 그쳤을 때 죽었다고 말한다. 그러나 이 통로들로든 또는 이 통로들 없이든 행위할 수 있을 때 그에게 태어남과 죽음은 아무런 의미가 없게 될 것이다. 우주에 있는 모든 신체는 탄마트라tanmātra들로 이뤄져 있다. 신체들의 차이는 탄마트라들의 배열에 있다. 당신이 배열자라면 어찌 됐건 신체를 배열할 수 있다. 당신 말고 누가 이 신체를 만들겠는가? 누가 음식을 먹는가? 다른 사람이 당신을 위해서 음식을 먹는다면 당신은 오래 살지 못할 것이다. 누가 음식으로부터 혈액을 만드는가? 틀림없이 당신이다. 누가 혈액을 정화해서 정맥을 통해 보내는가? 당신이다. 당신이 신체의 주인이고 그 속에서 산다. 단지 활기를 되찾는 법에 대한 지식을 잃어버렸을 뿐이다. 그래서 우리는 기계적이게 되고, 퇴보하게 되었다. 신체 분자구조를 배열하는 과정을 잊어버렸다. 그러므로 우리는 반드시 해야 할 일을 알고서 해야만 한다. 우리는 주인이고 그 배열을 통제해야만 한다. 그것을 할 수 있게 되자마자 우리는 우리 자신을 재활성화할 수 있어서 태어나지도, 병에 걸리지도, 죽지도 않게 될 것이다.

13. ——— 그 근원들이 존재할 때, 과보는 출생, 수명, 즐거움과 고통에 대한 경험 [의 형태로] **나타난다.**

마음에 그 근원들, 원인들, 상스카라samskāra 들이 존재할 때, 그것들은 스스로 나타내고 결과를 형성한다. 약해지는 원인이 결과가 된다. 더 미세해지는 결과는 다음 결과의 원인이 된다. 나무에는 씨앗이 있고, 그것은 다른 나무 등의 원인이 된다. 현재 우리의 모든 행위는 과거 상스카라들의 결과이다. 또 다시 상스카라들이 된 이 행위들은 미래의 행위들의 원인이 될 것이고 우리는 계속해서 그렇게 한다. 그래서 이 경문에서는 다음과 같이 말한다. 원인이 거기에 있을 때, 과보는 존재로 된 종류의 형태로 틀림없이 온다. 어떤 이는 인간이, 또 어떤 이는 천사가, 다른 이는 동물이, 또 다른 이는 악마가 될 것이다. 그때 수명에 대한 카르마karma의 여러 가지 결과가 있다. 어떤 이는 50년을, 다른 이는 100

년을 살고, 또 다른 이는 2년이 지나서 죽어서 결코 성인이 되지 못한다. 수명에 있어서 이 모든 차이는 과거의 카르마에 의해 조절된다. 말하자면, 어떤 사람은 즐거움을 위해서 태어난다. 그가 자신을 숲속에 묻는다면, 거기서 그에게 즐거움이 생길 것이다. 다른 이는 그가 어디로 가든 고통이 발생할 것이다. 그에게는 모든 것이 고통이 된다. 그것은 모두 그들 자신의 과거의 결과이다. 요가수행자들의 철학에 따르면, 모든 선한 행위는 즐거움을 불러오고 모든 악한 행위는 괴로움을 불러온다. 사악한 행위를 한 어떠한 이들도 틀림없이 고통의 형태로 된 자신들의 과보를 거둘 것이다.

14. —— 그것들즉 행위들은 선과 악에 의해 발생되는 즐거움과 고통으로 결실을 맺는다.

15. —— 식별력이 있는 자에게 모든 것은, 말하자면, 고통이다. 왜냐하면 모든 것은 결과로서나 행복의 상실에 대한 예상으로서나 또는 행복의 인상들로부터 발생하는 새로운 갈망으로서나 어느 하나로서 고통을 일으키기 때문이고, 또한 구나guna들이 서로를 방해하기 때문이다.

　　　　　　　　요가수행자들은 다음과 같이 말한다. 식별력을 지닌 자 즉 양식이 있는 자는 즐거움이나 고통이라 불리는 모든 것의 본질을 간파한다. 그리고 그는 그것들이 모든 이에게 다가온다는 것을, 하나가 다른 것을 뒤따라가서 그 속으로 녹아들어간다는 것을 안다. 사람들은 자신들의 전 생애 동안 헛된 목표를 좇지만, 결코 자신들의 욕망을 충족시키는 데 성공하지 못한다. 위대한 왕 유디슈티라Yudhisthira는 언젠가 다음과 같이 말했다. 삶에서 가장 놀라운 일은 매순간 우리는 사람들이 우리 주위에서 죽고 있는 것을 보지만, 우리는 결코 죽지 않을 것이라고 생각한다는 것이다. 어리석은 이들이 사방으로 우리를 둘러싸고 있지만, 우리는 유일한 예외이고, 유일하게 학식 있는 사람이라고 생각한다. 모든 곳에서 변덕스러움을 경험하지만, 우리는 우리의 사랑이 유일하게 영원한 사랑이라고 생각한다. 어떻게 그렇게 될 수 있는가? 심지어 사랑은 이기적이기까지 하다. 결국 우리는 남편, 아내, 아이, 친구들의 사랑조차도 천천히 쇠락한다는 것을 틀림없이 알게 될 것이라고 요가수행자는 말한다. 쇠퇴한다는 것은 이 삶에서 모든 것을 움켜잡는다. 모든 것, 심지어 사랑조차도 사라져 없어진다는 것을 알 때에만, 사람은 이 세상이 얼마나 헛된지, 얼마나 꿈과 같은지 순식간에 알게 된다. 그때 그는 바이라기야_{vairāgya} 즉 집착하지 않음을, 초월적 존재를 언뜻 본다. 오직 이 세상을 포기함에 의해서만 다른 사람이 보인다. 이 세상에 의지함에 의해서는 결코 볼 수 없다. 위대함을 얻기 위해서 감각적 쾌락과 즐거움들을 거부할 필요가 없는 위대한 영혼은 아직 한 사람도 없었다. 고통의 원인은 자연의 여러 가지 힘들_{구나들} 사이의 충돌이다. 하나는 한쪽 방향으로 끌어당기고 다른 것은 다른 방향으로 끌어당겨서 영원한 행복이 불가능하게 만든다.

16. —— 아직 오지 않은 고통은 피해야 할 것이다.

　　　　　일부 카르마_{karma}는 우리가 이미 해결하였고, 일부는 우리가 현재의 삶에서 해결하고 있으며, 일부는 미래의 삶=내생에서 열매 맺기 위해 대기 중이다. 첫 번째 종류는 지나갔고 사라졌다. 두 번째 종류는 우리가 해결해야만 한다. 우리가 정복하고 통제할 수 있는 것은 미래=내생에 열매 맺기를 기다리고 있는 것뿐이다. 그래서 이 목적을 향해서 우리의 모든 힘을 쏟아야만 한다. 파탄잘리Patañjali가 제2장 제10경에서 상스카라samskāra들은 그 자신들을 원인인 상태로 되게 함으로써 통제되어야 한다고 말할 때 의미하는 바가 이것이다.

17. ＿＿ 피해야 할 그 [고통]의 원인은 보는 자와 보이는 자의 결합이다.

누가 보는 자인가? 인간의 참자아 즉 푸루샤Purusa이다. 무엇이 보이는 것인가? 마음으로부터 조대한 물질에 이르기까지의 전체 자연이다. 모든 즐거움과 고통은 푸루샤와 마음의 결합으로부터 발생한다. 이 철학에 따르면 당신이 기억해야만 하는 푸루샤는 순수하다. 자연과 결합하여서 그 안에 반영될 때, 그것이 즐거움과 고통을 느끼는 것처럼 보인다.

18. ＿＿ 요소와 감각 기관들로 이루어져 있고 조명과 활동, 불활성을 특성으로 갖는 보이는 자는 경험과 [보는 자]의 해탈을 목적으로 한다.

자연 즉 보이는 것은 조대 요소와 미세 요소, 기관들 즉 감각 기관들, 마음 등으로 이루어져 있고, 조명성삿트와(sattva), 활동성라자스(rajas), 불활성타마스(tamas)으로 특징지어진다. 무엇이 보이는 것, 즉 자연 전체의 목적인가? 그것은 푸루샤Purusa에게 경험을 주는 것이다. 이를 테면, 푸루샤는 자신의 권능, 신과 같은 본성을 잊어버렸다. 다음과 같은 이야기가 있다. 신들의 왕인 인드라Indra가 한때 돼지가 되어서 진창에서 뒹굴었다. 그는 암퇘지와 많은 새끼 돼지들을 거느리고 있었으며, 매우 행복했다. 그때 몇몇 신들이 그의 처지를 보고서 그에게 가서 말했다. "당신은 신들의 왕입니다. 모든 신을 당신의 명령 하에 두고 있습니다. 왜 여기에 있습니까?" 그러나 인드라는 다음과 같이 말했다. "신경 쓰지 마라. 나는 여기가 나무랄 데 없이 좋다. 내게 이 암퇘지가 있고 이 작은 돼지들이 있는 동안, 나는 천상을 돌보지는 않는다." 잠시 후에 그들은 모든 돼지를 차례로 도살하기로 결정했다. 모두 죽었을 때 인드라는 눈물을 흘리며 슬퍼하기 시작했다. 그때 신들이 그의 돼지 몸을 찢어 열자, 그가 돼지의 몸에서 나왔다. 그리고 상당히 흉측한 꿈을 꾸었다는 것을 깨달았을 때, 그는 웃기 시작했다. 그 꿈이란, 다시 말해서 신들의 왕인 그가 돼지가 되었고, 그 돼지의 삶이 유일한 삶이라고 생각했던 것이다! 그뿐 아니라 그는 우주 전체가 돼지의 삶을 살고 있는 그와 합쳐지길 원했던 것이다!

그와 마찬가지로 자연과 동일시될 때, 푸루샤는 자신이 순수하고 무한하다는 것을 잊는다. 푸루샤는 사랑하지 않는다. 그것은 사랑 그 자체이다. 그것은 존재하지 않는다. 그것은 존재 그 자체이다. 참자아는 알지 못한다. 그것은 지혜 그 자체이다. 참자아가 사랑한다, 존재한다, 또는 안다라고 말하는 것은 착각이다. 사랑함, 존재함, 앎은 푸루샤의 속성이 아니라 본질이다. 그것들이 무언가에 반영될 때, 당신은 그것들을 푸루샤의 속성들이라고 부른다. 그것들은 자신의 영광 속에 확립되어 있고 태어남과 죽음이 없는 푸루샤, 위대한 아트만, 무한한 참존재의 속성이 아니라 본질이다. 당신이 와서 푸루샤에게 "당신은 돼지가 아닙니다."라고 말했을 경우에, 그것이 꽥 소리를 내며 물기 시작하는 것은 매우 퇴보하게 된 것처럼 보인다.

그와 같이 그것은 이 마야māyā 즉 이 꿈의 세계 속에서 우리와 함께 있다. 거기서 그것은 모두 고통이고 울음이며 울부짖음이다. 그리고 거기에 몇 개의 황금공이 구르고 세상 사람들은 그것들을 서로 가지려 쫓아간다. 당신은 결코 법칙들에 의해 속박되지 않았다. 자연은 결코 당신을 속박하지 않는다. 이것이 요가수행자가 당신에게 말하는 바이다. 그것을 배우는 데 인내를 가져라. 그리고 요가수행자는, 자연과의 결합에 의해서 그리고 자신을 마음과 세계와 동일시함에 의해서 어떻게 푸루샤가 스스로 고통스럽다고 생각하는지 당신에게 보여 준다. 그런 다음 그는 당신에게 출구는 경험을 끝내는 것이라는 것을 보여 주는 데로 넘어간다. 당신은 이 모든 것을 경험해야만 한다. 그러나 빨리 끝내야만 한다. 우리는 이 망에 자신들을 두었다. 그래서 우리는 나와야만 한다. 우리는 자신들을 이 덫에 걸리게 했다. 그래서 우리는 자유를 쟁취해야만 할 것이다. 그러므로 남편, 아내, 친구, 어린 자식들로 된 이 경험을 하라. 당신이 진정 무엇인지를 결코 잊지 않는다면, 당신은 그것들을 안전하게 통과할 것이다. 이것은 일시적인 상태일 뿐이고 당신은 그것을 경험해야만 한다는 것을 결코 잊지 마라. 경험 즉 즐거움과 고통의 경험은 한 명의 위대한 스승이다. 그러나 그것은 단지 일시적일 뿐이라는 것을 알아라. 그것은, 모든 것이 작아지게 되고 푸루샤가 매우 거대해져서 전체 우주가 대양 속의 한 방울의 물처럼 보이게 되고, 그 자체의 비실재성에 의해 약화되는 그러한 상태로 한걸음씩 이끈다. 우리는 여러 가지 경험을 해야만 한다. 그러나 궁극적 목적을 잊지 말자.

19. ── 구나guṇa들의 상태는 명확히 드러난 것조대 요소, 불명확한 것미세 요소, 지시되기만 한 것우주적 지성, 단일한 것프라크리티(Prakṛti)이다.

앞서 얘기했듯이 요가 체계는 전적으로 상키야Sāṃkhya 철학 위에 세워졌다. 여기서 다시 나는 당신에게 상키야 철학의 우주론에 대해 상기시킬 것이다. 상키야 철학에 따르면, 자연은 물질이자 우주의 동력인이다. 자연에는 세 구나 즉 세 성분이 있다. 그것들은 삿트와sattva, 라자스rajas, 타마스tamas이다. 타마스는 어두운 모든 것, 즉 무지이고 무거운 모든 것이다. 라자스는 활동성이다. 삿트와는 고요하고 가볍다. 전개 이전에 자연은 분명하지 않거나 나뉘어져 있지 않은 미현현이라고 불린다. 다시 말해서, 형상이나 이름의 구별이 없는 상태이고 세 구나가 완전하게 균형 잡혀 있는 상태이다. 그때 균형이 깨져서 세 구나가 다양한 방식으로 섞이기 시작하고 그 결과는 우주가 된다.

또한 모든 인간에게 세 구나가 존재한다. 삿트와가 지배적일 때 지식이, 라자스가 지배적일 때 활동성이, 타마스가 지배적일 때 어두움, 무기력, 게으름, 무지가 나타난다. 상키야 이론에 따르면 세 구나로 이루어진 자연의 최고의 현현은 마하트mahat 즉 지성이라 불린다. 인간의 지성은 이 지성의 한 부분이다. 상키야 심리학에서는 마나스manas 즉 [*하위의] 마음의 작용과 붓디buddhi 즉 지성의 작용 사이에는 뚜렷한 차이가 있다. 마음의 작용은 단순히 외부의 인상들을 모으는 것이고 그것들을 붓디 즉 그것들에 대해 결정하는 개인의 마하트에게 제공하는 것이다. 마하트로부터 자아의식asmitā이 나오고, 그것으로부터 다시 미세 요소tanmātra들이 나온다. 미세 요소들은 결합하여서 외계 우주인 조대한 물질=조대 요소(pañca mahā bhūta)들이 된다. 상키야 철학의 주장은 지성으로부터 돌덩어리에 이르기까지 모든 것은 하나의 실체의 산물들이다. 오직 존재의 더 미세하거나 조대한 상태에 따라 달라진다. 더 미세한 것이 원인들이고, 더 조대한 것이 결과들이다. 상키야 철학에 따르면, 푸루샤Puruṣa는 자연 전체를 넘어서 있고, 전혀 물질이 아니다. 푸루샤는 붓디와도, 마음과도, 탄마트라들과도, 조대 물질들과도, 그 밖의 다른 어떤 것과도 유사하지 않다. 푸루샤는 이것들 중 어떤 것과도 유사하지 않다. 그것은 완전히 분리되어 있고, 그 본성에 있어서 완전히 다르다. 더 나아가 상키야는 푸루샤가 조합의 결과가 아니기 때문에 불멸임에 틀림없다고 주장한다. 조합의 결과가 아닌 것은 죽을 수 없다. 상키야에 따르면 푸루샤들은 그 수가 무한하다.

구나들의 상태는 명확히 드러난 것, 불명확한 것, 지시되기만 한 것, 단일한 것이라고 말하는 그 경문을 이제 우리는 이해해야만 한다. '명확히 드러난 것'은 우리가 감지할 수 있는 조대 요소들을 의미한다. '불명확한 것'은 보통 사람들이 감지할 수 없는 매우 미세한 물질 즉 탄마트라들을 의미한다. 그러나 파탄잘리Patañjali는 당신이 요가를 수행한다면 얼마 후에 지각력이 매우 미세하게 되어서 실제로 탄마트라들을 보게 될 것이라고 말한다. 예를 들자면, 모든 사람은 자신의 둘레에 특정한 빛을 발산한다는 것을 당신은 들어봤을 것이다. 모든 생명체는 특정한 빛을 방사하고, 요가수행자는 자신이 이것을 볼 수 있다고 말한다. 우리는 모두 그것을 보지 못하지만 꽃이 우리가 냄새 맡을 수 있도록 계속해서 미세한 입자들을 내보내는 것처럼 이 탄마트라들을 내뿜는다.

일상의 삶에서 우리는 수많은 선과 악을 발산하고, 어디에 가든 분위기는 이 물질들로 가득 차 있다. 그것이 사원과 교회를 지을 생각이 인간의 마음에 무의식적으로 발생하는 방식이다. 왜 인간들은 신을 숭배하기 위해서 교회를 지어야만 하는가? 왜 어디에서나 신을 숭배하지 못하는가? 설령 그 이유를 알지 못하더라도 신을 숭배하던 장소는 좋은 탄마트라들로 가득 차게 될 것이라는 것을 사람들은 안다. 매일 사람들은 거기에 가고, 더 많이 갈수록 더 독실해지고 그 장소는 더 신성해진다. 자신 속에 삿트와가 그다지 많지 않은 어떤 사람이 거기에 간다면 그 장소는 그에게 영향을 미쳐서 그의 삿트와성을 높일 것이다. 그러므로 여기에 모든 사원과 성스러운 장소의 중요성이 있다. 그러나 그것들의 신성성은 경건한 사람들이 거기에 모이는 데 달려 있다는 것을 기억해야만 한다. 사람과 함께하는 어려움은 그가 원래의 의미를 잊어버리고 말 앞에 마차를 두는 것이다. 이 장소들을 신성하게 만드는 것은 사람이고, 그런 다음 그 결과가 원인이 되어서 사람들을 신성하게 만든다. 오직 사악하기만 한 사람이 거기에 간다면, 그 곳은 다른 장소들만큼 나쁘게 될 것이다. 교회를 만드는 것은 건물이 아니고 사람들이다. 그리고 이것은 우리가 언제나 잊어버리는 것이다. 그것이 이 삿트와성을 많이 가진 성자와 신성한 사람들이 그 성분을 내뿜을 수 있고 그들 주변에 밤낮으로 막대한 영향력을 발휘할 수 있는 이유이다. 어떤 사람이 매우 순수하다면 그의 순수성은 만질 수 있게 될 것이다. 그와 접촉하는 사람이 누구이든지 간에 순수하게 될 것이다.

다음, '지시되기만 한 것'은 우주적인 붓디 즉 우주적 지성을 의미한다. 이것이 자연의 첫 번째 현현이다. 이것으로부터 다른 현현들이 전개된다.

마지막으로 '단일한 것', 즉 자연이다. 이 지점에서 현대 과학과 종교들 사이에 커다란 차이가 있는 것 같다. 모든 종교는 우주가 지성으로부터 나왔다고 말한다. 개성에 대한 모든 생각은 제쳐 놓고 심리적 중요성에서 지성이라는 단어를 이해한다면, 신에 대한 이론은 창조의 순서에 있어서 지성이 처음에 나오고 지성으로부터 우리가 조대 물질이라 부르는 것이 나왔다는 것이다. 현대의 과학자들은 지성이 마지막에 발생한다고 말한다. 그들은 비지성적인 것들이 서서히 동물들로, 동물들이 사람들로 진화했다고 말한다. 그들은 모든 것이 지성으로부터 나왔다고 하지 않고 지성 그 자체가 마지막에 발생한다고 주장한다. 종교적 진술과 과학적 진술 양자는 서로 직접적으로 상반되는 것처럼 보이지만 진실이다. 무한 연속을 생각해 보라. A-B-A-B-A-B 등등. 질문은 A 또는 B, 어느 것이 우선하는가이다. 그 연속을 A-B로 생각하면 당신은 A가 우선한다고 말할 것이다. 그러나 B-A로 그것을 받아들이면, B가 우선한다고 말할 것이다. 이것은 당신이 그것을 바라보는 방식에 달려 있다. 지성은 전개되어서 조대한 물질이 된다. 이것은 다시 지성이 된다. 그러한 과정이 계속된다. 상키야의 추종자들과 다른 종교의 사람들은 지성을 첫 번째로 둔다. 그래서 그 연속은 지성 그리고 그 다음이 물질이 된다. 과학적인 사람들은 손가락을 물질 위에 올려두고 물질이 먼저 오고 다음에 지성이 온다고 말한다. 그들 모두 동일한 연쇄를 가리키고 있다. 그러나 힌두 철학에서는 지성과 물질 양자를 초월한다. 그리고 푸루샤 즉 지성을 넘어서 있는 참자아를 찾는다. 지성은 단지 푸루샤의 빛을 빌린 것일 뿐이다.

비베카난다의 요가수트라

20. ───── 보는 자는 지성력일 뿐이고 순수하지만, 지성붓디(buddhi)의 물듦을 통해
서 본다.

이것은 다시 상키야Sāmkhya 철학이다. 우리
는 동일한 철학에서, 가장 낮은 형태로부터 지성에 이르기까지 모든 것이
자연이라는 것을 보았다. 아무런 속성이 없는 푸루샤Purusa들은 자연을 넘
어서 있다. 그렇다면 어떻게 푸루샤가 행복하거나 불행해 보이는가? 반영
에 의해서이다. 빨간색 꽃이 순수한 수정 조각 근처에 놓이면, 그 수정은
붉게 보인다. 유사하게 참자아에서 행복과 불행이 나타나는 것은 단지 반
영일 뿐이다. 참자아 자신은 어떠한 물듦도 없다. 참자아는 자연으로부터
분리되어 있다. 자연과 참자아는 별개의 것이고, 영원히 분리되어 있다.
상키야는 지성이 혼합물이고 성장하고 쇠퇴하며 신체가 변하는 것과 꼭
마찬가지로 변화하고 그것의 본질은 신체의 본질과 거의 동일하다고 말
한다. 손톱과 신체의 관계처럼 신체도 지성과 그런 관계이다. 손톱은 신체
의 일부분이지만 그것은 수백 번 깎여질 수 있고 신체는 여전히 유지될 것
이다. 유사하게 지성은 수백억 년 지속되는 반면, 이 신체는 쇠퇴하고 벗
어던져질 수 있다. 그러나 지성이 불멸일 수는 없다. 왜냐하면 그것은 변
화하고 성장하고 쇠퇴하기 때문이다. 변화하는 것은 어떤 것도 불멸할 수
없다. 틀림없이 지성은 만들어진 것이다. 바로 그 사실이 우리에게 그것을
넘어선 무언가가 있음에 틀림없다는 것을 보여 준다. 그것은 자유로울 수
없다. 물질과 연관된 모든 것은 자연 속에 있고, 그러므로 영원히 속박되
어 있다. 누가 자유로운가? 자유는 분명히 원인과 결과를 넘어서 있음에
틀림없다.

자유라는 관념이 환영이라고 당신이 말한다면, 나는 속박이라는 관념 또한 환영이라고 말할 것이다. 두 가지 사실이 우리의 의식 속에서 발생하여서 서로 운명을 같이 한다. 이것들이 속박과 자유라는 우리의 관념이다. 우리가 벽을 통과하기를 원해서 벽에 머리를 부딪친다면, 벽이 우리를 제약하고 있다는 것을 알게 된다. 동시에 우리는 우리가 의지를 가지고 있고 그 의지를 모든 곳으로 향하게 할 수 있다고 생각한다는 것을 발견한다. 사사건건 이 상반된 관념들이 우리에게 다가온다. 우리는 우리가 자유롭다고 믿어야만 하지만, 매 순간 우리가 자유롭지 않다는 것을 발견한다. 한쪽 관념이 환영이라면 다른 쪽 관념 또한 환영이고, 한쪽 관념이 진실이라면 다른 쪽 관념 또한 진실이다. 왜냐하면 양자는 동일한 근거 즉 경험 위에 서 있기 때문이다.

요가수행자는 양자가 모두 진실이라고 말한다. 다시 말해서, 지성buddhi에 관한 한 우리는 속박되어 있지만, 참자아에 관한 한 자유롭다. 참자아 즉 푸루샤의 진정한 본성은 인과의 법칙을 넘어서 있다. 그것의 자유는 다양한 형태의 물질의 층위들에, 지성, 마나스 등에 스며들어 있다. 그것의 빛은 모든 것을 관통하여 비춘다. 지성은 자신의 빛을 가지고 있지 않다. 각 감각 기관은 뇌에 특별한 센터를 가지고 있다. 모든 감각 기관에 대해 하나의 센터만이 있는 것은 아니다. 각 감각 기관은 분리되어 있다. 왜 모든 인식들은 조화를 이루고 있는가? 어디서 그들은 통합되는가? 그 센터가 뇌에 있다면 눈, 코, 귀 등 모든 기관이 오직 하나의 센터만을 가지는 것이 필요할 것이다. 그런데 우리는 각각의 감각 기관들에 대한 센터가 여럿 있다는 것을 확실히 안다. 사람은 보는 동시에 들을 수 있다. 그러므로 지성 뒤에 통합체가 있음에 틀림없다. 지성은 뇌와 관련되어 있지만, 지성조차도 뒤에 푸루샤 즉 통합체가 있다. 거기서 모든 상이한 감각과 인식이 결합되어서 하나가 된다. 참자아 자신이 모든 상이한 인식들이 수렴되고 합쳐지게 되는 센터이다. 그 참자아는 자유이고, 매순간 당신에게 당신은 자유롭고 속박되어 있지 않다고 말해주는 것은 참자아의 자유이다. 그러나 당신은 판단착오로 그 자유를 지성과 마음과 동일시한다. 당신은 그 자유가 지성에서 기인한다고 생각하려 노력하자마자 곧 지성이 자유롭지 않다는 것을 안다. 자유가 신체에서 기인한다고 생각하려 노력하자마자 곧 자연은 다시 당신이 잘못 생각하고 있다고 말한다. 이것이 자유와 속박으로 된 이러한 혼합된 감정이 동시에 있는 이유이다. 요가수행자는 무엇이 자유이고 무엇이 속박인지 양자 모두를 분석하므로 그의 무지는 사라진다. 그는 푸루샤가 자유롭다는 것이 그 지식의 핵심이라는 것을 안다. 붓디를 통해서 오는 그 지식은 지성이 되고 그것 자체는 속박이다.

21. ____ 보이는 것즉 프라크리티(Prakrti)의 본성[에서 발생하는 변화]는 그즉 푸루샤(Puruṣa)를 위한 것이다.

프라크리티는 그 자신이 아무런 능력을 가지고 있지 않다. 푸루샤가 가까이 있는 한 프라크리티는 능력을 가진 것처럼 보인다. 그러나 그 능력은 빌려 온 것이다. 마치 달빛이 빌려 온 것이듯이. 요가수행자들에게 현현된 전체 우주는 프라크리티 자체로부터 왔다. 그러나 프라크리티는 푸루샤를 자유롭게 하는 것을 제외한 어떠한 목적도 없다.

22. ———— 프라크리티Prakrti는 목적을 성취한 자에 대해서는 파괴될지라도, 다른
      자들에게는 공통되기 때문에 그들에 대해서는 파괴되지 않는다.

                    자연의 활동 전체는 참자아가 자신이 자연
으로부터 완전하게 분리되어 있다는 것을 알게 만드는 것이다. 참자아가
이것을 알 때, 자연은 참자아에 대한 더 이상의 끌어당김은 없다. 그러나
전체 자연은 오직 자유롭게 된 자에게만 사라진다. 거기에는 언제나 무한
한 수의 자유롭게 되지 못한 자들이 남아 있을 것이고, 그들에 대해서 자
연은 계속해서 작용을 할 것이다.

23. ———— [프라크리티(Prakrti)와 푸루샤(Puruṣa)의] 결합은 보이는 것과 그것의 주主 양자
      모두의 능력들이라는 본성에 대한 깨달음의 원인이다.

                    이 경문에 따르면, 참자아와 자연즉 경험하는 자
와 경험되는 것 양자의 능력은 그들즉 참자아와 자연이 결합될 때 현현된다. 그때 현
상적 우주가 현현된다. 무지는 결합의 원인이다. 우리는 고통이나 즐거움
의 원인이 언제나 우리 자신을 신체와 결합시키는 것이라는 사실을 매일
본다. 내가 이 신체가 아니라는 것을 완전하게 확신한다면, 나는 뜨거움과
차가움 또는 그러한 모든 종류에 대해 알아차리지 못할 것이다. 이 신체는
조합물이다. 나는 하나의 신체를 가지고 있고, 당신은 다른 것을, 태양은
또 다른 것을 가지고 있다고 말하는 것은 허구일 뿐이다. 우주 전체는 물
질로 된 하나의 대양이고 당신도 작은 조각의 이름이고, 나도 다른 조각의

비베카난다의 요가수트라

이름이고, 태양도 또한 다른 조각의 이름이다. 우리는 이 물질이 계속해서 변화한다는 것을 안다. 어느 날 무언가가 태양을 만들고, 그 다음날 우리의 신체라는 물질을 만들었을 것이다.

24. ___ 무지는 그것의 원인이다.

　　　　　　　　무지를 통해서 우리는 자신을 특별한 신체와 결합한다. 그래서 스스로를 고통에 개방한다. 신체에 대한 이 관념은 단지 미신일 뿐이다. 이것이 우리를 행복하거나 불행하게 만드는 미신이다. 이것이 우리가 뜨거움과 차가움, 고통과 즐거움을 느끼게 만드는 무지에서 기인하는 미신이다. 이 무지를 극복하는 것이 우리의 의무이다. 특정한 정신적 상태에 있는 어떤 사람이 불태워지지만 여전히 고통을 느끼지 못하는 것이 입증되어 왔다. 그러나 마음의 이러한 갑작스런 고양은 일 분간의 회오리바람처럼 발생하였다가 다음 순간 사라져버린다. 그러나 우리가 요가를 통해서 그것을 얻는다면 신체에서 참자아를 영원히 분리시킬 수 있을 것이다.

25. ___ 그것즉 무지이 없기 때문에 결합도 없다. 이것이 무지의 파괴이고, 이것이 보는 자의 독존이다.

　　　　　　　　요가 철학에 따르면, 참자아가 자연과 결합하게 된 것은 무지를 통해서이다. 목표는 우리에 대한 자연의 통제력을 제거하는 것이다. 그것은 모든 종교의 목표이다. 각각의 참자아는 잠재적으로 신성하다. 목표는 외적, 내적 자연을 통제함으로써 내부에 있는 이 신성성을 드러나게 하는 것이다. 일이든 숭배든 심령적 통제=프라나(prāṇa)의 통제든 철학이든 어느 하나로 또는 더 많은 것으로나 이 모든 것으로 이것을 하라. 그러면 자유로워진다. 다시 말해서, 하나나 더 많이 또는 이 모두를 하라. 교전이나 교의, 의례, 서적, 사원, 형상들은 단지 부차적으로 상세한 것들일 뿐이다.

요가수행자는 심령적 통제를 통해서 이 목표에 도달하려고 노력한다. 자연으로부터 우리 자신을 자유롭게 할 수 있을 때까지, 우리는 노예이다. 자연이 명령하는 대로 우리는 그렇게 해야만 한다. 요가수행자는 마음을 통제하는 자는 물질도 통제한다고 주장한다. 내부의 자연은 외부의 자연보다 훨씬 더 미세하여서 훨씬 더 맞잡고 겨루기 어렵고, 통제하기 훨씬 더 어렵다. 그러므로 내부의 자연을 정복하는 자는 전체 우주를 통제할 수 있다. 우주는 그의 하인이 될 것이다. 라자 요가Rāja Yoga는 이 통제력을 획득하는 방법들을 제기한다. 물질적 자연에서 우리가 아는 어떤 것보다 미세한 힘들을 정복해야만 할 것이다. 이 신체는 단지 마음의 외부적 껍질일 뿐이다. 그것들은 상이한 두 가지가 아니다. 그것들은 마치 굴과 그것의 껍질과 같다. 그것들은 하나의 두 면일 뿐이다. 굴의 내부의 구성 요소는 외부로부터 물질을 취하여 껍질을 만든다. 동일한 방식으로 마음을 구성하는 내적인 미세한 힘들은 외부로부터 조대한 물질을 취하여 그것으로부터 그의 외적 껍질 즉 신체를 만들어 낸다. 그때 우리가 내부에 대한 통제력을 갖는다면, 외부를 통제하는 것은 매우 쉽다. 게다가 이 힘들은 다르지 않다. 어떤 힘들은 물질적이고, 다른 어떤 힘들은 정신적이지는 않다. 물질적 힘들은 미세한 힘들의 조대한 현현들일 뿐이고, 이와 꼭 마찬가지로 물질적 세계는 단지 미세한 세계의 조대한 현현일 뿐이다.

26. ─── 무지를 파괴하는 수단들은 식별의 중단 없는 수행이다.

이것이 수행의 진정한 목표이다. 실재와 비실재 사이에 대한 식별이란 푸루샤Puruṣa는 자연이 아니고, 푸루샤는 물질도 아니고 마음도 아니며, 푸루샤는 자연이 아니기 때문에 결코 변할 리없다는 것을 아는 것이다. 결합하고 재결합하고 계속해서 해체되는 것은 오직 변화하는 자연뿐이다. 지속적인 수행을 통해서 우리가 식별하기 시작할 때 무지는 사라지게 될 것이고 푸루샤는 그 자신의 실제 본성인 전지, 전능, 편재함을 빛내기 시작할 것이다.

27. ─── 그의 지식은 일곱 가지 최고의 단계에서 획득된다.

이 지식이 발생할 때, 이 지식은 말하자면 일곱 단계의 순서로 발생한다. 이것들 중 하나를 획득하게 되면 우리가 지식을 얻고 있다는 것을 안다. 첫째 단계에서는 우리가 알아야 할 것을 알게되었다고 느끼게 될 것이다. 마음은 불만족하게 되기를 그칠 것이다. 지식을 갈망한다는 것을 자각하는 한 우리는 여기저기에서 그것을 얻으려 하고, 생각하는 어디에서나 우리는 약간의 진리를 얻을 수 있으며, 그것을 발견하는 데 실패하면 우리는 불만족하게 되어서 새로운 방향으로 찾는다. 지식은 우리 자신 내에 있고 아무도 우리를 도와줄 수 없으며 스스로 도와야만 한다는 것을 인식하기 시작할 때까지 모든 추구는 헛되다. 식별의 힘을 발달시키기 시작할 때 우리가 진리에 가까워지고 있다는 첫째 징표는 이 불만족스러운 상태가 사라지게 될 것이라는 것이다. 진리를 발견하고 그것이 진리 외에 다른 무언가일 리가 없다는 것을 우리는 확신하게 될 것이다. 우리는 그때 우리를 위해서 태양이 떠오르고 아침이 밝아 오고 있다는 것을 알 것이다. 그래서 우리는 용기를 가지고 목표에 도달할 때까지 꾸준히 계속해야만 한다.

둘째 징표는 모든 고통이 없는 상태일 것이다. 우주에 있는 어떤 것도 내적으로나 외적으로 우리에게 고통을 주는 것이 불가능하게 될 것이다. 셋째는 완전한 지식의 획득이 될 것이다. 전지全知함이 우리의 것이 될 것이다. 넷째는 식별을 통해서 모든 의무들을 종료하는 데 도달하는 것이 될 것이다. 다음은 칫타citta의 자유라 부르는 것이 발생할 것이다. 산의 정상으로부터 계곡으로 굴러 떨어져서 결코 다시 올라오지 않는 한 개의 돌멩이처럼, 모든 어려움과 고투 즉 마음의 모든 동요가 사라지게 된다는 것을 깨닫게 될 것이다. 그 다음으로 칫타는 우리가 그와 같이 원할 때면 언제나 자신의 원인 속으로 녹아서 사라질 수 있다는 것을 알게 될 것이다.

마지막으로 우리는 우리의 참자아에 확립되고 우리 속의 참자아는 우주 전반에 걸쳐 홀로 존재하며 신체도 마음도 지금까지 참자아와 연관된 적이 없다는 것, 더군다나 결합된 적이 있을 리 만무하다는 것을 우리는 발견하게 될 것이다. 그것들은 자신들만의 방식으로 작용하고 있었고, 우리는 무지를 통해서 참자아와 그것들을 결합시켰다. 그러나 우리는 전능하고 편재하고 영원한 지복 상태로 홀로 존재해 왔다. 우리 자신의 참자아는 매우 순수하고 완전해서 다른 것이 필요 없다. 우리를 행복하게 만들기 위해서 다른 무언가가 필요하지 않다. 왜냐하면 우리는 행복 그 자체이기 때문이다. 이 지식은 다른 무언가에 의존하고 있지 않다는 것을 우리는 알게 될 것이다. 우주 전체에 이 지식 앞에서 찬란히 빛나게 될 것은 아무것도 없다. 이것이 마지막 단계가 될 것이다. 그래서 요가수행자는 평화롭고 고요하게 되어서 결코 더 이상 어떠한 고통도 느끼지 않고, 결코 다시는 현혹되지 않을 것이며, 결코 불행에 영향받지 않게 된다. 그는 영원히 지복 상태이고 영원히 완전하며 전능하다는 것을 알게 될 것이다.

28. ―― 요가의 여러 부분에 대한 수행을 통해서 불순물들이 파괴되고 지식이 빛나게 되어서 식별로 향하게 된다.

　　　　　　　　　이제 실제적인 수행들을 하게 되었다. 우리가 이제껏 말해 온 것은 매우 어렵다. 이것은 우리 머리를 훨씬 넘어서 있다. 그러나 그것은 궁극적 목표이다. 필요한 첫 번째 것은 신체와 마음에 대한 통제력을 획득하는 것이다. 그러면 궁극적 목표에 대한 깨달음은 쉬워지게 될 것이다. 궁극적 목표가 알려졌고 이제 남은 것은 그것에 도달하는 방법을 수행하는 것이다.

29. ―― **야마**yama, 금지하는 규율, **니야마**niyama, 권하는 규율, **아사나**āsana, 요가 자세, **프라나야마**prāṇāyāma, 호흡법, **프라티야하라**pratyāhāra, 감각 기관의 제어, **다라나**dhāraṇā, 집중, **디야나**dhyāna, 명상, **사마디**samādhi, 삼매는 요가의 여덟 개

의 가지=지분(支分)이다.[02]

30. _____ 불상해, 진실, 불투도, 성적 금욕, [증여물들을] 받지 않음=무소유은 야마
yama라고 불린다.

완전한 요가수행자가 되기를 원하는 사람은
성性에 대한 생각을 포기해야만 한다. 참자아는 성이 없다. 왜 성에 대한
생각들로 참자아가 자신을 모욕해야만 하는가? 나중에 우리는 왜 이러한
생각들을 포기해야만 하는지를 더 잘 이해하게 될 것이다. 증여자의 마음
은 증여물들을 받는 사람의 마음에 영향을 준다. 그러므로 받는 자는 타락
하게 될 가능성이 있다. 증여물을 받는 것은 마음의 독립성을 파괴하는 경
향이 있고 우리를 비굴하게 만든다. 그러므로 어떠한 증여물도 받지 마라.

31. _____ 시간, 장소, 목적, 카스트 규율에 의해 방해받지 않는 이것들은 보편적
인 위대한 서약이다.

이 수행법들 즉 불살생, 진실, 불투도, 동정,
[*증여물들을] 받지 않음은 모든 요가수행자, 다시 말해서 남녀 또는 어린이에
의해 수행되어야만 하는 것이다. 또한 민족, 국가 또는 지위에 관계없이
모든 사람에 의해 수행되어야만 하는 것이다.

---

02 [옮긴이 주] 야마(yama)=금계, 니야마(niyama)=권계, 아사나(āsana)=좌법, 프라나야마
(prāṇāyāma)=조식, 프라티야하라(pratyāhāra)=제감, 다라나(dhāraṇā)=총지, 디야나
(dhyāna)=정려, 사마디(samādhi)=삼매.

비베카난다의 요가수트라

32. —— 내적, 외적 청정, 만족, 고행, 학습, 신에 대한 숭배는 권계니야마(niyama)
이다.

외적 청정은 신체를 청결하게 유지하는 것
을 의미한다. 더러운 사람은 결코 요가수행자가 될 수 없을 것이다. 거기
에는 내적 청정 또한 있어야만 한다. 이것은 제1장 제33경에서 명명된 덕
목들에 대한 수행을 통해서 얻어진다. 물론 내적 청정은 외적 청정보다 훨
씬 더 가치가 있다. 그러나 양자 모두 필요하고 내적 청정 없는 외적 청정
은 가치가 없다.

33. —— 요가에 방해가 되는 생각들이 일어날 때 반대되는 생각을 이용해야만
한다.

그것이 언급해 온 덕목들을 수행해야 하는
이유이다. 예를 들자면, 화의 큰 파도가 마음에 일어나면 우리는 그것을
어떻게 통제할 수 있을까? 상반된 파도를 일으킴으로써 가능하다. 사랑에
대해 생각하라. 때로 어떤 어머니가 자신의 남편에게 매우 화가 나 있고,
그녀가 그 상태에 있을 때 아기가 들어오면 그녀는 아기에게 뽀뽀를 한다.
오래된 파도는 소멸되어 없어지고 새로운 파도 즉 아이에 대한 사랑이 일
어난다. 그것은 다른 것을 억누른다. 사랑은 화에 반대되는 것이다. 유사
하게, 훔치고 싶은 생각이 들 때 불투도에 대해 생각해야만 하고, 증여물
들을 받으려는 생각이 들 때 그것을 반대되는 생각으로 대체해야만 한다.

34. —— 요가의 장애들은 살생, 거짓말 등으로, 이것들은 저지르게 되든지 초래

되든지 승인되든지 한 것이고, 탐욕이나 분노 또는 무지를 통해서 발생하고, 작든지 중간이든지 크든지 한 것이다. 그것들은 무한한 무지와 고통을 낳는다. 이것이 반대의 것을 생각하는 [방법]이다.

거짓말을 하는 것이나 다른 사람이 어떤 이에게 거짓말을 하도록 만들거나 또는 다른 사람이 거짓말을 하는 것을 승인하는 것은 모두 똑같이 죄가 된다. 매우 가벼운 거짓말 역시 거짓말이다. 모든 사악한 생각은 되돌아올 것이고, 당신이 마음에 품어 왔을지 모를, 심지어 동굴에 있으면서도, 모든 증오의 생각은 축적되며, 어느 날 어떠한 고통의 형태로 된 거대한 힘으로 여기 당신에게 돌아올 것이다. 당신이 증오와 질투를 표출하면 그것들은 몇 갑절로 당신에게 되돌아올 것이다. 어떠한 힘도 결코 그것들을 피할 수 없다. 일단 그것들을 작동시키면, 당신은 그것들의 결과를 견뎌야만 할 것이다. 이것을 기억하면 당신은 사악한 일을 저지르지 않을 수 있을 것이다.

35. ____ 요가수행자가 불상해不傷害를 확립할 때, [다른 이들의] 모든 적의가 그의 앞에서 그친다.

만약 어떤 이가 다른 사람을 해하지 않음의 전형을 깨닫는다면, 그의 앞에서 심지어 천성이 포악한 동물들조차도 평화롭게 될 것이다. 그 요가수행자 앞에서 호랑이와 새끼양이 함께 놀 것이다. 당신이 이 상태에 도달하게 될 때, 그때만이 당신은 자신이 불상해를 단단히 확립하게 되었다는 것을 이해할 것이다.

36. ——— 진실을 확립함으로써 요가수행자는 자신과 타인들을 위해서 노력함 없이 노력의 결실들을 획득하는 힘을 얻는다.

이 진실의 힘이 당신 속에 확립될 때, 그때 당신은 꿈속에서조차도 결코 거짓을 말하지 않을 것이다. 당신은 생각과 말과 행위에서 진실할 것이다. 당신이 무엇을 말하든지 진실일 것이다. 당신이 어떤 이에게 "축복 받으세요."라고 말한다면 그 사람은 축복받게 될 것이다. 어떤 이가 질병에 걸려 있고 당신이 그에게 "그대, 나으세요."라고 말한다면, 그는 즉시 치유될 것이다.

37. ——— 도둑질하지 않음불투도을 확립함으로써 요가수행자는 모든 부富를 획득한다.

당신이 자연으로부터 달아나면 달아날수록, 그것은 당신을 더 쫓아간다. 그리고 만일 당신이 그것에 전혀 상관하지 않으면, 그것은 당신의 노예가 된다.

38. ——— 성적인 절제를 확립함으로써 요가수행자는 에너지를 얻는다.

순결한 사람은 엄청난 에너지와 거대한 의지력을 갖는다. 동정 없이 영적인 힘은 있을 수 없을 것이다. 성적 절제는 인류에게 놀라운 통제력을 준다. 사람들 가운데 영적인 지도자들은 성적 절제를 해왔고, 이것이 그들에게 힘을 준 것이다. 그러므로 요가수행자는 성적인 절제를 해야만 한다.

39. ⸺ 요가수행자에게 받지 않음_{무소유}이 확립될 때, 그는 전생의 기억을 획득한다.

어떤 이가 선물을 받지 않을 때 그는 다른 사람들에게 신세지지 않고 독립적이고 자유로운 상태를 유지한다. 그의 마음은 순수하게 된다. 모든 선물과 함께 그는 주는 이의 해악들을 받는 경향이 있다. 그가 선물들을 받지 않는다면, 그의 마음은 정화되고 그가 얻게 되는 첫 번째 힘은 전생에 대한 기억이다. 그때만이 요가수행자는 자신의 이상화된 모습에 완전히 확립된다. 그는 자신이 수없이 많이 태어났다 죽어 왔다는 것을 안다. 그래서 그는 이번[*생]에는 자유롭게 될 것이고 더 이상 윤회하지 않을 것이며 자연의 노예가 되지 않을 것이라고 결심하게 된다.

40. ⸺ 그가 내적, 외적 청정을 확립할 때, 그에게서 자신의 몸에 대한 역겨움과 다른 이들과 교접하지 않고자 하는 갈망이 일어난다.

내적인, 외적인 몸에 대한 참된 정화가 있을 때, 몸에 대한 소홀함이 발생한다.[03] 몸을 멋지게 유지해야겠다는 관념이 사라진다. 만일 참영혼이 몸의 배후에 없다면, 다른 사람들이 가장 아름답다고 부르는 얼굴이 요가수행자에게는 단지 동물의 얼굴처럼 나타나게 될 것이다. 만일 참영혼이 몸의 배후에서 빛난다면, 세상이 매우 평범한 얼굴

---

03 [옮긴이 주] '몸에 대한 집착이 사라진다.'는 의미를 강하게 표현한 것으로 이해할 수 있다.

이라고 부르는 얼굴을 그는 천상의 얼굴로 간주할 것이다. 몸에 대한 갈망은 인간의 삶에서 매우 큰 골칫거리이다. 정화를 획득한 첫째 징표는 당신이 신체라는 생각에 마음을 쓰지 않는 것이다. 정화가 일어날 때만이 우리는 몸에 대한 관념을 제거한다.

41. ——— 거기에는 또한 삿트와sattva의 청정, 마음의 즐거움, 집중, 감각 기관들에 대한 정복, 참자아에 대해 깨닫기에 적합함이 발생한다.

　　　　　　　청정의 수행을 통해서 삿트와 질료가 지배적이게 되고 마음은 집중되고 유쾌하게 된다. 종교적이게 되고 있다는 첫째 징표는 당신이 즐겁다는 것이다. 우울함은 소화 불량의 징표일 수 있지만, 확실히 종교적인 것은 아니다. 즐거운 감정은 삿트와의 본성이다. 모든 것은 삿트와적인 사람에게 즐겁다. 그리고 이것이 일어날 때, 요가에서 발전하고 있다는 것을 알아라. 모든 고통은 타마스tamas에 의해서 야기된다. 그러므로 당신은 그것을 제거해야만 한다. 시무룩함은 타마스의 결과 중 하나이다. 강함, 건장함, 젊음, 건강함, 용감함만이 요가수행자들에게 적합하다. 요가수행자에게 모든 것은 축복이고, 그가 보는 모든 이의 얼굴은 그에게 즐거움을 가져다준다. 이것이 덕 있는 사람의 징표이다. 고통은 죄에 의해 발생되지 그 외의 어떠한 것에 의해서도 발생되지 않는다. 어두운 얼굴을 하고서 무슨 일을 하겠는가? 그것은 끔찍하다. 만일 어두운 얼굴을 하고 있다면, 그날은 밖으로 나가지 마라. 자신의 방에서 입을 다물고 있으라. 무슨 권리를 가지고 있는가? 무슨 권리로 당신은 이 질병을 밖으로 가지고 나와서 세상 속으로 들어가는가? 당신의 마음이 통제될 때 당신은 몸 전체를 통제한다. 당신은 이 기계의 노예가 되기보다는 이 기계가 당신의 노예가 되도록 만든다. 이 기계는 영혼을 아래로 끌어내릴 수 있기는커녕 그것은 영혼의 최고의 협력자가 된다.

42. —— 만족으로부터 더할 나위 없는 행복이 온다.

43. —— 감각 기관들과 몸의 고행은 그것들의 불순물의 파괴를 통해서 그것들에게 힘을 가져다준다.

고행의 결과는 때로 좋아진 시력으로, 때로 멀리 떨어진 곳에 있는 것들을 듣는 청력 등으로 즉시 보인다.

44. —— 만트라mantra의 반복에 의해서 [*수행자 자신이] 선택한 신에 대한 깨달음이 발생한다.04

당신이 깨닫고자 하는 존재가 높을수록 수행은 더 어렵다.

45. —— 이슈와라Īśvara에게 모든 것을 희생함을 통해서 사마디samādhi가 발생한다.

주主에게 복종함으로써 사마디는 완전하게

---

04 신의 그러한 측면은 수행자 자신이 좋아하는 이상으로 받아들인 것이다.

된다.

46. ____ 요가 자세는 안정되고 쾌적한 것이다.

이제 아사나ᵃˢᵃⁿᵃ 즉 요가 자세에 이르렀다.
공고한 요가 자세를 획득하기 전에 당신은 호흡 수행 및 다른 수행들을 할
수 없다. 요가 자세의 안정성은 자신이 몸을 전혀 느끼지 못하는 것을 의
미한다. 일반적으로 말하자면, 당신은 몇 분 동안 앉아 있자마자 온갖 종
류의 신체적 동요를 느낀다는 점을 알게 될 것이다. 그러나 조대하고 물
질적인 몸에 대한 관념을 넘어서 갈 때, 당신은 몸에 대한 모든 관념을 잃
어버리게 될 것이다. 당신은 즐거움도 고통도 느끼지 못할 것이다. 그리고
다시 몸에 대해 자각하게 될 때, 당신은 완전하게 원기를 회복한다고 느끼
게 될 것이다. 이것이 당신이 몸에 줄 수 있는 유일한 참된 쉼이다. 당신이
몸을 통제하고 안정되게 유지하는 데 성공할 때, 당신의 수행은 안정될 것
이다. 그러나 당신이 몸에 의해 동요된다면, 당신의 신경들은 방해받게 될
것이고 마음을 집중할 수 없다.

47. ____ [몸과의 동일시에 의해 초래되는 활동에 대한] **자연적 경향성의 축소를 통해서 그리
고 무한에 대한 명상을 통해서,** [요가 자세는 안정되고 쾌적하게 된다.]

우리는 무한한 것에 대해 생각함으로써 요
가 자세를 안정되게 만들 수 있다. 우리는 사실상 초월적 무한에 대해 생
각할 수 없다. 그러나 우리는 무한한 하늘에 대해 생각할 수 있다.

48. ____ 요가 자세가 정복될 때, 이원성이 방해하지 않는다.

이원성들 즉 선과 악, 뜨거움과 차가움 그리고 모든 종류의 반대의 것으로 된 쌍들은 그때 당신을 방해하지 못할 것이다.

49. ____ 날숨과 들숨의 움직임에 대한 통제가 이것에 뒤따른다.

요가 자세가 정복될 때 프라나prāṇa의 움직임은 깨지게 즉 멈추게 되고, 그런 다음 통제된다. 그리하여 우리는 프라나야마prāṇāyāma 즉 몸의 생기 에너지들에 대한 통제하기에 도달한다. 프라나는 호흡이 아니다. 하지만 일반적으로 그렇게 번역된다. 이것은 우주적 에너지의 총합계이다. 또한 이것은 각 신체에 있는 에너지이고 그것의 가장 명확한 나타남은 폐의 움직임이다. 이 움직임은 숨을 끌어들이는 프라나에 의해 일어나고, 그것은 우리가 프라나야마로 통제하려는 것이다. 우리는 프라나에 대한 통제를 획득하는 가장 쉬운 방법으로서 호흡을 통제함으로써 시작한다.

50. ____ 그것의 작용들은 세 종류 즉 외적인 것, 내적인 것, 멈춘 것이다. 그것들은 장소, 시간, 수에 의해서 조절된다. 그리고 더 나아가 그것들은 길거나 짧거나 어느 하나이다.

프라나야마prāṇāyāma에는 세 종류의 움직임이 있다. 하나는 우리가 숨을 들이쉬는 것, 다른 하나는 우리가 숨을 내쉬는 것, 셋째는 숨이 폐에 보유되거나 폐로 들어오는 것을 멈추게 되는 것이다. 다시 이것들은 장소와 시간에 따라서 다르다. '장소에 의해서 조절되는 것'은 프라나가 보유되는 신체의 어떤 특정 부위를 말한다. '시간에 의해서 조절되는 것'은 프라나가 어떤 장소에 얼마나 길게 가두어져야 하는지를 나타낸다. 그래서 우리는 한 움직임을 지속하기 위해서 몇 초를 그리고 다른 움직임을 지속하기 위해서 몇 초를, 이라는 말을 듣는다. 프라나야마의 결과는 우드가타udghāta 즉 쿤달리니kuṇḍalinī의 각성이다.

51. —— 넷째는 프라나prāṇa를 외적 대상들이나 내적 대상들 중 하나로 보냄으로써 프라나를 억제하는 것이다.

　　　　　이것이 넷째 종류의 프라나야마prāṇāyāma이다. 프라나는 내부나 외부로 보내질 수 있다.

　　　　　[위의 경문은 또한 다음과 같은 방식으로 번역되고 해석되어진다. "넷째 프라나야마는 프라나의 외적, 내적 움직임 양자 모두를 버리는 것이다."

　　　　　앞의 경문에서 서술된 것처럼 장소, 시간, 수 등에 의해 조절된 외부와 내부의 숨이 버려질 때, 그때 거기에 넷째 종류의 프라나야마가 뒤따른다. 날숨과 들숨 양자로 된 과정의 점진적인 멈춤이 있다. 앞선 경문에서 서술된 것과 지금의 것 사이의 차이는 후자에서는 날숨과 들숨의 멈춤이 대상들에 의해 영향을 받고 서서히 획득된다. 그것은 호흡의 모든 움직임이 없는 것이 특징이고, 들숨과 날숨의 완전한 중지가 뒤따른다. 말할 필요도 없이, 라자 요가Rāja Yoga에서 다른 것들과 마찬가지로 이 행법들은 스승의 지도 하에서 수행되어야 한다.]

52. ___ 이것에 의해서 칫타citta의 빛을 가리고 있는 것이 약해진다.

　　　　　　　　　　본래 칫타는 모든 지식을 가지고 있다. 그것은 삿트와sattva의 입자들로 만들어져 있지만 라자스rajas와 타마스tamas의 입자로 가려져 있다. 그리고 프라나야마prāṇāyāma에 의해서 이 가림막은 제거된다.

53. ___ 마음은 다라나dhāraṇā에 적합하게 된다.

　　　　　　　　　　이 가림막이 제거된 후에 우리는 마음을 집중할 수 있다.

54. ___ 프라티야하라pratyāhāra 즉 감각 기관들을 안으로 끌어들임은 감각 기관 자신들의 대상들을 포기함으로써, 말하자면 마음의 형상을 취함으로써 달성된다.

　　　　　　　　　　감각 기관들은 마음의 분리된 양태들이다. 내가 책을 볼 때 형상은 책에 있는 것이 아니라 마음에 있다. 그 형상을 상기시키는 무언가는 바깥에 있지만 실제 형상은 마음citta에 있다. 감각 기관들은 자신들에게 무엇이 다가오든지 간에 그것들과 자신들을 동일시하고 그것들의 형상을 취한다. 만일 이 형상들을 취하지 못하게 마음을 억제할 수 있다면 마음은 고요하게 유지될 것이다. 이것을 프라티야하라라고 부른다.

55. ___ 그로부터 감각 기관들에 대한 최상의 통제가 발생한다.

요가수행자가 감각 기관들이 외부 대상들의 형상을 취하는 것을 막는 데, 그리고 감각 기관들을 마음과 하나가 되게 만드는 데 성공할 때, 그때 감각 기관들에 대한 완전한 통제가 일어난다. 감각 기관들이 완전하게 통제 하에 있을 때 모든 근육과 신경이 통제 하에 있게 될 것이다. 왜냐하면 감각 기관들은 모든 지각과 행위의 센터들이기 때문이다. 이 감각 기관들은 행위 기관들과 지각 기관들로 나뉜다. 감각 기관들이 통제될 때 요가수행자는 모든 감각과 행위를 통제할 수 있다. 따라서 신체 전체가 요가수행자 자신의 통제 아래로 온다. 그때 그는 홀로 태어남의 기쁨을 느끼기 시작한다. 그때 그는 다음과 같이 진실하게 말할 수 있다. "내가 태어난 것이 얼마나 축복인지!" 감각 기관들에 대한 그러한 통제가 획득될 때 우리는 이 신체가 실로 얼마나 놀라운지 느낀다.

제3장 힘들: 초능력들[01]
Vibhūti

요가의 힘들이 서술된 장에 도달했다.

1. ___ 다라나_{dhāraṇā}는 어떤 특정한 대상을 마음이 붙잡는 것이다.

마음이 신체의 내부나 외부에 있는 어떤 대상을 계속 잡고 있고 그러한 상태를 스스로 유지하고 있을 때, 다라나 즉 집중에 도달했다.

2. ___ 그 대상에 대한 지식의 부단한 흐름이 디야나_{dhyāna}이다.

마음이 하나의 대상에 대해 생각하고, 자신을 정수리 또는 심장과 같은 특정한 하나의 장소에 매려고 노력하고, 신체의 다른 부위가 아니라 그 부위를 통해서만 감각들을 받아들이는 데 성공

---

01 [옮긴이 주] 이 제3장은 Vibhūti Pāda로 흔히 '초능력장' 또는 '초자연력장'이라고 번역한다. 따라서 여기서 '힘들'이란 상야마(saṃyama)를 통해서 획득하게 되는 '초자연력', '초능력'을 지칭한다.

할 때, 다라나에 도달했다고 할 수 있다. 마음이 일정 시간 동안 그러한 상태에 자신을 유지하는 데 성공할 때 디야나 즉 명상에 도달했다고 할 수 있다.

3. —— 그것즉 디야나(dhyāna)이 모든 형상을 버리고 오직 그 의미만을 드러낼 때 사마디samādhi이다.

책에 대한 명상을 하고 있다고 가정해 보자. 점차 그것에 마음을 집중하는 데 성공한 다음, 오직 내적인 감각들 즉 어떠한 형태로도 표현되지 않는 의미만을 지각하는 데 성공한다. 디야나의 그 상태를 사마디라고 부른다.

4. —— [이] 셋이, 하나의 대상에 대해 [수행될 때], 상야마samyama가 된다.

수행자가 자신의 마음을 어떤 특정한 대상으로 향하게 하여서 거기에 있는 대상에 고정한 다음, 긴 시간 동안 거기의 그 대상에 유지할 수 있어서 내적인 부분으로부터 그 대상을 분리할 수 있을 때 그는 상야마에 도달했다. 상야마 수행에 있어서 다라나dhāraṇā, 디야나dhyāna, 사마디samādhi는 서로 뒤따르고 셋 모두는 하나의 대상으로 향하게 된다.

5. —— 그것즉 상야마(samyama)의 성취를 통해서 지식의 빛이 발생한다.

수행자가 상야마의 수행에 성공했을 때 모든 힘들이 자신의 통제 하에 들어온다. 이것은 요가수행자의 위대한 도구이다. 지식의 대상들은 무한하고 그것들은 조대한 것, 더 조대한 것, 가장 조대한 것, 그리고 미세한 것, 더 미세한 것, 가장 미세한 것 등으로 나뉜다. 상야마는 처음에 조대한 것들에 적용되어야만 하고, 조대한 것에 대한 지식을 얻기 시작할 때 점차적으로 그것은 더 미세한 것들에 적용되어야만 한다.

6. ___ 그것즉 상야마(samyama)은 단계적으로 수행되어야만 한다.

이것은 너무 빠르게 가려고 시도하지 말라는 경고의 어조이다.

7. ___ 이 세 수행은 앞선 것들보다 더 내적이다.

앞서 프라티야하라pratyāhāra, 프라나야마prāṇāyāma, 아사나āsana, 야마yama, 니야마niyama를 서술했다. 그것은 다라나dhāraṇā, 디야나dhyāna, 사마디samādhi보다 더 외적이다. 수행자가 후자의 것들을 성취했다면 그는 전지전능한 것과 같은 그러한 힘들을 획득할 것이다.

그러나 그것이 구원은 아니다. 이 셋은 마음을 작용이 없는 니르비칼파nirvikalpa로 만들지 못한다. 그러나 미래의 신체화의 종자들을 남긴다. 요가수행자가 말하는 것처럼 종자들이 구워질 때만이 그것들은 미래에 초목으로 될 가능성을 잃어버린다. 이 힘들은 종자를 태울 수 없다.

8. ___ 그러나 그것들즉 다라나(dhāraṇā), 디야나(dhyāna), 사마디(samādhi)조차 종자가 없

는 [사마디]에 비해서는 외적이다.

　　　　　그러므로 그 종자 없는 사마디와 비교해서
는 이것들조차 외적이다. 아직 진짜 사마디 즉 최상의 상태에 이르지는 못
했다. 우리는 하위의 상태에 있다. 거기에 우주는 우리가 보는 바와 같이
여전히 존재하고, 이 장=제3장에 서술된 모든 힘이 있다.

9. ──　마음의 어지럽히는 인상들을 억제함으로써 그리고 통제하는 인상들의
　　　발생에 의해서 그 통제 상태를 지속하는 마음은 통제하는 작용들을 얻게
　　　된다고 한다.

　　　　　즉 사마디samādhi의 첫째 단계에서 마음의 그
작용들은 통제된다. 그러나 완전하게 통제되지는 않는다. 왜냐하면 만일
그것들이 완전하게 통제된 상태라면 거기에서는 작용들이 없을 것이기 때
문이다. 만일 거기에 감각들을 통해서 마음을 억지로 뛰쳐나가게 만드는
하나의 작용이 있다면, 그리고 요가수행자가 그것을 통제하려고 노력한다
면, 바로 그 통제가 다른 작용일 것이다. 하나의 물결은 다른 물결에 의해
서 저지될 것이다. 그러므로 이것은 모든 물결이 잠잠해지는 참된 사마디
가 될 수 없을 것이다. 왜냐하면 통제 그 자체가 하나의 물결로 유지될 것
이기 때문이다. 그러나 이 하위의 사마디는 마음이 부글부글 끓어오를 때
보다는 상위의 사마디에 훨씬 더 가깝다.

10. ──　그것=마음의 흐름은 습관에 의해서 안정적이게 된다.
　　　　　　　매일 수행될 때 마음의 이러한 지속적인 통

제의 흐름은 안정적이게 된다. 그리고 마음은 부단한 집중력을 획득한다.

11. ____ 모든 종류의 대상을 취하는 것과 하나의 대상에 집중하는 것은 마음의 두 작용이다. 이것들 중 첫째가 억제되고 다른 것이 현현될 때 칫타citta는 사마디samādhi라고 불리는 작용을 획득한다.

일반적으로 마음은 다양한 대상을 받아들여서 갖가지 것들이 된다. 이것은 하위의 상태이다. 하나의 대상을 받아들이고 다른 모든 것을 배제할 때 마음의 상위 상태가 있다. 그 결과는 사마디이다.

12. ____ 과거의 인상과 현재의 인상이 유사할 때, 칫타citta가 하나를 가리키게 됨=하나에 집중됨02이라고 불리는 작용이 획득된다.

마음이 집중되었다는 것을 어떻게 아는가? 그때는 시간관념이 사라질 것이다. 알아차리지 못하고 지나간 시간의 양이 더 많을수록 우리는 더 깊게 집중된다. 일상에서 책에 흥미를 가지고 있을 때 우리는 시간에 대해 전혀 주목하지 않고, 책을 덮을 때 얼마나 많은 시간이 지났는지 알고서 자주 놀란다. 모든 시간은 하나의 현재에 통합되는 경향을 가지게 될 것이다. 그러므로 다음과 같은 정의가 주어진다.

---

02 [옮긴이 주] 원어는 에카그라타(ekāgratā)로 '마음이 한 곳에 집중됨'을 의미하고, 심일경성(心一境性)으로 번역되기도 한다.

비베카난다의 요가수트라

과거와 현재가 하나가 될 때 마음은 집중된다고 한다.⁰³

13. _____ 이런 식으로_{즉 위에서 언급된 세 가지 작용에 의해서} **물질과 감각 기관들에 있어서의 형상, 시간 상태에 관한 세 가지 변환⁰⁴이 설명되었다.**

제9경, 제11경, 제12경에서는 마음 즉 칫타_{citta}에서의 세 가지 변환을 설명했다. 마찬가지로 물질과 감각 기관들에서의 변환이 설명되었다. 흙 한 덩어리가 있다고 가정해 보라. 그것이 항아리로 변환될 때, 그것은 덩어리의 형태를 버리고 항아리의 형태를 취한다. 이것이 '형상에 따른 변환'이라고 불린다. '시간에 따른 변환'과 관련하여서는 시간의 세 면 즉 과거·현재·미래가 있다. 수행자는 이 세 면을 통해서 항아리를 볼 수 있다. 마지막으로, 그 항아리는 새로운 것이나 낡은 것 또는 낡아가는 것으로 생각될 수 있다. 이것은 '상태에 따른 변환'이라고 불린다. 이제 제9경, 제11경, 제12경에 언급된 마음은 브릿티_{vrtti}들로 바뀐다. 이것은 형상에 따른 변환이다. 그것이 과거·현재·미래의 순간들

---

03 제9경, 제11경, 제12경에 언급된 세 종류의 집중 사이의 차이는 다음과 같다. 첫째[*변환]에서는 혼란된 인상들이 억제될 뿐이지, 막 시작된 억제의 인상들에 의해서 완전히 제거되는 것은 아니다. 둘째[*변환]에서는 전자가 뚜렷이 두드러져 보이는 후자에 의해서 완전하게 억제된다. 한편 최상의 것인 셋째[*변환]에서는 억제가 있을 수 없고, 유사 인상만이 흐름 속에서 서로 뒤를 잇는다.

04 [옮긴이 주] 원어는 파리나마(pariṇāma)이다. 전문어로 흔히 '전변(轉變)'으로 번역되는데, '연속적인 변화'를 의미한다. 여기서는 달라져서 바뀐다는 의미의 '변환'이라는 용어로 번역하였다.

을 통과할 때 그것은 시간에 따른 변환이다. 마지막으로 마음의 혼란시키는 인상들이 강하고, 억제의 인상들이 약할 때_{제9경 참조} 그리고 반대의 경우에, 그것은 상태에 따른 변환이다. 마음은 감각 기관이기 때문에 이 텍스트에서 언급된 바와 같이 형상, 시간, 상태에 따른 감각 기관들의 변환이 설명된다. 물질의 유사한 변환이 위에서 설명되었다. 앞선 경문들에서 가르쳐진 집중들은 요가수행자에게 자신의 마음의 변환들에 대한 자발적인 억제력을 준다. 이것만이 요가수행자가 제3장의 제4경에 서술된 상야마samyama를 수행할 수 있게 한다. 푸루샤Puruṣa 즉 참자아를 제외한 모든 원리는 이 텍스트에 언급된 세 종류의 변환의 지배를 받는다.

14. ____ 과거나 현재 또는 아직 현현되지 않은 것=미래인 변환들에 의해 영향을 받는 그것은 한정된 실체이다.

다시 말해서, '한정된 실체'=속성는 시간에 의해서, 상스카라samskāra들에 의해서 영향을 받고 있는 실체이고 언제나 변화되고 있고 현현되고 있다.

15. ____ 변환들의 연속이 많은 전개의 원인이다.

16. ____ 세 종류의 변환에 대한 상야마samyama의 수행을 통해서 과거와 미래에 대한 앎이 발생한다.

우리는 상야마의 정의를 결코 잊어버려서는 안 된다. 마음이 외부에 있는 대상의 내적 인상과 자신을 동일시하는 상태를 획득했을 때, 오랜 수행으로 마음이 그 인상을 억제했을 때, 그리고 마음이 즉시 그 상태로 들어갈 수 있을 때, 그것이 상야마이다. 그러한 상태에 있는 수행자가 과거와 미래를 알고자 할 때, 그는 상스카라samskāra들에서의 변환에 대해 상야마를 수행해야만 한다. 일부는 현재 자신들을 만들어 내고 있고, 일부는 이미 자신들을 만들어 냈으며, 일부는 만들어 내기를 기다리고 있다. 그러므로 이것들에 대해 상야마를 수행함으로써 수행자는 과거와 미래를 안다.

17. ___ 일반적으로는 혼동되는 말과 의미와 지식에 대한 상야마를 통해서 모든 동물의 소리에 대한 앎이 발생한다.

'말'은 정신의 상태를 자극하는 외적 대상을 가리킨다. '의미'는 외부의 진동을 마음으로 나르는 인드리야indriya들의 통로들을 통해서 뇌에 도달하는 내적 감각 작용을 나타낸다. 그리고 '지식'은 마음의 반응을 나타내는데, 그것으로 인식이 발생한다. 혼동된 이 셋이 우리의 감각 대상들을 구성한다. 자신이 어떤 말을 듣는다고 가정해 보자. 우선 외적 진동이 있고 그 다음, 청각 기관에 의해 마음으로 전달되는 내적 지각이 있다. 그런 다음, 마음이 반응하여서 그 말을 안다. 자신이 아는 그 말은 이 셋 즉 진동, 지각, 반응의 혼합물이다. 일반적으로 그것들은 분리할 수 없다. 그러나 수행으로 요가수행자는 그것들을 분리할 수 있다. 수행자가 어떤 소리에 대해 상야마를 수행하여서 이 능력을 획득했다면, 그는 인간이 내든지 또는 다른 어떤 동물이 내든지 그 소리가 표현하고자 했던 의미를 이해한다.

18. ——— 인상=잠세력들에 대한 인식을 통해서 전생에 대한 앎이 [발생한다.]

　　　　　　　　우리가 가진 각각의 경험은 칫타citta에서 물결의 형태로 발생한다. 이 물결은 가라앉아서 더욱 더 미세하게 되지만 결코 없어지지는 않는다. 그것은 거기에서 미세한 형태로 남아 있다. 만일 우리가 다시 이 물결을 일으킬 수 있다면 그것은 기억이 된다. 그래서 요가수행자가 마음에 있는 과거의 이 인상들에 대해 상야마samyama를 수행할 수 있다면 그는 자신의 모든 과거의 삶들을 기억하게 되기 시작할 것이다.

19. ——— 타인의 신체에 있는 징표들에 대한 상야마samyama의 수행을 통해서 그의 마음에 대한 지식이 발생한다.

　　　　　　　　모든 사람은 자신의 신체에 특정한 징표들을 가지고 있고, 이것들은 그를 타인들과 구분 짓는다. 요가수행자가 어떤 사람의 특정한 징표들에 대해 상야마를 수행할 때, 그는 그 사람의 마음의 본성을 안다.

20. ——— 그러나 그것=마음의 내용들[*에 대해서는 알지 못하는데,] 그것=마음이 상야마 samyama의 대상은 아니기 [*때문이다.]

　　　　　　　　신체에 대한 상야마 수행으로 그는 마음의 내용들을 알 수는 없다. 그것은 두 가지 상야마를 필요로 한다. 첫째 그 신체에 있는 징표에 대해서 그리고 마음 그 자체에 대해서 상야마를 수행해야 한다. 그때 요가수행자는 그 마음에 있는 모든 것을 알게 될 것이다.

21. —— 신체의 형상에 대한 상야마samyama 수행을 통해서 형상들을 인식하는 힘을 가로막고, 눈의 보는 힘을 [형태로부터] 분리시킨 요가수행자의 신체는 보이지 않게 된다.

　　　　　　　　　　이 방의 가운데 서 있는 요가수행자는 분명히 사라질 수 있다. 그가 실제로 사라진 것은 아니지만, 누구도 그를 볼 수 없을 것이다. 말 그대로 형상과 신체가 분리된다. 오직 요가수행자가 그 집중력을 획득했을 때 즉 형상과 형상화된 것이 분리되었을 때 이것을 할 수 있다는 점을 상기해야만 한다. 그때 그는 그 형상에 대한 상야마를 수행하고 형상들을 인식하는 힘을 방해한다. 왜냐하면 형상들을 인식하는 힘은 형상들과 형상화된 것들의 결합으로부터 발생하기 때문이다.

22. —— 이런 식으로 언급되고 있는 말의 소멸 또는 은폐와 다른 그러한 것들 또한 설명된다.

23. —— 카르마karma는 두 종류로 되어 있다. 곧 결실을 맺게 되는 어떤 것들과 나중에 결실을 맺게 되는 어떤 것들이 있다. 이것들 즉 아리슈타ariṣṭa로 불리는 징조들에 대한 상야마samyama를 수행함으로써 요가수행자들은 자신들의 신체로부터 분리되는 정확한 때를 안다.

　　　　　　　　　　요가수행자가 자신의 카르마 즉 자신의 마음에 있는, 지금 자신들을 발현시키고 있는 그러한 인상=잠세력들과 단지 발현되기를 기다리고 있는 그러한 인상들에 대해 상야마를 수행할 때 그는 기다리고 있는 것들에 의해서 언제 자신의 신체가 쇠퇴하게 될 것인지에 대해 정확히 안다. 그는 자신이 언제 죽을 것인지, 다시 말해서, 몇 시에, 심지어 몇 분에 죽을 것인지를 안다. 인도인들은 이 지식 즉 죽음이 근접함을 알아채는 것에 대해 매우 높이 평가한다. 왜냐하면 죽음의 순간에 하는 생각들이 내생을 결정하는 데 상당한 영향을 끼치기 때문이다.

24. _____ 자애, 연민 등제1장 제33경에 대한 상야마samyama 수행으로 요가수행자는 이것들 각각의 속성들에서 탁월함을 보인다.

25. _____ 코끼리와 다른 창조물들의 힘에 대한 상야마samyama를 통해서 그 각각의 힘이 요가수행자에게 발생한다.

요가수행자가 상야마를 달성하고 힘을 원할 때 그는 코끼리의 힘에 대한 상야마 수행을 해서 그 힘을 획득한다. 모든 사람들은 획득하는 법을 알기만 한다면 무한한 에너지를 활용할 수 있다. 요가수행자는 그것을 획득하는 방법을 발견했다.

26. _____ 찬란히 빛나는 빛제1장 제36경에 대한 상야마samyama를 통해서 미세한 것, 가로막혀 있는 것, 멀리 있는 것에 대한 지식이 발생한다.

요가수행자가 심장의 찬란하게 빛나는 빛에 상야마를 수행할 때 매우 멀리 있는 것들, 예를 들자면 먼 장소에서 일어나고 있는 것들과, 산이라는 장애물에 가로막혀 있는 것들, 그리고 매우 미세한 것들도 본다.

27. ── 태양에 대한 상야마samyama를 통해서 세계에 대한 지식이 [발생한다.]

28. ── 달에 대한 [*상야마를 통해서] 성단星團에 대한 지식[*이 발생한다.]

29. ── 북극성에 대한 [*상야마(samyama)를 통해서] 별들의 움직임에 대한 지식[*이 발생한다.]

30. ── 배꼽의 원圓에 대한 [상야마(samyama)를 통해서] 신체의 구성에 대한 지식이 [발생한다.]

31. ── 인후의 구멍에 대한 [*상야마(samyama)를 통해서] 배고픔이 그친다.

　　　　　몹시 배가 고플 때 인후의 구멍에 대한 상야마를 수행할 수 있다면 배고픔은 중단된다.

32. ── 쿠르마kūrma로 불리는 신경=나디(nāḍī)에 대한 [*상야마(samyama)를 통해서] 신체의 안정[*이 발생한다.]

33. ── 정수리로부터 방사되는 빛에 대한 [*상야마를 통해서] 싯다siddha들을 보게 [*된다.]

　　　　　싯다들은 유령들 약간 위에 있는 존재들이다. 요가수행자가 정수리에 마음을 집중한다면 그는 이 싯다들을 본다. 싯다들이라는 단어가 여기서는 흔히 사용되는 의미인 자유롭게 된 그러한 사람들을 나타내는 것이 아니다.

34. ____ 또는 프라티바pratibhā[05]의 힘으로 모든 지식이 [발생한다.]

프라티바의 힘 즉 청정함을 통한 즉각적인 깨달음의 힘을 가진 사람에게 이 모든 것은 어떠한 상야마samyama 없이도 발생할 수 있다. 어떤 사람이 프라티바의 높은 상태에 오를 때 그는 위대한 빛을 갖는다. 모든 것이 그에게 명확하다. 상야마 수행 없이 모든 것이 자연스럽게 그에게 일어난다.

35. ____ 심장에 대한 [상야마(samyama)를 통해서] 마음들에 대한 지식이 [발생한다.]

36. ____ 향수=경험는 완전히 다른 참영혼푸루샤(Puruṣa)과 삿트와붓디(buddhi)를 식별하지 못함으로써 발생한다. 이 향수는 참영혼을 위한 것이다. 스와르타svārtha; 그 자신의 순수한 상태라고 불리는, 삿트와sattva의 다른 상태가 있다. 이 상태에 대한 상야마samyama 수행은 푸루샤에 대한 지식을 준다.

푸루샤와 삿트와 즉 프라크리티Prakṛti의 전개물인 붓디는 서로 완전히 다르다. 그러나 푸루샤는 붓디에 반영되고 그 자신을 행복과 비참함과 같은 붓디의 여러 상태와 동일시하여서 자신이 행

---

05 [옮긴이 주] '빛을 발하는'이라는 뜻으로, 식별로부터 발생하는 지혜를 의미한다. 말하자면 식별지의 전조적 형태라고 할 수 있겠다. 이것을 타라카(tāraka) 즉 '구제자'라고 부르기도 한다.

복하거나 비참하다고 여긴다. 붓디의 이러한 경험들은 자신의 목적을 위한 것이 아니라 타자 즉 참영혼의 목적을 위한 것이다. 그러나 자기 자신의 목적에 복무하는, 붓디의 다른 상태가 있다. 그 상태에서 붓디는 '나를 그리고 나의 것'이라는 느낌으로부터 자유롭다. 오염물들이 없는 붓디에는 푸루샤의 빛이 퍼지게 된다. 그 붓디는 오직 푸루샤만을 반영한다. 내관하게 된 붓디는 오직 푸루샤와만 연관되고 다른 모든 관계로부터 독립적이게 된다. 붓디의 이 면에 집중할 때 수행자는 푸루샤의 지식을 획득한다. 정화된 붓디에 대해 상야마를 수행하는 이유는 푸루샤 자신이 아는 자여서 결코 그 자신이 지식의 대상이 될 수 없기 때문이다.

37. ⎯ 그로부터 [초자연적인] 청각, 촉각, 시각, 미각, 후각이 발생하는데, 그것들은 프라티바pratibhā에 속한다.

38. ⎯ 이것들은 사마디samādhi에는 장애들이지만, 그것들은 세속적인 상태에서는 힘들이다.

　　　　　요가수행자에게 세속의 즐거움들에 대한 지식은 푸루샤Puruṣa와 마음의 결합에 의해서 발생한다. 그것들은 상이한 두 가지 것, 즉 자연과 참자아라는 지식에 대해 상야마를 수행하기를 원한다면, 그는 푸루샤에 대한 지식을 획득한다. 그로부터 식별이 발생한다. 그가 그 식별을 획득했을 때 그는 프라티바pratibhā 즉 지고의 지식의 빛을 얻는다. 그러나 요가수행자가 획득한 힘들은 가장 높은 목표 즉 순수한 참자아에 대한 지식이나 자유를 달성하는 데 장애이다. 수행의 과정에서 이것

을 만나게 될 것이고 만일 요가수행자가 그것들을 거부한다면 그는 지고
의 상태에 도달한다. 만일 그가 이것들을 얻고 싶어진다면 그는 [*수행에서]
더 이상 진전하지 못하고 가로막히게 된다.

39. ____ 속박의 원인이 풀려지게 되었을 때 요가수행자는 칫타citta의 활동 통로
들즉 신경들에 대한 자신의 지식으로 타인의 신체로 들어간다.

그 요가수행자는 심지어 그 자신이 자기 자
신의 신체 속에서 움직이고 있을 때도 시체 속으로 들어갈 수 있고 그 시
체를 일어나게 만들고 움직이게 할 수 있다. 혹은 그는 살아있는 신체에
들어갈 수 있고 그 사람의 마음과 감각 기관들을 제어할 수 있다. 그 요
가수행자는 푸루샤Puruṣa와 자연 사이의 식별에 의해서 이것을 할 수 있
다. 만일 그가 타인의 신체로 들어가기를 원한다면 그 신체에 대해 상야
마samyama를 수행하고 그 속으로 들어간다. 왜냐하면 요가가 가르친 바와
같이 그의 참자아는 편재할 뿐만 아니라 그의 마음 또한 그렇기 때문이다.
그것=그의 마음은 우주적 마음의 한 작은 조각이다. 그러나 처음에 그것은 단
지 요가수행자 자신의 신체의 신경 흐름들만을 통해서 작용할 수 있다. 그
러나 요가수행자가 이 신경 흐름들로부터 자신을 풀려나게 할 때 그의 마
음은 타인의 신체들을 통해서 작용할 수 있다.

40. ____ 요가수행자가 우다나udāna로 불리는 흐름을 정복했을 때 그는 물이나
늪 속에 가라앉지 않는다. 그는 가시 등의 위를 걸을 수 있고 의지대로
죽을 수 있다.

비베카난다의 요가수트라

우다나는 폐와 신체의 상부를 관장하는 신경 흐름이다. 요가수행자가 이것에 통달했을 때 그는 무게가 가볍게 된다. 그는 물에 가라앉지 않고 가시와 칼날 위를 걸을 수 있으며 불 속에 서 있을 수 있다. 그리고 자신이 원하는 때면 언제든지 죽을 수 있다.

41. ____ 사마나samāna로 불리는 흐름을 정복함으로써 그는 번쩍이는 빛으로 둘러싸이게 된다.

그가 원할 때면 언제든지 자신의 신체에서 빛이 번쩍인다.

42. ____ 귀와 아카샤ākāśa 사이의 연관에 대한 총제를 통해서 신성한 청각이 발생한다.

거기에 아카샤 즉 에테르가 있고 또한 매개체인 귀도 있다. 그것들에 대한 상야마를 수행함으로써 요가수행자는 초자연적인 청각을 획득한다. 그는 자신이 듣기 원하는 모든 것을 듣는다. 그는 수마일 떨어진 곳에서 말한 소리도 들을 수 있다.

43. ____ 아카샤ākāśa와 신체 사이의 연관에 대해 상야마saṃyama를 수행하고 자신을 면綿과 양모 따위만큼 가볍다고 간주하는 요가수행자는 상공으로 걸을 수 있다.

아카샤는 이 신체의 구성 요소이다. 이 신체는 단지 어떤 특정한 형상의 아카샤일 뿐이다. 만일 요가수행자가 신체의 이 구성 요소에 대해 상야마를 수행한다면 신체는 아카샤의 가벼움을 획득하고 공중을 통해서 어디든 갈 수 있다.

44. _____ 위대한 신체 이탈로 불리는, 신체의 바깥에서 [*일어나는] 마음의 실제 작용들에 대한 상야마samyama를 통해서 빛을 덮는 막이 사라진다.

어리석게도 마음은 하나의 신체에서 작용한다고 생각한다. 만일 마음이 편재한다면, 왜 내가 하나의 신경 시스템에 의해 구속되어야만 하고 에고를 단지 하나의 신체에 한정지어야만 하는가? 내가 그래야만 할 이유가 없다. 요가수행자는 자신이 바라는 어느 곳에서나 에고를 느끼기를 원한다. 신체 내에서 자아의식이 없이 일어나는 정신적 물결들은 '실제적 작용들' 또는 '위대한 신체 이탈'로 불린다. 그가 이 작용들에 대한 상야마 수행에서 성공했을 때 빛을 덮는 모든 막은 사라지고 모든 어둠과 무지가 소멸된다. 모든 것이 그에게 의식으로 가득 찬 것으로 나타난다.

45. _____ 요소들의 조대하고 미세한 형태들, 그것들의 특성, 그것들 속의 구나guna들의 내재성, 참영혼의 경험에 있어서 그것들의 도움에 대한 상야마samyama를 통해서 요소들을 정복하게 된다.

요가수행자는 처음에 조대한 요소들, 그런 다음 미세한 요소들에 대한 상야마를 수행한다. 주로 불교도들이 이 상야마를 받아들여서 한다. 그들은 진흙 한 덩이를 가지고서 그것에 대해 상야마를 수행한다. 그리고 그들은 점차 그것을 이루고 있는 미세한 물질들을

비베카난다의 요가수트라

보기 시작한다. 그 속에 있는 모든 미세한 물질들을 알 때 그들은 그 요소들에 대한 지배력을 획득한다. 모든 요소들에 대해서도 마찬가지이다. 요가수행자는 그것들 모두를 정복할 수 있다.

46. —— 그로부터 극소화와 나머지 능력들, 신체에 대한 찬양, 신체의 속성들의 불멸성이 발생한다.

　　　　　　　　이것은 요가수행자가 여덟 가지 초자연적 능력을 획득했다는 것을 의미한다. 그는 자신을 원자만큼 작게, 산처럼 크게, 땅처럼 무겁게, 공기처럼 가볍게 만들 수 있다. 그는 자신이 바라는 어떤 것이든 될 수 있고 원하는 모든 것을 지배할 수 있고 원하는 모든 것을 정복하는 등의 일을 할 수 있다. 사자가 자신의 발아래에 새끼 양처럼 앉아 있고 자신의 모든 욕망이 뜻대로 충족된다.

47. —— '신체에 대한 찬양'은 아름다움, 안색, 힘, 금강석 같은 단단함을 의미한다.

　　　　　　　　신체가 파괴될 수 없게 된다. 아무것도 신체에 해를 입힐 수 없다. 요가수행자가 원하기 전까지 아무것도 신체를 파괴할 수 없다. "시간의 회초리를 부러뜨린 그는 자신의 신체로 이 우주 속에서 산다." 그러한 사람은 더 이상 질병이나 죽음 또는 고통이 없다고 베다Veda들에 쓰여 있다.

48. —— 감각 기관들이 외부 대상들을 지각[*하는 작용], 그에 따른 지식, 이 지식

에 수반되는 "나라는 의식", 이것들 모두에 구나guna들의 내재함, 참영혼의 경험에 있어서 그것들의 도움에 대한 상야마samyama를 통해서 감각 기관들에 대한 정복이 발생한다.

외부 대상들에 대한 인식에 있어서 감각 기관들은 마음속에 있는 자신들의 장소들을 떠나서 그 대상들을 향해서 간다. 이 과정에 뒤따라서 지식이 온다. 에고 또한 그 행위에 있다. 요가수행자가 이것들과 남은 두 가지 것에 대해 상야마 수행을 하면, 그는 점차적으로 감각 기관들을 정복한다. 보거나 만져지는 아무것이라도, 예를 들자면 책을 집어 들어라. 우선 그것에 마음을 집중해라. 그런 다음 한 권의 책이라는 형태로 있는 지식에 대해 집중해라. 그러고서 책 등을 보고 있는 에고에 대해 집중하라. 이 수행으로 모든 감각 기관들이 정복될 것이다.

49. ── 그로부터 마음의 속도처럼 빠르게 움직이는 힘, 신체로부터 독립된 감각 기관들의 힘, 자연의 정복이 신체에 발생하게 된다.

요소들의 정복에 의해서 신체에 대한 찬양이 발생하는 것처럼 마찬가지로 감각 기관들의 정복으로부터 위에 언급된 힘들이 발생한다.

50. ── 삿트와sattva와 푸루샤Puruṣa 사이의 식별에 대한 상야마samyama를 통해서 전능과 전지가 발생한다.

자연을 정복하고 푸루샤와 자연 사이의 차이 즉 푸루샤는 불멸하고 순수하고 완전하고 자연은 그 반대라는 것을 깨닿게 되었을 때 전능과 전지가 발생한다.

51. _____ 이 힘들조차 포기함을 통해서 악의 바로 그 종자의 파괴가 발생하고 이
것은 카이발리야kaivalya로 이끈다.

　　　　　　　　그 요가수행자는 홀로 있음즉 독존을 획득하
여서 자유롭게 된다. 요가수행자가 전능과 전지에 대한 생각조차 포기할
때 향수와 천상의 존재들로부터의 유혹을 완전히 거부하게 된다. 요가수
행자가 이 모든 놀라운 능력들을 보고서 그것들을 거부할 때 그는 목표에
도달한다. 이 모든 힘은 무엇인가? 단지 현현들일 뿐이다. 그것들은 꿈이
나 다름없다. 심지어 전능조차도 꿈이다. 전능은 마음에 달려 있다. 마음
이 있는 한 마음은 전능할 수 있다. 그러나 목표는 마음조차도 넘어서는
것이다.

52. _____ 요가수행자는 다시 악해지는 일이 없도록 천상의 존재들의 제안에 유
혹이나 우쭐함을 느끼지 말아야만 한다.

　　　　　　　　다른 위험들 또한 있다. 그것은 신들과 다른
존재들이 요가수행자를 유혹하게 된다는 것이다. 그들은 누구도 완전하게
자유롭게 되는 것을 원하지 않는다. 그들은 우리처럼 질투하고 때로는 심
지어 우리보다 훨씬 더하다. 그들은 자신들의 지위를 잃어버리는 것에 대
해 매우 많이 두려워한다. 완전함에 이르지 못한 그 요가수행자들은 죽은
뒤에 신들이 된다. 직행 길을 두고 옆길 중 하나로 들어가서 이 힘들을 획
득한다. 그 경우에 그들은 다시 태어나야만 한다. 그러나 충분히 강해서

이 유혹들을 이겨내고 목표를 향해 곧장 가는 사람은 자유롭게 된다.

53. _____ 찰나와 그것에 앞서고 뒤따르는 시간에 대한 상야마samyama를 통해서 식별이 발생한다.

어떻게 이 모든 것, 즉 이 신들과 하늘들과 힘들을 피할 수 있는가? 식별에 의해서, 선악을 분별함으로써! 그렇기 때문에 식별의 힘이 강화될 수 있는 상야마가 제시되었다. 찰나와 그것에 앞서고 뒤따르는 시간에 대한 상야마를 통해서 이것을 한다.

54. _____ 종류와 특징과 장소에 의해서 구별될 수 없는 그러한 것들조차 위의 상야마samyama에 의해서 구별될 수 있을 것이다.

우리가 고통받는 비참은 무지 즉 실재와 비실재 사이를 식별하지 못한 결과이다. 우리는 모두 나쁜 것을 좋은 것으로, 꿈을 실재로 여긴다. 참자아가 유일한 실재이고 우리는 참자아를 잊어버렸다. 신체는 비실재적인 꿈이고 우리는 모두 우리가 신체라고 생각한다. 이 비식별이 비참함의 원인이다. 이것은 무지에 의해 야기된다. 식별이 발생하면 식별은 힘을 가져온다. 그때만이 신체, 천상들, 신들이라는 이 모든 다양한 생각을 피할 수 있다. 우리는 종류, 특성, 장소에 의하여 대상들을 구별한다. 예를 들자면 소를 생각해 보라. 소는 종種에 의해서 개와 구별된다. 소들만으로 어떻게 한 마리의 소와 다른 것들을 구별하겠는가? 특성에 의해서. 만일 두 대상이 정확히 유사하다고 하다면, 그것들이 다른 장소들에 있기만 하면 그것들은 구별될 수 있다. 대상들이 매우 섞여

비베카난다의 요가수트라

있어서 이러한 구별조차 도움이 안 된다면, 위에서 언급한 수행에 의해서 획득된 식별의 힘이 그것들을 구별할 수 있는 능력을 줄 것이다. 요가수행자의 최고의 철학은 이러한 사실에 기초를 두고 있다. 다시 말해서, 푸루샤Puruṣa는 순수하고 완전하고 이 우주에 존재하는 단순한 실체일 뿐이다. 신체와 마음은 복합체이고 아직 우리는 영원히 자신들을 그것들과 동일시한다. 이것은 거대한 오해이다. 즉 구별을 잃어버렸다. 식별의 힘이 획득되었을 때, 그는 이 세상에 있는 모든 것, 즉 정신적이고 물질적인 것은 복합체이고 그것들 자체는 푸루샤가 될 수 없다는 것을 안다.

55. ──── 구제하는 지식은 모든 대상 자체의 모든 변화를 즉각적으로 포괄하는 식별지識別智이다.

　　　　　　　　　　　이 지식은 '구제자'[06]라고 불린다. 왜냐하면 그것은 요가수행자를 데리고 출생과 죽음의 대양을 가로질러 가기 때문이다. 자신의 미세하고 조대한 모든 상태의 프라크리티Prakṛti 전체는 이 지식의 범위 내에 있다. 이 지식으로 된 인식에서 연속은 없다. 즉 그것은 한눈에 즉각적으로 모든 것을 받아들인다.

56. ──── 삿트와sattva와 푸루샤Puruṣa의 청정함의 유사성에 의해 카이발리

---

06 [옮긴이 주] 원어는 타라카(tāraka)이다. 깊은 사마디(samādhi) 상태에서 식별로부터 발생하는 지혜이다.

야_{kaivalya}가 발생한다.

        푸루샤가 신들로부터 가장 하위의 원자에 이르기까지의 이 우주에서 아무것도 의존하는 것이 없다는 것을 깨달을 때 푸루샤는 카이발리야의 상태 즉 완전함에 이른다. 카이발리야가 목표이다. 참자아가 이 상태에 도달할 때 그것은 자신이 언제나 홀로 있고 분리되어 있고, 자신을 행복하게 만들기 위해 어떤 것도 필요로 하지 않는다는 것을 깨닫는다. 행복을 위해서 누군가 또는 무언가를 원하는 한 우리는 노예이다. 자유가 바로 그 자신의 본성이고 완전함에 이르기 위해서 아무것도 필요치 않다는 것을 푸루샤가 알 때 즉 푸루샤가 자연은 일시적이고 실제 무의미하다는 것을 알 때, 바로 그 순간에 푸루샤는 해탈에 이르러서 자연으로부터 '분리'된다. 삿트와라 불리는 청정과 불순의 혼합물 즉 지성이 푸루샤 자신만큼 순수하게 될 때, 이 상태가 '획득'된다. 그 경우에 삿트와는 오직 청정의 완전무결한 정수 즉 푸루샤만을 반영한다.

제4장 독존: 홀로 있음[01]
Kaivalya

1. —— 싯디_{siddhi}들 즉 힘들은 출생, 화학적 수단, 말의 힘, 고행, 또는 집중=사마
디(samādhi)을 통해서 획득된다.

　　　　　　때로 어떤 사람은 싯디들 즉 힘들을 가지고
태어난다. 물론 이것들은 그가 자신의 전생에서 얻은 것들이다. 말하자면
이번에 그는 그 열매들을 향수하기 위해서 태어났다. 상키야_{Sāṃkhya} 철학
의 위대한 아버지인 카필라_{Kapila}는 자신이 타고난 싯다_{siddha}, 문자 그대로
성취한 자였다고 말한다.

　　　　　　요가수행자들은 이 힘들을 화학적 수단으로
도 획득할 수 있다고 주장한다. 여러분 모두는 화학이 원래 연금술로 시작
되었다는 것을 알고 있다. 사람들은 현자의 돌과 불로장수의 약 등을 찾
기 시작했다. 인도에 라사야나_{Rasāyana}들이라고 불리는 분파가 있었다. 그

01　[옮긴이 주] 이 장은 Kaivalya Pāda로 대개 '독존(獨存)장'으로 번역된다.

들에 따르면 섬세하고 신비한 이론들, 지식, 영성, 종교 모두가 훌륭하지만 신체가 결과를 거두기 위한 유일한 도구이다. 그 신체가 가끔 죽는다면 [*해탈이라는] 목표를 달성하기 위해서는 훨씬 많은 시간이 걸리게 될 것이다. 예를 들자면 어떤 사람이 요가를 수행하기를 원하거나 영적이 되기를 원한다. 그는 멀리 나아가기 전에 죽는다. 그 후에 그는 다른 신체를 취하고 다시 시작하고, 곧이어 죽는 등등. 이런 식으로 죽고 다시 태어나는 데 많은 시간을 잃는다. 만일 신체가 강하고 완전하게 만들어질 수 있다면, 그 결과 신체 자체는 태어남과 죽음으로부터 자유롭게 될 수 있을 것이고, 우리는 영적으로 되는 데 훨씬 더 많은 시간을 가지게 될 것이다.

그래서 이 라사야나들은 우리가 우선 신체를 매우 강하게 만들어야만 한다고 말했다. 그들은 이 신체를 불멸하게 만들 수 있다고 주장한다. 그들의 생각은 만일 마음이 신체를 만든다면, 그리고 만일 각 마음이 오직 하나의 무한한 에너지의 출구라면, 각 출구가 외부로부터 힘을 획득하는 데 한계가 없을 것이다. 그러므로 왜 우리의 신체를 항상 살아있게 하는 것이 불가능하겠는가? 우리는 우리가 항상 가지고 있는 모든 신체를 만들어야만 한다. 이 신체가 죽자마자 우리는 다른 신체를 만들어야만 할 것이다. 만일 우리가 그렇게 할 수 있다면 왜 현재의 신체에서 빠져나오지 않고서 바로 지금 여기에서 그것을 할 수 없는가? 그 이론은 전적으로 옳다. 우리가 사후에 살아서 다른 신체를 만드는 것이 가능하다면, 왜 여기서 신체를 만드는 것, 다시 말해서 이 신체를 완전히 용해시키지 않고, 그저 그것을 지속적으로 바꾸는 것이 불가능할까? 그들은 또한 수은과 유황 속에 가장 놀라운 힘이 숨겨져 있고 이것들을 특

비베카난다의 요가수트라

정하게 조제하여서 사람들이 신체를 자신이 원하는 한 살아있을 수 있게 할 수 있다고 생각했다. 그 밖의 사람들은 특정한 약물들이 공중으로 나는 것과 같은 힘들을 가져다줄 수 있다고 믿었다. 우리는 오늘날의 가장 놀라운 의약품들 중 많은 것들에 대해, 특히 의약품의 재료들의 사용에 대해 라사야나들에게 빚을 지고 있다. 어떤 분파들의 요가수행자들은 자신들의 많은 주요 스승이 나이든 신체들을 가지고서 여전히 살고 있다고 주장한다. 요가의 위대한 권위자인 파탄잘리Patañjali는 이것을 부정하지 않는다.

말의 힘: 만트라mantra라고 불리는 특정한 신성한 말이 있다. 알맞은 조건들 하에서 반복될 때 만트라는 초자연적인 이 힘들을 산출할 수 있다. 우리는 밤낮으로, 생각지도 못하는 많은 기적 가운데 살고 있다. 인간의 능력 즉 말의 힘과 마음의 힘에는 어떠한 제한도 없다.

고행: 당신은 모든 종교가 고행과 금욕과 같은 수행들을 기술하고 있다는 것을 발견할 수 있다. 이것들과 같은 문제들에 있어서 인도인들은 언제나 극단으로 간다. 손이 말라서 비틀어져 죽을 때까지 평생 손을 위로 든 채로 있는 사람들을 볼 수 있을 것이다. 발이 부어오를 때까지 밤낮으로 선 상태를 유지하고 있는 사람들도 있다. 그리고 그들이 산다고 해도 다리가 매우 뻣뻣해져서, 그들은 다리를 더 이상 굽힐 수 없어서 평생 서 있어야만 한다. 나는 이런 식으로 손을 든 채로 유지하고 있던 한 남자를 본 적이 있다. 나는 그에게 그가 처음 그렇게 했을 때

어떻게 느꼈는지 물었다. 그는 그것이 끔찍한 고문이었다고 말했다. 그것은 극심한 고문이어서 그는 강으로 가서 물속으로 들어가야만 했고, 이것으로 잠시 동안 그 고통을 누그러뜨렸다. 한 달 후에 그는 많이 고통스럽지 않았다. 그러한 수행을 통해서 힘들 즉 싯디들을 획득할 수 있다.

집중=사마디: 이것이 바람직한 요가이다. 이것은 이 과학의 주요한 주제이다. 앞서 언급한 것은 단지 부차적일 뿐이다. 그리고 그것들을 통해서는 목표에 이를 수 없다. 사마디는 우리가 정신적인, 도덕적인, 영적인 무엇이든지 얻을 수 있는 수단이다.

2. ___ 자연의 채움에 의해서 다른 종種들로의 변환이 초래된다.

파탄잘리Patañjali는 이 힘들이 출생이나 화학적 수단 또는 고행에 의해서 발생한다는 명제를 주창했다. 그는 또한 신체가 영구히 산 채로 유지될 수 있다고 말했다. 이제 그는 신체가 다른 종들로 변환하는 원인이 무엇인지에 대한 진술로 넘어간다. 그는 이것이 자연의 채움에 의해서 초래된다고 말한다. 다음 경문에서 그는 이것에 대해 설명한다.

3. ___ 선행과 악행들은 자연의 변환의 직접적인 원인들이 아니다. 그러나 그것들은 자연의 전개들에 대한 장애들을 부수는 것들로서의 역할을 한다. 마치 농부들이 수로의 장애물들을 부수고, 그때 물이 자체의 본성에 의해서 아래로 흘러내리는 것처럼.

비베카난다의 요가수트라

수문에 의해 저지되어 있을 뿐, 논에 댈 물은 이미 수로에 있다. 농부가 이 수문을 열면, 중력의 법칙에 의해서 물은 저절로 논으로 흘러들어간다. 그와 마찬가지로 모든 과정과 힘은 이미 사람 속에 있다. 완전함은 바로 인간의 본성이다. 다만 이 본성은 장애물로 가로막혀 있을 뿐이다. 그래서 그것은 알맞은 경로를 가는 것을 방해받는다. 만일 누군가 그 장애물을 치워버릴 수 있다면 자연이 몰려들 것이다. 그 경우에 그는 자신이 이미 가지고 있던 힘을 획득할 것이다. 장애물이 깨트려지고 자연이 몰려들자마자 우리가 사악하다고 부르는 사람들이 성자가 된다. 우리를 완전함으로 향하도록 추동하는 것은 본성이고, 그것은 결국 모든 사람을 거기로 데리고 갈 것이다. 종교적이게 되기 위한 이 모든 수행법과 투쟁은, 장애물들을 제거하고 문들을 열어서 우리의 타고난 권리 즉 우리의 본성인 그 완전함에 이르는 데 있어서 부정적인 일들일 뿐이다.

오늘날 고대 요가수행자들의 진화론=전개론 즉 전변론은 현대의 연구의 관점에서 더 잘 이해될 것이다. 그러나 요가수행자들의 그 이론이 더 나은 설명이다. 현대 학자들이 주창한 진화의 두 원인 즉 자웅선택과 적자생존은 불충분하다. 인간의 지식이 엄청나게 발달하여서 그로 인해 육체적 생명유지와 짝짓기 양자를 성취하는 데 있어서의 한 요인인 경쟁이 없어졌다고 가정해 보자. 그 경우에 현대의 학자들에 따르면 인간의 진보는 멈추게 될 것이고 인류는 죽게 될 것이다. 이 이론의 결과는 모든 억압자에게 양심의 가책을 달래기 위한 논거를 제공한다. 철학자인 체하며, 물론 그들은 능력에 대한 심사위원들일 뿐인데, 약하고 경쟁력이 없는 사람 모두를 죽이려는, 그래서 인류를 보존하려는 사람들이 없지는 않다. 그러나 고대의 위대한 진화론자인 파탄잘리 Patañjali는 진화의 참된 목적은 모든 존재에 이미 내재하는 완전함의 현현이라고 선언한다. 이 완전함은 장애물에 의해 가로막혀 왔고 무한한 흐름은 자기 자신을 표현하기 위해서 투쟁하고 있다. 이 모든 투쟁과 경쟁은 단지 우리의 무지의 결과이다. 왜냐하면 우리는 그 문을 열어서 물이 들어오게 하는 적절한 방법을 알지 못하기 때문이다. 뒤에 있는 이 무한한 흐름은 자신을 표현해야만 한다. 이것이 모든 현현의 원인이다. 생존을 위한 경쟁이나 성적 만족은 무지에 의해서 야기된, 단지 순간적이고 불필요하고 외부에서 발생한 요인이다. 더 정확히 말하면 모든 경쟁이 멈췄을 때 모든 사람이 완전함에 이를 때까지 우리 안에 있는 이 완전한 본성이 우리를 전진하게 만들 것이다. 그러므로 경쟁이 진보를 위해서 필수적이라고 믿을 이유가 없다. 동물 속에서 인간은 억압되어 있었지만 문이 열리게 되자마자 인간이 산출되었다. 마찬가지로 그렇게 인간 속에는 무지의 자물쇠와 장애물들에 의해서 그 속에 머물게 된 잠재적 신이 있다. 지식이 이 장애물들을 깨뜨릴 때 신은 현현하게 된다.

4. ___ 요가수행자는 자신의 자아의식으로부터 많은 마음을 생성한다.

카르마karma=업론은 우리가 자신의 선행과 악행의 결과를 경험하는 것이고 철학의 그 전체 범주는 우리가 인간의 영광을 깨닫는 데 도움을 주는 것이다. 모든 문헌은 인간의, 참영혼의 영광을 노래한다. 그리고 동시에 그것들은 카르마를 설교한다. 선행은 하나의 결과를 가져오고, 악행은 다른 결과를 가져온다. 그러나 선행과 악행으로 참 영혼에 영향을 줄 수 있다면 참영혼은 아무것도 아니게 된다. 악행들은 푸루샤Puruṣa 본성의 현현을 가로막을 뿐이다. 선행들은 장애물들을 제거하고 푸루샤의 영광이 현현되게 한다. 푸루샤 자신은 결코 변화되지 않는다. 당신이 무엇을 하든지 간에 당신 자신의 영광 즉 당신 자신의 본성은 결코 파괴되지 않는다. 왜냐하면 참영혼은 어떤 것에 의해서도 영향을 받지 않기 때문이다. 푸루샤의 완전함을 가리는 장막이 그것의 앞에 펼쳐져 있을 뿐이다.

자신들의 카르마를 재빨리 소진하기 위해서 요가수행자들은 카야 비유하kāya vyūha 즉 신체들로 된 그룹들을 창조하고, 그것들 속에서 이를 성취한다. 이 모든 신체를 위해서 요가수행자들은 자아의식으로부터 마음들을 창조한다. 이것들은 자신들의 원래 마음들과 대비하여 '창조된 마음들'이라고 불린다.

5. —— 창조된 여러 마음의 활동들은 다양하지만 하나의 원래 마음은 그 모든 것의 통제자이다.

여러 신체에서 작용하는 이 여러 마음은 '창조된 마음들'이라고 불리고, 여러 신체는 '창조된 신체들'이라고 불린다. 다시 말해서, 만들어진 신체들이고 마음들이다. 물질과 마음은 두 개의 무진장한 저장소와 같다. 요가수행자가 되었을 때 당신은 그것들을 통제하는 비밀을 배운다. 그 비밀은 언제나 당신의 것이었지만 당신은 잊어버렸다. 요가수행자가 되었을 때 당신은 그것을 생각해 낸다. 그 경우에 당신은 그것으로 무엇이든지 할 수 있고, 당신이 원하는 어떤 방법으로든 그것을 다룰 수 있다. 창조된 마음을 만들어 낸 물질은 대우주를 위해 사용된 동일한 바로 그 물질이다. 마음과 물질이 별개인 것은 아니다. 그것들은 동일한 것의 다른 면이다. 아스미타asmitā 즉 자아의식은 요가수행자의 이 '창조된 마음들'과 '창조된 신체들'을 만든 물질 즉 존재의 미세한 상태이다. 그러므로 요가수행자가 자연의 이 에너지들의 비밀을 발견할 때 그는 자아의식으로 알려진 물질로부터 수많은 신체와 마음을 만들어 낼 수 있다.

6. ___ 여러 마음 중에서 사마디samādhi에 의해서 획득된 것은 욕망이 없다.

　　　　　　많은 사람에게서 보는 여러 가지의 모든 마음 가운데 사마디 즉 완전한 집중에 의해서 획득되는 그 마음이 가장 높다. 약물이나 만트라 또는 고행을 통해서 특정한 힘들을 획득한 사람은 여전히 욕망들을 가지고 있다. 그러나 집중을 통해 사마디를 획득한 사람은 모든 욕망으로부터 자유롭다.

7. ___ 요가수행자들에게 행위들=요가수행자들의 업들은 흑黑도 백白도 아니다. 그리고 다른 사람들에게 그것들=다른 사람들의 업들은 세 종류 즉 흑·백 그리고 양자의 혼합이다.

　　　　　　요가수행자가 완전함을 얻었을 때 그의 행위들과 그러한 행위들에 의해 산출된 결과들이 그를 속박하지 못한다. 왜냐하면 그는 욕망으로부터 자유롭기 때문이다. 그는 단지 계속해서 행위할 뿐이다. 그는 선(善)을 베풀기 위해 행위하고 선을 행한다. 그러나 그는 그 결과들에 집착하지 않기에 그것들은 그에게 귀착하지 않을 것이다. 그러나 그러한 최고의 상태에 도달하지 못한 일반인들에게 행위들=업들은 세 종류 즉 흑(악한 것)·백(선한 것), 그리고 혼합이다.

8. ── 세 종류의 행위=업로부터 그 상태에만 적합한 그러한 욕망들만이 각각의 상태로 나타난다. [다른 것들은 당분간 중단된 상태로 유지된다.]

　　　　　　자신이 세 종류의 카르마karma 즉 선행과 악행과 양자가 섞인 행위를 해왔다고 가정해 보라. 그리고 내가 죽어서 하늘에서 신이 되었다고 가정해 보라. 신의 신체의 욕망들은 인간의 신체의 욕망과는 같지 않다. 신의 신체는 먹지도 마시지도 않는다. 과거의 카르마들의 결과로서 먹고 마시기 위한 욕망을 산출해야만 하는 자신의 과거의 충족되지 않았던 카르마들은 어떻게 되는가? 내가 신이 되었을 때 이 카르마들은 어디로 가는가? 대답은 그 욕망들은 적절한 환경들 속에서 자신들을 현현할 수 있기만 할 뿐이라는 것이다. 환경에 적합한 그 욕망들만이 활동적이게 되고 나머지는 저장된 상태로 있을 것이다. 이 삶에서 우리는 많은 신성한 욕망과 많은 인간적 욕망과 많은 동물적 욕망을 가지고 있다. 만일 내가 신의 신체를 취했다면 오직 선한 욕망들만이 작용할 것이다. 왜냐하면 환경이 그것들에 적합하기 때문이다. 만일 내가 동물의 신체를 취했다면 오직 동물적 욕망들만이 활동적이게 될 것이고 선한 욕망들은 대기하게 될 것이다. 이것은 무엇을 보여 주는가? 환경에 의하여 우리가 욕망들을 억제할 수 있다는 것을 보여 준다. 환경에 알맞고 적합한 카르마만이 발현될 것이다. 이는 환경의 힘이 카르마 그 자체도 제어할 수 있는 위대한 저지력이라는 것을 보여 준다.

9. ____ 기억과 인상들의 동일함이 있기에, 설령 종種; =출생과 장소와 시간에 의해서 분리된다 하더라도, 욕망들의 연속성이 있다.

　　　　　　　　　미세하게 되고 있는 경험들은 인상들이 된다. 되살아나게 된 경험들은 기억이 된다. 여기서 '기억'이라는 말은 현재의 의식적 행위에 있는, 인상으로 변화된 과거의 경험들의 무의식적 공동작용을 포함한다. 각각의 신체에 있어 유사한 신체에서 획득된 인상들의 집합만이 해당 신체에서 작용하는 원인이 된다. 다른 신체의 경험들에서는 [*인상들이] 해결되지 않은 상태로 남아 있다. 각각의 신체는 마치 해당 종種만으로 된 하나로 이어지는 신체들의 후예인 것처럼 행위한다. 그러므로 욕망들이 연이어지는 것은 중단되지 않는다.

10. ____ 행복에의 갈망이 영원하기에 욕망들은 시초가 없다.

　　　　　　　　　행복하기 위한 욕망은 모든 경험을 앞선다. 결코 경험의 시작은 없다. 왜냐하면 각각의 새로운 경험은 과거의 경험에 의해 산출된 경향성을 발판으로 삼기 때문이다. 그러므로 욕망은 시초가 없다.

11. ____ [욕망은] 원인, 결과, 지지 기반, 대상들에 의해 결합되기 때문에 이것들이 없다면 그것=욕망은 없다.

욕망들은 원인과 결과에 의해서 결합된다.[02]
만일 욕망이 일어났다면 그것은 자신의 결과를 산출하지 않고서 사라지지는 않는다. 또 한편으로는 마음은 거대한 저장고, 다시 말해서 상스카라samskāra의 형태로 바뀐 과거의 모든 욕망의 저장소이다. 그것들=욕망들이 자신들을 발현시키기 전까지 없어지지 않을 것이다. 더욱이 감각들이 외부의 대상들을 받아들이는 한 새로운 욕망들이 발생할 것이다. 욕망의 원인과 결과와 지지 기반과 대상들을 제거할 수 있다면 오직 그때만 욕망들은 사라질 것이다.

12. ____ 구나guṇa들에 있는 차이들에서 기인하는 과거와 미래의 차이 때문에, 그것들=과거와 미래은 그 자신들의 본성에 존재한다.

이 관념은 존재가 결코 비존재로부터 발생하지 않는다는 것이다. 나타난 형태로 존재하지 않는다 할지라도 과거와 미래는 미세한 형태로 존재한다.

13. ____ 구나guṇa들은 그것들의 가장 깊은 본성이기 때문에 그것들=과거와 미래은 나타나거나 미세하다.

구나들은 세 가지 구성 요소 즉 삿트와sattva·

---

02 원인들은 "고통을 지닌 장애물들"(제2장 제3경)과 "행위(업)들"(제4장 제7경)이고, 결과들은 "종(種=출생)들과 수명과 즐거움과 고통의 경험이다"(제2장 제13경).

라자스rajas·타마스tamas이다. 그것의 조대한 상태는 분명히 실재하는 우주이다. 과거와 미래는 세 구나들의 현현의 상이한 양태들로부터 발생한다.

14. ____ 사물들에 있어서의 단일성은 [구나(guna)들의] 변환들의 단일성의 결과로서 발생한다.

　　　　　　　세 가지 구성 요소가 있다고 하지만 그것들의 변환들은 일원화되기 때문에 모든 대상은 단일성을 나타낸다.

15. ____ 동일한 대상에 대한 인식과 욕망은 다양하기 때문에 마음과 대상은 상이한 본성으로 되어 있다.

　　　　　　　즉 우리의 마음들로부터 독립된 객관적 세계가 있다. 이것은 불교의 유심론에 대한 반론이다. 여러 사람은 동일한 것을 상이하게 보기 때문에 그것은 단지 어떤 특정한 개인의 상상일 리가 없다.[03]

16. ____ 사물들은 마음에 알려지거나 알려지지 않는다. 왜냐하면 그것=사물들이

---

03 어떤 판본들에는 여기에 부가적인 경문이 있다. 그것은 다음과 같다. "그 대상은 하나의 마음에 의지하고 있다고 할 수 없다. [마음이 그것을 인식하지 못했다면] 그것의 존재를 증명할 수 없기 때문에, 그때 그것은 비존재가 되었을 것이다." 만일 어떤 대상에 대한 인식이 그것의 존재의 유일한 기준이라고 한다면, 그때 어떤 사람의 마음이 무언가에 열중하게 되었다면 즉 사마디(samādhi)에 들어 있다면 그 대상은 누구에 의해서도 인식되지 않을 것이고 존재하지 않는다고 말하는 편이 나을 것이라고 한다.

　　　　　　　　　　　　　　　　　　　비베카난다의 요가수트라

마음에 칠하는 색채에 의지하기 때문이다.

17. ─── 마음의 주主 즉 푸루샤Puruṣa는 불변하기=변환하지 않기 때문에 마음의 상
태는 언제나 알려진다.

　　　　　　　　이 이론 전체의 요지는 우주가 정신과 물질
양자라는 것이다. 물질과 마음은 끊임없이 변화하는 상태이다. 이 책은 무
엇인가? 이것은 지속적으로 변화하는 분자들의 결합이다. 즉 한 무더기가
나가면 다른 무더기가 들어온다. 그것은 마치 소용돌이와 같다. 그러나 무
엇이 단일체가 되게 만드는가? 무엇이 그것을 동일한 책이 되게 만드는
가? 변화들은 리드미컬하다. 다시 말해서, 조화로운 질서 속에서 변화들
은 나의 마음에 인상들을 보내고 있고, 비록 부분들은 계속해서 변화하고
있지만, 종합된 이 인상들은 계속 이어지는 그림을 만든다. 마음 역시 계
속해서 변화하고 있다. 마음과 몸은 상이한 속도로 움직이고 있는 동일한
실체 속의 두 층위와 같다. 하나는 더 느리고 다른 하나는 더 빠르기 때문
에 우리는 두 움직임을 구별할 수 있다. 예를 들자면, 열차가 움직이고 수
레가 그것의 곁에서 움직이고 있다. 그 둘의 움직임을 측정하는 것은 어느
정도까지 가능하다. 그러나 여전히 그 밖의 무엇인가가 필요하다. 움직이
지 않는 다른 무언가가 있을 때 움직임은 인식될 수 있을 뿐이다. 그러나
두 개 또는 세 개가 서로 연관하여 움직이고 있을 때 우리는 보다 빠른 것
의 움직임을 인식하고, 그런 다음 더 느린 것들의 움직임을 인식한다. 마
음은 어떻게 인식할 수 있는가? 마음 역시 끊임없이 변화한다. 그러므로
더 느리게 움직이는 다른 어떤 것이 필요하고, 그런 다음 움직임이 훨씬

더 느린 어떤 것 등등에 대해 생각해야만 한다. 그리고 당신은 끝이 없다는 것을 알게 될 것이다. 그러므로 논리적으로 볼 때 어딘가에서 멈추어야만 한다. 결코 변하지 않는 어떤 것을 앎으로써 당신은 그 연쇄들을 끝내야만 한다. 움직임의 이 무한한 연쇄를 넘어서, 푸루샤는 불변하고 무색이며 순수하다. 마치 환등기가 스크린을 조금도 오염시키지 않고 그것에 이미지들을 투사하듯이 이 모든 인상은 단지 그것=푸루샤에 반영될 뿐이다.

18. ＿ 마음은 대상이기 때문에 스스로 빛을 내지 않는다.

　　　　　　　　마음은 모든 곳에서 엄청난 힘을 나타내지만 스스로 빛나지도 않고 본질적으로 지성적이지도 않다. 푸루샤Puruṣa만이 스스로 빛나고 모든 것에 자신의 빛을 비춘다. 그것이 모든 물질과 에너지에 스며드는 푸루샤의 힘이다.

19. ＿ 동시에 양자를 인식할 수 없기 때문에 [마음은 스스로 빛나지 못한다.]

　　　　　　　　만약 마음이 스스로 빛난다면 자신을, 동시에 자신의 대상을 인식할 수 있었을 것이지만, 마음은 그럴 수 없다. 마음이 대상을 인식할 때 마음은 자신을 반영할 수 없다. 그러므로 푸루샤Puruṣa는 스스로 빛나고 마음은 그렇지 않다.

20. ＿ 마음을 인식하는 다른 것=마음이 있다고 가정한다면 그러한 가정들은 끝이 없을 것이고 그 결과는 기억의 혼란일 것이다.

　　　　　　　　일상적인 마음을 인식하는 다른 마음이 있

　　　　　　　　　　　　비베카난다의 요가수트라

다고 가정해 보자. 그때 거기에는 여전히 그 전의 마음을 인식하는 다른 마음이 있어야만 할 것이므로 끝이 없을 것이다. 그 결과 기억의 혼란이 발생할 것이다. 기억의 저장고가 없게 될 것이다.

21. ―― 지식의 본질푸루샤(Puruṣa)은 불변한다. 마음이 그것의 형태를 취할 때 그것은 의식이 된다.

파탄잘리Patañjali는 지식이 푸루샤의 속성이 아니라는 것을 더 분명하게 하기 위해서 이것을 말했다. 마음이 푸루샤 가까이 가면, 말하자면, 푸루샤는 마음에 반영된다. 당분간 마음은 아는 자가 되어서, 마치 마음 자신이 푸루샤처럼 보인다.

22. ―― 보는 자와 보이는 것에 의해서 물든 마음은 모든 것을 이해할 수 있다.

마음은 한 면으로는 외부 세계 즉 보이는 것이 반영되고 다른 면으로는 보는 자가 반영된다. 그러므로 마음은 모든 것을 아는 힘이 된다.

23. ―― 마음은 수많은 욕망 때문에 다양하게 되지만 다른 것즉 푸루샤(Puruṣa)을 위해 작용한다. 왜냐하면 그것은 결합하여 작용하기 때문이다.

마음은 다양한 것의 복합체이므로 그 자신을 위해서 작용할 수 없다. 이 세상에서 결합물인 모든 것은 다른 실체의 목적에 복무한다. 왜냐하면 그 결합물은 다른 실체를 위해서 만들어졌기 때문이다. 그러므로 마음이라는 이 결합물은 푸루샤를 위해서 존재한다.

24. ＿＿ 식별하기 때문에 아트만ātman; *여기서는 개인의 영혼 즉 자아으로서의 마음의 인식은 중단된다.

　　　　　　　　　　식별을 통해서 요가수행자는 푸루샤Puruṣa가 마음이 아님을 안다.

25. ＿＿ 그때 식별로 기울어진 마음은 카이발리야kaivalya의 예비 상태를 획득한다.

　　[다른 판본에서는 다음과 같다. "그때 마음은 식별에 깊게 잠기게 되어서 카이발리야에 끌리게 된다."]

　　　　　　　　　　그렇게 요가 수행은 식별력 즉 명확한 통찰력으로 이끈다. 눈에서 가림막이 떨어지고 우리는 사물들을 있는 그대로 본다. 우리는 자연의 복합물이고 목격자인 푸루샤Puruṣa의 만족을 위해서 자신의 파노라마를 보여 주고 있다는 것을 발견한다. 자연은 주主가 아니고 자연의 모든 복합물은 단지 이 현상들을 자신 내부의, 왕좌에 앉은 왕인 푸루샤에게 보여 주기 위해서 존재한다는 것을 안다. 오랜 수행에 의해서 식별이 발생할 때 두려움은 멈추고 마음은 독존=카이발리아을 획득한다.

26. ＿＿ 그것=카이발리야(kaivalya)에 대한 장애들로서 [때때로] 일어나는 생각들은 인상들로부터 발생한다.

　　　　　　　　　　일어나는 모든 여러 가지의 생각은 우리를 행복하게 만들기 위해서는 외적인 어떤 것이 필요하다고 믿게 만들기 때문에 그러한 완성에 장애들이다. 푸루샤Puruṣa는 자기 자신의 본성이 행복이고 은총 받음이다. 그러나 과거의 인상들이 그 지식을 완전히 뒤덮고 있다. 이 인상들은 그 자체로 해결되어야 한다.

27. ──── 그것들의 제거는 앞서 말한 바와 같은_{제2장 제10경} 무지, 자아의식 등의 제거와 같은 방식이다.

28. ──── 정수들로 된 올바른 식별지에 도달할 때조차도 그에게 있을 결실들을 포기한 그는 완전한 식별의 결과로서 '덕德의 구름'으로 불리는 사마디_{samādhi}를 성취한다.

　　　　　　　요가수행자가 식별을 획득했을 때 앞 장에서 언급된 모든 힘이 그에게 발생한다. 그러나 진정한 요가수행자는 그 모든 것을 거부한다. 그에게 다르마메가_{dharmamegha} 즉 '덕의 구름'이라 불리는 특유한 지식, 특별한 빛이 생긴다. 세계의 역사가 기록해 온 모든 위대한 선지자들은 이것을 가지고 있었다. 그들은 자신들 안에 있는 지식의 모든 토대를 발견했다. 그들에게 진리는 실재가 되었다. 그들이 힘들에 대한 자만심을 포기한 후에, 평화와 고요와 완전한 청정은 그들 자신의 본성이 되었다.

29. ──── 그로부터 고통=번뇌과 작용=업들의 중단이 발생한다.

　　　　　　　그 '덕德의 구름'이 발생할 때, 그때 더 이상 추락의 공포가 없다. 요가수행자를 아래로 끌어내릴 수 있는 것은 아무것도 없다. 그에게 더 이상의 악함도 없을 것이고, 더 이상 고통도 없을 것이다.

30. —— 그때 가림막과 오염들이 제거된 지식은 무한하게 되고 알아야 할 대상
    은 작아지게 된다.

                                    지식 그 자체가 거기에 있다. 그것의 가림막
은 사라졌다. 불교 문헌 중 하나에서는 붓다Buddha,이것은 상태에 대한 명칭임를 하
늘처럼 무한한, 한정 없는 지식으로 정의한다. 예수Jesus는 그것에 도달해
서 그리스도Christ가 되었다. 당신들 모두 그 상태에 도달할 것이다. 지식이
무한하게 되었기 때문에 알아야 할 대상은 작아지게 된다. 지식의 모든 대
상들을 가진 전체 우주는 푸루샤Puruṣa 앞에서 아무것도 아닌 것처럼 된다.
일반인은 자신을 매우 작다고 생각한다. 왜냐하면 그에게 알아야 할 대상
이 한정 없는 것처럼 보이기 때문이다.

31. —— 그때 변환들이 자신들의 목적을 달성했기 때문에 구나guna들의 연속적
    인 변환들은 끝나게 된다.

                                    그때 종種에서 종種으로 변환하는, 구나들의
이 모든 다양한 변환들은 영원히 끝난다.

32. —— 순간들과 [*서로] 연관하여 존재하고 다른 끝즉 연속의 끝에서 인식되는 변
    환들이 연속이 의미하는 것이다.

                                    여기서 파탄잘리Patañjali는 연속이라는 용어
를 '순간들과 [*서로] 연관하여 존재하는 변환들'이라고 정의한다. 내가 생각
하는 동안 많은 순간이 지나가고 매 순간에 아이디어의 변화가 있다. 그러
나 나는 이 연속들의 끝에서 이 변화들을 인식할 뿐이다. 이것이 연속이라

고 불린다. 그러나 편재를 깨달은 마음에게는 연속이 없다. 모든 것이 그것=마음에게 현재가 된다. 그것에게는 오직 현재만이 존재하고, 과거와 미래는 없다. 시간은 통제되어서 유지되고 모든 지식은 한 순간에 있다. 모든 것을 순식간에 안다.

33. ____ 구나guna들이 푸루샤Puruṣa를 위한 행위의 모든 동기를 잃어버렸을 때, 반대되는 순서=역전변(逆轉變)로 구나들이 용해되는 것이 카이발리야kaivalya, 독존 또는 자유이다. 즉 카이발리야는 자기 자신의 본성에 있는 지식의 힘을 확립하는 것이다.

자연의 임무 즉 우리의 양육자인 자연이 자기 자신에게 부과한 이타적인 임무가 완수된다. 말하자면, 자연은 자기 자신을 잊어버린 영혼의 손을 다정하게 잡고 그 영혼에게 우주에서의 모든 경험 즉 모든 현현을 보여 주어서 그 자신의 잃어버린 영광이 돌아올 때까지 여러 신체를 거치며 그를 보다 더 높이 데려간다. 그래서 그 영혼은 자기 자신의 본성을 기억한다. 그때 친절한 어머니=자연는 삶이라는, 길 없는 사막에서 자신들의 길을 잃어버린 다른 사람들을 위해서 그녀가 왔던 길로 되돌아간다. 그렇게 그녀는 시작도 끝도 없이 일하고 있다. 그렇게 즐거움과 고통을 통해서, 선과 악을 통해서 영혼들의 무한한 강은 완전함 즉 참자아에 대한 깨달음의 대양 속으로 흘러들어가고 있다.

자기 자신의 본성을 깨달은 사람들에게 영광 있으라!
그들의 축복들이 우리 모두에게 있기를!

4부

강의록과 기고문

마음의 힘 I 환생 I 제자도 弟子道

강의록과 기고문

여기 제4부에는 비베카난다가 남긴 두 편의 강의록 〈마음의 힘〉, 〈제자도〉와 한 편의 기고문 〈환생〉이 실려 있다. 실린 순서대로 간략히 소개하자면, 다음과 같다.

먼저 〈마음의 힘〉은 여러 가지 재밌는 예와 예화를 활용하여 《요가수트라》의 핵심 개념인 '마음'에 대해 평이한 용어로 설명하고 있다. 다른 사람들의 마음을 읽는 능력, 현상계 또는 물질계에서의 마음의 창조력, 텔레파시 등 마음이 가진 신비하고 비범한 힘에 대해 이야기한다. 그리고 우리의 마음은 우주적 마음의 일부이고, 각각의 마음은 다른 모든 마음과 연결되어 있으므로 모든 존재와 소통하고 있는, 영향력을 주고받는 상태이고, 따라서 자신의 마음에 대한 통제력을 갖게 된다면 자신뿐 아니라 다른 모든 사람들의 마음에 대한 통제력도 갖게 된다는 사실을 지적한다. 그리고 사실상 물질계의 조대한 존재들을 포함한 모든 존재를 움직이게 하는 근원적인 힘은 하나의 가장 미세한 존재 즉 참영혼, 신으로부터 나오기에, 그것들 모두는 본질적으로 동일하다는 점을 강조한다.

기고문인 〈환생〉은 인도의 종교철학과 수행론의 핵심 관념들 중 하나인 '윤회'라는 주제를 다루고 있다. 인간의 영혼과 육체 그리고 윤회의 연관 관계를 중심으로 동서양의 다양한 관념들, 특히 고대의 유대인들, 이집트인들, 칼데아인들, 그리스인들의 관념을 다루면서, 인도인들의 영혼관의 독특성, 즉 영혼이야말로 참된 사람이고 몸으로부터 자유로워졌을 때 더 높은 지복의 상태를 즐길 수 있게 된다는 관념에 대해 언급한다. 이어서 영혼의 선재성, 불멸성, 개체성의 교의는 인도에서 맨 처음 발생했고, 이러한 영혼관은 자연스럽게 육신의 소멸 후에 영혼은 어디로 가는가, 라는 질문에 대한 대답, 즉 윤회로 연결된다며 쇼펜하우어Schopenhauer를 중심으로 서양철학자들의 다양한 관념들을 인용해 가며 윤회 관념의 타당성에 대해 말한다.

짐작건대, 이 기고문은 근본적으로는 기독교적 전통의 서구인들을 위해서 쓴 것으로 보인다. 왜냐하면 한 번의 생으로 끝나는 직선 형태의 세계관을 가진 기독교 전통의 서구인들에게는 원 모양의 순환적 모델인 윤회론은 매우 낯설 뿐만 아니라 받아들여지기 힘든 관념이기에 설명이 필요하기 때문이다.

마지막에 실린 강의록인 〈제자도〉에서는 인도의 실천 수행 체계에서 아주 중요한 부분을 차지하는 스승과 제자의 관계에서 제자가 갖추어야 할 덕목들에 대해 서술하고 있다. 이 글의 핵심은 본문에서 베단타주의자Vedantist들이 말하는 제자가 갖추어야할 네 가지 주요 조건에 대한 설명에서 명료하게 드러나 있다. 그러나 내용을 보면, 실제로는 다섯 가지이다. 그 조건들의 내용은 다음과 같다. 첫째는 진실을 알고자 하는 수련생은 이생 또는 내생에서 이익을 위한 욕망을 포기해야 하고, 둘째는 감각 기관을 통제하고 마음을 고요하게 만들며 극도의 인내력을 가져야 하며, 셋째는 제자가 반드시 구루 guru 즉 스승에 대한 믿음을 가지고 있어야만 한다. 넷째는 해탈하려는 극단적인 욕망을 품어야 하고, 마지막 다섯째는 참실재를 비실재로부터 구별해야만 한다.

마음의 힘[01]

　　　　　　　　　여러 시대를 거쳐 전 세계에는 초자연적인
것에 대한 믿음이 있어 왔다. 우리 모두는 이상한 현상들에 대해 들었고,
우리 중 많은 사람은 그것들에 대한 어떤 개인적 경험을 가지고 있다. 내
가 경험한 어떤 사실들을 여러분에게 말함으로써 그 주제에 대해 소개하
고 싶다.

　　　　　　　　　나는 언젠가 어떤 사람에 대한 이야기를 들
었는데, 누군가가 마음속에 질문을 가지고 그에게 가면 그가 즉시 그 질문
에 답해준다고 했다. 또한 그가 사건들을 예언한다는 사실도 알게 되었다.
나는 호기심이 생겨서 친구 몇 명과 함께 그를 만나러 갔다. 우리는 각각
마음속에 물어볼 어떤 것을 가지고 있었다. 그리고 실수를 피하기 위해 각
자 자신의 질문을 종이에 써서 주머니에 넣었다. 그 사람은 우리를 보자마
자 우리에게 묻기를 반복했고, 그 질문에 대한 답을 주었다. 그런 다음, 그

01　로스앤젤레스 강의(1900년 1월 8일).

는 종이 한 장에 무언가를 쓰고서 그 종이를 접은 후에, 내게 그 뒷면에 사인을 하라고 했다. 그리고 "그것을 보지 말고 당신 주머니에 넣으시오. 이것이 당신의 다음 질문일 것이고, 여기에 그 답이 있소."라고 말했다. 그리고 친구들 각각에게도 그렇게 했다. 그 다음 그는 우리에게 미래에 일어날 몇 가지 사건들에 대해 말했다. 그리고서 "이제, 당신이 좋아하는 어떠한 언어로 된 한 단어나 한 문장에 대해 생각하시오."라고 말했다. 나는 그가 완전히 모르는 언어인 산스크리트 Sanskrit 로 된 긴 문장을 생각했다. "이제 당신 주머니에서 그 종이를 꺼내 보시오."라고 말했다. 내가 생각한 산스크리트 문장이 거기에 적혀 있었다! 그는 그것을 한 시간 전에 다음과 같은 말과 함께 써놓았다. "내가 썼던 것에 대해 확인하면서 이 남자는 이 문장에 대해 생각할 것이다." 그것은 정확했다. 비슷한 종이를 받았던 즉 종이에 사인을 하고 그것을 자신의 주머니에 넣었던 다른 친구 또한 어떤 문장에 대해 생각할 것을 요청받았다. 그는 아라비아어 Arabic 로 된 한 문장을 생각했다. 그것은 《코란 Koran 》에서 인용한 어떤 구절이었다. 그리고 내 친구는 이 문장이 그 종이에 적혀 있는 것을 발견했다. 또 다른 한 친구는 의사였다. 그는 독일 의학 서적에 있는 한 문장을 생각했다. 그것이 자신의 종이에 적혀 있었다.

며칠 후에 나는 이전에 어쨌든 속았을 것이라고 생각하면서 다시 이 사람에게 갔다. 나는 다른 친구들을 데리고 갔고, 이번 경우에도 역시 그는 훌륭하게 성공했다.

인도의 하이데라바드 Hyderabad 시에 있었을 때 나는 한 브라만에 대해 들었는데, 그는 어디서 왔는지 아무도 모르는 수많은 것을 만들어 낼 수 있었다. 이 남자는 거기서 사업을 했다. 그는 존경할 만한 신사였다. 나는 그에게 자신의 속임수들을 보여 달라고 요청했다. 마침 그때 이 남자는 열이 있었다. 인도에는 일반적으로 성자가 아픈 사람에게 손을 대면 그 사람이 좋아지게 될 것이라는 믿음이 있다. 이 브라만이 내게 와서 "선생님, 제 머리 위에 당신의 손을 얹어주세요, 그러면 제 열이 치유될 겁니다."라고 말했다. 나는 "그러죠, 하지만 당신은 제게 속임수를 보여 줘야 해요."라고 말했다. 그는 약속했다. 나는 그가 바라던 대로 그의 머리에 손을 얹었고 나중에 그는 자신의 약속을 이행하게 되었다. 그는 허리 부위에 한 토막의 천만 걸치고 있었다. 왜냐하면 우리가 그 밖의 모든 것을 벗겨버렸기 때문이다. 나는 담요를 가지고 있었다. 날이 추웠기 때문에 그것을 몸에 두르라고 그에게 주었고, 구석에 그를 앉게 했다. 25쌍의 눈동자가 그를 지켜보고 있었다. 그가 "자, 여기를 보세요. 원하는 어떤 것이든 쓰세요."라고 말했다. 우리 모두는 포도송이, 오렌지 그 지역에서 절대 자라지 않는 과일들의 이름을 썼다. 그리고 우리는 그 종이 조각들을 그에게 주었다. 많은 양의 포도와 오렌지 등이 그의 담요 아래에서 나왔다. 만약 그 과일들의 무게를 달아봤다면 그 사람 무게의 두 배는 될 만큼 많았다. 그는 우리에게 그 과일들을 먹어보라고 요청했다. 우리 중 일부는 그것이 최면술이라고 생각하면서 거절했다. 그러나 그 사람은 직접 먹기 시작했다. 그래서 우리는 모두 먹었다. 괜찮았다.

그는 장미꽃 다발들을 만들어 내면서 끝냈다. 꽃잎마다 이슬방울이 맺혀 있었고 뭉개지거나 손상된 것도 하나 없이 각각의 꽃은 완벽했다. 그것들이 수많은 다발로 있다니! 내가 그 사람에게 설명을 요구하자, 그는 "모두 교묘한 속임수죠."라고 말했다.

그것이 무엇이었든 간에, 단지 교묘한 속임수일 뿐이라는 것은 불가능한 것처럼 보였다. 어디에 그처럼 엄청난 양의 과일들을 가지고 있을 수 있었겠는가?

그런데 나는 그와 같은 일들을 많이 보았다. 인도를 돌아다니다 보면 여러분은 여러 곳에서 수많은 유사한 일을 발견한다. 이러한 일들은 모든 나라에서 일어난다. 이 나라에서도 여러분은 뭔가 그러한 놀라운 일들을 발견할 것이다. 물론 의심의 여지없이 거기에는 수많은 사기행위가 있다. 그렇다 하더라도 사기행위를 볼 때마다 여러분은 또한 그 사기행위가 모방이라고 말해야만 한다. 어딘가에 모방되어지고 있는 어떤 진실이 있음에 틀림없다. 여러분은 존재하지 않는 것을 모방할 수는 없다. 모방은 틀림없이 사실상 진실인 무언가로 되어 있다.

아주 오래된 옛날 즉 수천 년 전에 인도에서 이러한 일은 오늘날보다 훨씬 더 많이 발생했다. 내가 보기에 한 나라에서 인구밀도가 매우 높아지게 되면 초자연적인 힘은 쇠퇴하는 것 같다. 사람이 적게 사는 아주 넓은 나라에는 아마도 초자연적인 힘이 더 많을 것이다. 분석적인 마음을 가진 힌두교도들은 이러한 사실들을 받아들여서 연구했다. 그리고 주목할 만한 어떤 결론에 이르게 되었다. 다시 말해서, 그것들을 과학으로 만들었다. 그들은 이 모든 사건이 비록 기이하지만 또한 자연발생적이기도 하다는 사실을 발견해 냈다. 그것들에 관한 초자연적인 것은 어떤 것도 없다. 그것들은 다른 모든 물리적 현상과 똑같이 법칙 하에 있다. 사람이 그러한 능력을 타고난 것은 자연의 변덕이 아니다. 그것들은 체계적으로 연구되고 획득될 수 있다. 이것은 그들이 라자 요가Rāja Yoga의 과학이라 부르는 과학이다.

라자 요가의 결론은 이 모든 비범한 능력이 사람의 마음에 있다는 것이다. 이 마음은 우주적 마음의 일부이다. 각각의 마음은 다른 모든 마음과 연결되어 있다. 그리고 어디에 있든지 간에 각각의 마음은 사실상 전체 세상과 소통하고 있다.

텔레파시라 불리는 현상에 대해 주목해 본 적이 있는가? 여기서 한 사람이 어떤 것을 생각하고 있고, 그 생각은 다른 어떤 장소에 있는 다른 누군가에게 나타난다. 우연이 아니라 준비를 한 어떤 사람이 자신의 생각을 멀리 떨어져 있는 다른 마음에 보내기를 원하고, 이 다른 마음은 어떤 생각이 오고 있다는 사실을 안다. 그리고 생각이 보내졌을 때 그는 그 생각을 정확히 받는다. 거리는 차이를 만들지 못한다. 그 생각이 가서 다른 사람에게 도달하고 그는 그것을 이해한다. 만일 여러분의 마음이 여기에 고립된 무엇이었고 나의 마음이 거기에 고립된 무엇이었고 두 마음 사이에 연결이 없었다면 어떻게 나의 생각이 여러분에게 전달될 수 있었겠는가? 보통의 경우 여러분에게 직접 도달하고 있는 것은 내 생각이 아니다. 그러나 나의 생각이 용해되어서 에테르적인 진동이 되고 이러한 에테르적인 진동이 여러분의 뇌로 들어간다. 그리고 그 진동은 틀림없이 다시 전환되어서 여러분 자신의 생각 속으로 들어간다. 여기에 생각의 용해가 있고 거기에 생각의 전환이 있다. 그것은 우회적 과정이다. 그러나 텔레파시에서는 그러한 것이 없다. 그것은 직접적이다.

이것은 요가수행자들이 말하는 것처럼 거기

에 마음의 연속성이 있다는 것을 보여 준다. 여러분들의 마음, 나의 마음, 이 모든 작은 마음은 우주적 마음의 조각들 즉 대양의 작은 파도들이다. 그리고 우리는 이 연속성 때문에 우리의 생각을 다른 사람에게 직접 전달할 수 있다.

여러분은 우리 주위에서 어떤 일이 발생하고 있는지 알고 있다. 세상은 영향력들 중 하나이다. 우리 에너지의 일부는 우리 자신의 몸을 유지하는 데 사용된다. 그것을 넘어서 우리 에너지의 모든 입자는 밤낮으로 다른 사람들에게 영향을 미치는 데 사용되고 있다. 우리의 몸, 우리의 덕성, 우리의 지성, 우리의 영성 이 모두는 지속적으로 다른 사람들에게 영향을 미치고 있다. 그리고 역으로 그렇게 우리는 그들로부터 영향을 받고 있다. 이러한 일이 우리 모두의 주위에서 계속 일어나고 있다. 이제, 확실한 예를 들어보겠다. 한 사람이 왔다. 그는 매우 학식이 있고 아름다운 언어를 구사하며 한 시간 가량 여러분에게 말하지만, 어떤 인상도 주지 못한다. 또 다른 사람이 와서 아마도 문법적으로 맞지 않게 몇 마디 말을 어눌하게 할 수도 있다. 그럼에도 불구하고 그는 커다란 인상을 준다. 여러분 중 많은 사람이 그것을 보아 왔다. 그러므로 항상 말만으로 인상을 만들 수는 없다는 사실은 명확하다. 말, 심지어 생각조차도 인상을 만드는 데 단지 ⅓의 영향만 줄 뿐이다. 사람이 ⅔의 영향을 준다. 그 ⅔는 여러분이 그 사람의 매력이라고 부르는 것이다. 그것이 여러분에게 가서 인상을 주는 것이다.

각 가정에는 가장이 있다. 일부 가장은 성공적이지만 다른 가장들은 그렇지 않다. 왜 그러한가? 우리는 자신의 실패에 대해 다른 사람들을 비난한다. 실패한 순간에 우리는 아무개가 그 실패의 원인이야, 라고 말한다. 실패하면 우리는 자신의 잘못과 약점을 고백하고 싶어 하지 않는다. 모든 사람은 자신은 잘못이 없다고 여기려 하고, 다른 사람이나 다른 무언가를 비난하거나 심지어 불운을 탓하려 한다. 한 가정의 가장이 실패할 때 그는 왜 어떤 사람들은 자신의 가정을 아주 잘 유지하는데 자신은 그렇게 할 수 없는가를 자문한다. 그때 그 차이는 자신 즉 자신의 인성 때문이라는 사실이 명확해질 것이다.

인류의 위대한 지도자들을 보면 우리는 언제나 중요한 것이 그 사람의 인성이었다는 사실을 발견한다. 이제, 과거의 위대한 작가들과 사상가들 모두를 생각해 보라. 실제로 그들은 얼마나 많은 독창적인 생각을 해왔는가? 과거 인류의 지도자들이 우리에게 남겨 온 모든 저작을 생각해 보라. 그들의 책을 가져다가 각각 평가해 보라. 지금까지 이 세상에서 생각되어 온 새롭고 모방이 아닌 진짜 사유는 단지 한줌밖에 되지 않는다. 그들이 우리에게 남겨 왔던 생각들을 그들의 책에서 읽어 보라. 그 작가들은 우리에게 거인으로 나타나지 않는다. 하지만 우리는 그들이 자신의 시대에서는 위대한 거인이었다는 사실을 안다. 무엇이 그들을 그렇게 만들었는가? 그들이 생각했던 사유만도, 그들이 썼던 책들만도, 했던 말들만도 아니었다. 그것은 다른 무엇으로, 지금은 사라진 그들의 인성이다. 내가 이미 말했듯이 사람의 인성이 ⅔이고, 지성과 말은 단지 ⅓이다. 우리에게 영향을 주는 것은 진짜 사람 즉 그 사람의 인성이다.

우리의 행동은 단지 결과일 뿐이다. 사람이 있을 때 행동은 반드시 발생한다. 결과는 틀림없이 원인을 따를 것이다.

모든 교육, 모든 훈련의 이상은 이러한 사람 만들기여야 한다. 그러나 우리는 그러는 대신 언제나 외면을 다듬으려 노력하고 있다. 내면이 없을 때 외면을 다듬는 것이 무슨 소용이 있는가? 모든 훈련은 사람을 성장시키는 것이어야 한다. 자신의 동료들에게 영향을 미치는, 이를 테면 그들에게 자신의 매력을 발산하는 그 사람은 힘의 발전기이다. 그리고 그러한 사람이 준비되면 그는 무엇이든 할 수 있고 자신이 좋아하는 모든 것을 할 수 있다. 다시 말해서, 무엇을 다루든지 간에 그러한 인성은 그것을 해낼 수 있게 될 것이다.

이제 우리는 비록 이것이 사실이라도 우리가 알고 있는 물리적 법칙들이 그것을 설명할 수 없을 것이라는 사실을 안다. 우리는 화학 법칙과 물리학 법칙으로 그것을 어떻게 설명할 수 있을까? 얼마나 많은 산소·수소·탄소가, 다른 위치들에 있는 얼마나 많은 분자가, 얼마나 많은 세포 등이 이 신비한 인성을 설명할 수 있을까? 여전히 우리는 그것이 사실이라고 생각한다. 그리고 비단 그뿐 아니라 그것이 참된 사람이라고, 살고 움직이고 일하는 그 사람이라고, 자신의 동료들에게 영향을 주고 감동시키고 죽는 그 사람이라고 생각한다. 그리고 그의 지성과 책·작품들은 단지 뒤에 남겨진 흔적일 뿐이다. 이것에 대해 생각하라. 종교의 위대한 스승들과 지성적인 철학자들을 비교해 보라. 철학자들은 누군가의 내적 자아에 거의 영향을 주지 못했지만, 그들은 가장 경탄할 만한 책을 저술하였다. 다른 한편, 종교의 스승들은 자신들의 일생 동안 여러 지역을 옮겨 다녔다. 그 차이는 인성에 의해서 만들어졌다. 철학자들에게 있어 인성은 영향을 미치는 연약한 것인 반면, 위대한 예언자들에게 있

비베카난다의 요가수트라

어 인성은 굉장한 것이다. 전자는 우리의 지성을 건드리고, 후자는 우리의 삶을 건드린다. 한 경우에 그것은 단지 화학적 과정, 구체적으로 말하자면 서서히 결합될지도 모를 특정한 화학 성분들을 함께 넣고 그 성분들이 적절한 환경 하에서 섬광을 일으키거나 또는 일으키지 못할 수도 있는 과정일 뿐이다. 다른 경우에 그것은 다른 횃불들을 점화하며 재빠르게 도는 횃불과 같다.

요가의 과학은 이러한 인성을 계발하는 법칙들을 발견해 왔고, 이 법칙들과 방법들에 적절한 주의를 기울임으로써 개개인은 자신의 인성을 성장시킬 수 있고 강화시킬 수 있다고 주장한다. 이것은 위대한 실용적인 것들 중 하나이고, 모든 교육의 비밀이다. 이것은 보편적인 실용성이 있다. 가정주부의 삶에서, 가난한 사람, 부유한 사람, 사업을 하는 사람, 영적인 사람의 삶에서 즉 모든 사람의 삶에서 이러한 인성을 강화하는 것은 위대한 일이다. 알다시피 물리적 법칙들의 배후에는 매우 미세한 법칙들이 있다. 다시 말해서, 물질적 세계, 정신적 세계, 영적 세계와 같은 그러한 실재들은 없다. 무엇이 있든지 간에 하나이다. 그것은 일종의 점점 가늘어지는 존재이다. 가장 굵은 부분이 여기이고 그것은 가늘어지고 점점 더 가늘어지게 된다. 가장 미세한 것이 우리가 참영혼이라고 부르는 것이고, 가장 조대한 것이 몸이라 부르는 것이다. 여기 즉 소우주 속에 있는 것과 꼭 마찬가지로 정확히 그렇게 대우주 속에 있다. 우리의 이 우주는 정확히 그와 같다. 가장 굵은 부분이 조대한 것, 즉 외부세계이고 그것은 점점 가늘어져서 신이 될 때까지 점차 더욱 더 미세한 것이 된다.

또한 우리는 가장 위대한 힘이 조대한 것 속이 아니라 미세한 것 속에 거주하고 있다는 사실도 알고 있다. 우리는 엄청난 무게를 들어올리는 한 사람을 본다. 그의 근육들은 팽창하고, 우리는 그의 몸 전체가 전력을 다하고 있다는 표시를 본다. 그래서 우리는 근육들이 강력한 것이라고 생각한다. 그러나 근육들에 힘을 가져다주는 것은 가늘고 실 같은 선들 즉 신경들이다. 그 순간에 이 실들 중 하나가 근육에 도달하지 못하게 끊어지게 되면 근육은 전혀 작동할 수 없다. 이 작은 신경들은 더욱 더 미세한 무언가로부터 힘을 가져오고, 그것은 다시 궁극적으로 훨씬 더 미세한 무엇인가 즉 생각으로부터 힘을 가져오며, 그것은 또다시 기타 등등으로부터 가져온다. 그러므로 실제로 힘의 중심지는 미세한 것이다. 물론 우리는 조대한 것에서 그 움직임들을 볼 수 있다. 그러나 미세한 움직임들이 발생할 때는 그것들을 볼 수 없다. 조대한 것이 움직일 때 우리는 그것을 파악하고 그래서 자연스럽게 움직임들을 조대한 것들과 동일시한다. 그러나 모든 힘은 실제로 미세한 것에 있다.

우리는 미세한 것에서 어떠한 움직임도 볼 수 있다. 아마도 그 움직임이 너무 강렬해서 우리는 그것을 인식할 수 없을 것이다. 그러나 우리가 어떤 과학이나 연구의 도움을 받아 조대한 나타남의 원인인 더 미세한 이 힘들을 이해하게 된다면, 그 조대한 것 자체가 통제 하에 있게 될 것이다. 호수의 바닥에서 올라오는 작은 거품이 있다. 우리는 그것이 올라오는 것을 항상 보지는 못한다. 우리는 그것이 호수 표면에서 터질 때만 그것을 볼 수 있다. 그러므로 우리는 생각이 상당히 발전한 후에만 또는 행동이 되고 난 후에만 그 생각들을 인식할 수 있다.

비베카난다의 요가수트라

우리는 우리의 행동들, 우리의 생각들에 대해 통제할 수 없다고 계속 불평한다. 그러나 우리가 어떻게 통제력을 가질 수 있을까? 우리가 미세한 움직임들에 대한 통제력을 가질 수 있다면, 다시 말해서 그것이 생각이 되기 전에, 그것이 행동이 되기 전에 우리가 근원적인 생각을 이해할 수 있다면, 그때 우리는 그 전체를 통제하는 것이 가능해질 것이다. 우리가 어떤 방법에 의해서 더 미세한 이 힘들, 더 미세한 그 원인들을 분석하고 연구하고 이해하고 마침내 대처할 수 있다면, 그때만이 우리는 우리 자신에 대한 통제력을 가질 수 있다. 그리고 자신의 마음에 대한 통제력을 가진 사람은 확실히 다른 모든 사람에 대한 통제력을 가질 것이다. 그것이 순수성과 도덕성이 언제나 종교의 목표가 되어 온 이유이다. 순수하고 도덕적인 사람이 자신에 대한 통제력을 가진다. 그리고 모든 마음은 동일하다. 다시 말해서, 하나의 참마음의 여러 부분이다. 한 덩어리의 점토를 아는 사람은 우주에 있는 모든 점토를 안다. 자신의 마음을 알고 통제하는 사람은 모든 마음의 비밀을 알고 모든 마음에 대한 지배력을 가진다.

그렇다면 미세한 부분들에 대한 통제력을 가지게 된다면 우리는 많은 물리적 폐해를 제거할 수 있다. 미세한 움직임들에 대한 통제력을 가지게 된다면 우리는 상당히 많은 걱정을 떨쳐버릴 수 있다. 이 미세한 힘들에 대한 통제력을 가지게 된다면 상당히 많은 실패를 피할 수 있다. 여기까지는 그것의 유용함이다.

지금 여러분에게 하나의 이론을 말하려 한다. 나는 그것에 대해 논쟁하지 않고 그 결론만 제시하겠다. 개개인은 어린 시절에 자신의 민족이 겪으며 성장해 왔던 단계들을 경험한다. 그 민족은 그것을 하는 데 수천 년의 세월이 걸릴 수밖에 없었던 반면, 아이는 몇 년의 시간이 걸린다. 아이는 처음에는 나이든 야만인이고, 야만인처럼 발로 나비를 짓밟아 뭉갠다. 아이는 자기 민족의 원시적인 조상과 같다. 성장하면서 그는 자신의 민족의 발달 상태에 이를 때까지 여러 단계를 거친다. 다만 그는 그것을 신속하고 재빠르게 할 뿐이다. 이제 인류 전체를 민족으로 생각하거나 또는 동물적 피조물 전체 즉 인간과 하등한 동물들 전체를 하나로 생각해 보자. 거기에는 그 전체가 향해서 움직여 가고 있는 목적이 있다. 우리는 그것을 완전성이라고 부르자. 인류의 전체적 발달을 앞당기는 일부 남성과 여성들이 있다. 전 인류가 그 완전성을 획득할 때까지 오랫동안 기다리고 계속 반복해서 태어나는 대신 그들은 그것들을 신속히 이를 테면, 자신들의 삶의 몇 년 내로 처리한다. 그리고 우리 자신에게 진실하다면 우리는 이 과정들을 앞당길 수 있다는 것을 안다. 어떠한 문명도 없이 수많은 사람이 한 섬에 살도록 내버려져 있고 음식과 의복과 피난처가 충분하게 주어져 있지 않다면, 시간이 지남에 따라 그들은 보다 더 높은 단계의 문명을 발달시키게 될 것이다. 그러나 또한 우리는 이러한 성장이 부가적 수단에 의해서 앞당겨질 수 있다는 것도 알고 있다. 우리는 나무의 성장을 돕지 않는가? 그냥 자라도록 내버려둔다면, 나무는 성장하는 데 더 긴 시간이 걸릴 뿐이다. 돕지 않을 때 걸리는 시간보다 더 빨리 성장하도록 우리는 그것들을 돕는다. 우리는 항상 동일한 일을 즉 인위적인 수단으로 어떤 것들의 성장을 앞당기는 일을 하고 있다.

왜 우리는 인간의 성장을 앞당길 수 없는가?

우리는 그것을 인류로서 할 수 있다. 왜 스승들을 다른 나라로 보내지 않는가? 왜냐하면 이러한 수단들로 우리는 종족들의 성장을 앞당길 수 있기 때문이다. 그렇다면, 우리는 개인의 성장을 앞당길 수 없는가? 우리는 할 수 있다. 우리는 단축 과정에 한계를 둘 수 있는가? 우리는 한 인간이 한 생에서 얼마나 많이 성장할 수 있는지 말할 수 없다. 우리는 한 인간이 이만큼 할 수 있고 더 이상 할 수 없다고 말할 이유가 없다. 환경은 인간의 성장을 놀랍게 앞당길 수 있다. 그가 완전함에 이를 때까지 거기에 어떤 한계가 있을 수 있는가?

그렇다면 이러한 원리로부터 무엇이 나오는가? 완전한 인간, 말하자면 아마도 지금으로부터 수백만 년 후에 자신의 민족으로부터 출현할 것인 그 유형, 그러한 인간이 오늘날 출현할 수 있다. 그리고 이것은 요가수행자들이 말하는 것으로, 모든 위대한 화신들과 예언자들이 그러한 사람들이고 그들은 이 한 생애에서 완전함에 도달했다. 우리에게는 세계사의 모든 시기에 언제나 그러한 사람들이 있어 왔다. 아주 최근에 전 인류의 삶을 살았고 바로 이 생애에 그 목표에 도달했던 그러한 한 사람이 있었다. 심지어 이러한 성장의 단축조차 법칙들 하에 있어야만 한다. 우리가 이러한 법칙들을 연구하고 그 비밀들을 이해해서 그 것들을 우리 자신이 필요한 것들에 적용한다고 가정해 보라. 틀림없이 우리는 성장한다. 우리는 우리의 성장을 앞당기고 발달을 촉진하여서 심지어 이 생애에서 완전하게 된다.

이것은 삶의 더 높은 부분이고 마음에 대해 연구하는 과학이며, 그 힘들은 그것의 실제 목표로서 이러한 완전성을 가진다. 돈과 다른 물질적인 것들로 다른 사람들을 돕고 그들이 일상적 삶에서 어떻게 순조롭게 계속 살아갈지 가르치는 것은 부차적인 일이다. 이 과학의 목표는 완전한 인간을 세상에 내놓는 것이지, 대양에서 파도에 이리저리 휩쓸려 떠다니는 물 위의 통나무처럼 그저 물질적 세계의 손안에 있는 장난감처럼 그를 오랫동안 기다리고 또 기다리게 두는 것이 아니다. 이 과학은 여러분이 강하게 되길 바라고 그 일을 자연의 손에 내버려두는 대신에 여러분 자신의 손에 쥐기를 그래서 이 작은 삶을 넘어서기를 바란다. 이것은 위대한 생각이다.

　　　　　인간은 지식 속에서, 힘 속에서, 행복 속에서 성장한다. 지속적으로 우리는 인류로서 성장하고 있다. 우리는 그것이 진실, 완전한 진실임을 안다. 그것은 개인들에게도 진실일까? 어느 정도까지는 그렇다. 그러나 아직 다시 질문이 생긴다. 여러분은 어느 곳에 한계를 정할 것인가? 나는 단지 상당히 멀리 떨어진 거리를 볼 수 있을 뿐이다. 그러나 나는 어떤 사람이 자신의 눈을 감고서 다른 방에서 일어나고 있는 일을 보는 것을 보았다. 여러분이 그걸 믿지 못하겠다고 말한다면, 아마도 그 사람은 3주 내에 여러분이 동일한 일을 하도록 만들어줄 수 있을 것이다. 누구에게나 그것을 가르칠 수 있다. 심지어 5분 내에 어떤 사람들을 다른 사람의 마음에 일어난 일을 읽게 만들 수 있다. 이러한 사실들은 증명될 수 있다.

　　　　　자, 이러한 일들이 진실이라면 우리는 어디에 한계를 둘 수 있는가? 어떤 사람이 이 방에 온 다른 사람의 마음에 무엇이 일어나고 있는지 읽을 수 있다면, 옆방은 왜 안 되겠는가? 어딘들 왜

비베카난다의 요가수트라

안 되겠는가? 우리는 왜 안 되는지 말할 수 없다. 우리는 감히 그것이 불가능하다고 말하지 않는다. 우리는 그것이 어떻게 일어나는지 알지 못한다고 말할 수 있을 뿐이다. 물리학자들은 이와 같은 일들이 가능하지 않다고 말할 권리가 없다. 그들은 오직 "우리는 몰라요."라고 말할 수 있을 뿐이다. 과학은 사실들을 모으고 그것들을 기반으로 일반화하고 원리들을 추론하여서 진실을 말해야만 한다. 그러나 우리가 사실들을 거부하기 시작한다면, 어떻게 과학이 있을 수 있겠는가?

인간이 획득할 수 있는 힘에는 끝이 없다. 이것이 인도인의 마음의 특성이다. 다시 말해서, 무엇이든지 그것에 흥미를 가질 때 그것에 완전히 몰입되어서 다른 것들은 무시된다. 여러분은 얼마나 많은 과학이 인도에 그 기원을 두고 있는지 안다. 수학이 거기에서 시작되었다. 산스크리트 숫자 체계 이후로 여러분은 오늘날에도 하나, 둘, 셋 등을 차례로 세고 있다. 그리고 여러분 모두 알다시피 대수학 또한 인도에서 발생했고, 뉴튼 Newton이 태어나기 수세기 전에 인도인들은 중력을 알고 있었다.

여러분은 그 특성을 안다. 인도의 역사에서 특정 기간에 인간과 그의 마음에 대한 이 하나의 주제가 인도인들의 모든 관심을 빨아들였다. 그것은 매우 매력적이었는데, 왜냐하면 자신들의 목표를 달성하기 위한 가장 쉬운 길처럼 보였기 때문이다. 그래서 인도인은, 법칙에 따르면 마음은 무엇이든 그리고 모든 것을 할 수 있다는 사실을 매우 철저하게 확신하게 되어서, 마음의 힘들은 훌륭한 연구 대상이 되었다. 부적과 마술과 다른 힘들은 특별하지 않았다. 그들이 그 전에 배웠던 자연 과학들과 꼭 마찬가지로 정규적으로 배웠다. 이러한 일들에 대한 그러한 확신이 자연 과학들이 거의 사라졌던 민족에게 다가왔다. 이 하나의 것이 그들의 주의를 끌었다. 여러 분파의 요가수행자들이 모든 종류의 실험을 하기 시작했다. 일부는 어떻게 다른 색상의 빛들이 몸에서 변화를 만들어 내는지 알아내기 위해서 빛으로 실험을 했다. 그들은 특정한 색상의 옷을 입었고 특정한 색상의 음식을 먹었으며 특정한 색상의 물건들을 사용했다. 모든 종류의 실험이 이런 방식으로 되었다. 다른 요가수행자들은 자신의 귀를 막고 막지 않음으로써 소리로 실험을 했다. 그리고 여전히 다른 요가수행자들은 후각 등으로 실험을 했다. 모든 생각은 원천에 즉 그러한 일들의 미세한 면에 도달하게 되었다. 그리고 그 실험들 중 일부는 실제로 가장 놀라운 결과를 얻었다.

그들 중 많은 사람이 공중에 뜨거나 허공을 통과해 가려고 노력했다. 여러분에게 서양의 위대한 학자로부터 들은 이야기를 하나 하겠다. 그러한 공연을 본 스리랑카Ceylon의 통치자가 그에게 해준 이야기이다. 한 소녀가 앞으로 나와서 막대기를 교차하여 만든 의자 위에 가부좌를 하고 앉았다. 그녀가 한동안 앉아 있던 후에 쇼맨이 이 막대기들을 하나씩 제거하기 시작했다. 모든 막대기가 제거되었을 때 그 소녀는 공중에 떠 있는 상태로 있었다. 그 통치자는 거기에 어떤 속임수가 있다고 생각하고서, 검을 꺼내서 그 소녀의 아래 공간으로 검을 거칠게 휘둘렀다. 거기에는 아무것도 없었다. 그렇다면 이것은 무엇인가? 그것은 마술이거나 초자연적인 무엇이 아니다. 그것은 특성이다. 인도에 있는 누구도 여러분에게 이와 같은 일들이 존재하지 않는다고 말하지 않을 것이다.

인도인들에게 그것은 당연한 일이다. 당신은 인도인들이 자신의 적들과 싸워야만 했을 때 종종 다음과 같이 말했던 것을 알고 있다. "오, 우리 요가수행자들 중 한 명이 와서 그들 모두를 쫓아내버릴 거야!" 어쩌면 극단으로 가고 있는지도 모르겠다. 그럼에도 불구하고 손이나 검에 무슨 힘이 있겠는가? 그 힘은 모두 참영혼 속에 있다.

이것이 진실이라면 마음이 자신의 최고의 능력을 발휘하는 일은 충분히 매혹적인 것이다. 그러나 다른 과학들에서 어떠한 위대한 성취를 이루는 것이 매우 어려운 것처럼 이 일 또한 그렇다. 아니 훨씬 더 어렵다. 그러나 대부분의 사람은 이 힘들을 쉽게 얻을 수 있다고 생각한다. 여러분이 부자가 되는 데 몇 년의 세월이 걸리는가? 그것에 대해 생각해 보라. 먼저, 여러분이 전기학이나 전기 공학을 배우는 데 몇 년의 세월이 걸리는가? 그런 다음, 여러분은 여생 동안 내내 일해야만 한다.

그런데 대부분의 다른 과학은 움직이지 않는 것들 즉 고정된 것들을 다룬다. 여러분은 의자를 분석할 수 있다. 의자는 여러분에게서 날아서 떠나가지 않는다. 그러나 이 과학은 마음을 다루는데, 마음은 항상 움직인다. 그것을 연구하고 싶어 하는 순간 슬그머니 떠난다. 지금 마음은 하나의 기분 상태에 있고, 다음 순간 아마도 다르게 바뀌며 언제나 변화하고 있다. 마음은 이 모든 변화 가운데서 연구되고 이해되고 파악되어서 통제되어야만 한다. 그렇다면 이 과학은 얼마나 더 어려운가! 이것은 엄격한 훈련을 요구한다. 사람들은 내게 왜 내가 자신들에게 실제적인 가르침들을 주지 않느냐고 묻는다. 물론, 농담이 아니다. 나는 이 강단에 서서 여러분에게 말하고, 여러분은 집으로 가서 아무 도움이 안 된다는 것을 발견한다. 나 또한 마찬가지이다. 그때 여러분은 "그건 모두 터무니없는 말이에요."라고 말한다. 그건 여러분이 그것을 허튼 소리로 만들고 싶어 하기 때문에 그렇다. 나는 이 과학에 대해 아주 조금 알고 있다. 그러나 그 조금 아는 것은 내가 30년의 삶 동안 연구해서 얻었던 것이고, 6년 동안 나는 내가 아는 그 조금을 사람들에게 말해 오고 있다. 그것을 배우는 데 나는 30년이 걸렸고, 그 세월 동안 나는 몹시 어렵고 힘들게 노력했다. 때로는 24시간 중에 20시간 동안 그것에 대해 연구했다. 때로는 밤에 오직 한 시간만 잤다. 때로는 밤을 꼬박 새며 연구했다. 때로는 소리가 거의 없는 곳, 숨소리도 거의 없는 곳에서 살았다. 때로는 동굴에서 살아야만 했다. 그것에 대해 생각해 보라. 그러나 아직 나는 조금 알거나 또는 아무것도 모른다. 나는 이 과학이라는 옷의 옷단도 거의 만지지 못했다. 그러나 나는 그것이 진실이고 광대하고 경이롭다는 것을 이해할 수 있다.

자, 여러분 중 진정으로 이 과학을 학습하기를 원하는 누군가가 있다면, 그는 삶의 어떠한 일에 착수하는 결심과 동일한, 아니 훨씬 더한 그러한 종류의 결심으로 시작해야만 한다. 그리고 일이 얼마나 상당한 주의력을 요구하는지! 그리고 그 일이 얼마나 엄격한 감독관인지! 심지어 아버지나 어머니나 아내 또는 아이가 죽는다 하더라도 일은 멈출 수 없다. 심지어 비통해 하고 있다 하더라도 우리는 여전히 일하는 곳에 가야만 하고, 그때 일하는 매 시간은 고통이다. 그것이 일이다. 그래서 우리는 그것이 당연하다고, 옳다고 생각한다.

비베카난다의 요가수트라

이 과학은 항상 어떤 일이 요구할 수 있는 것보다 더 많은 응용을 필요로 한다. 많은 사람이 일에서 성공할 수 있지만, 이 과학에서는 극소수만이 성공한다. 왜냐하면 그것을 학습하는 사람의 특별한 기질에 많이 의존하기 때문이다. 일에서처럼 아마도 모두 부유하게 되지는 못하겠지만, 누구나 귀중한 것을 만들 수 있다. 그러므로 이 과학에 대한 학습에서 개개인은 그것의 진실을 힐끗 볼 수 있고, 그것을 완전하게 깨달은 사람이 있어 왔다는 사실을 언뜻 볼 수 있어서 스스로 확신하게 될 것이다.

이것이 이 과학의 개요이다. 이 과학은 독립해 서 있고 자체의 관점에 근거해 있으며 어떤 다른 과학과의 비교에 도전한다. 허풍선이들도 있어 왔고 마술사들도 있어 왔고 협잡꾼도 있어 왔으며, 어떤 다른 분야에서보다 여기에 더 많은 그러한 사람들이 있어 왔다. 왜 그런가? 이유는 단순하다. 일이 더 돈벌이가 될수록 허풍선이들과 협잡꾼들이 더 엄청나게 많아지기 때문이다. 그러나 일이 올바르지 않아야 할 이유는 없다. 그리고 한 가지 더 말하자면, 모든 논쟁에 귀 기울이는 것은 훌륭한 지적 훈련일 수 있고 놀라운 일들에 대해 듣는 것은 지적인 만족감일 수 있다. 그러나 여러분 중 어떤 한 사람이 진짜 그것을 넘어선 무언가를 배우기를 원한다면, 강의에 참석하는 것만으로는 안 될 것이다. 이것은 강의에서 배울 수 없다. 왜냐하면 그것은 삶이기 때문이다. 그리고 오직 삶만이 삶을 전달할 수 있다. 여러분 중 정말 그것을 배우려 결심한 누군가가 있다면, 나는 매우 기쁘게 여러분을 도울 것이다.

환생⁰¹

"너와 나는 여러 생을 거쳐 왔다.
너는 그 생들을 모르고, 나는 그 생들을 모두 안다."

《바가바드 기타 *Bhagavad Gita*》

모든 나라와 모든 시대에서 인간의 지성을 가장 당혹스럽게 만들어 온 많은 수수께끼 중 가장 난해한 것은 인간 그 자신이다. 역사의 바로 그 여명에서부터 인간은 무수한 미스터리들의 해결을 위해 분투하는 데 자신의 에너지를 끌어내어 왔다. 그것들 가운데 최고의 미스터리는 인간 자신의 본성이다. 그것은 가장 해결할 수 없는 수수께끼이자 동시에 모든 문제 중의 문제이다. 우리가 알고 느끼고 행동하는 모든 것의 출발점이자 저장소로서 인간 자신의 본성이 자신의 최상의 그리고 최우선의 주의력을 요구하기를 그치게 될 때는 결코 있지 않았고 앞으로도 있지 않을 것이다.

비록 바로 그 자신의 존재와 가장 긴밀한 연결을 가지고 있는 다른 모든 것 중 진실에 대한 갈구를 통해서라고 하거나, 비록 외부의 우주를 측정하기 위한 내면의 기준에 대한, 모든 것을 포

---

01 《형이상학 매거진*Metaphysical Magazine*》 기고(1895년 3월, 뉴욕).

괄하는 욕망을 통해서라고 하거나 또는 비록 변화하는 우주에서 고정점을 발견하려는 절대적이고 선천적인 필요성을 통해서라고 하더라도, 인간은 때로 황금을 위해서 몇 움큼의 먼지를 움켜쥐려 해왔고, 이성이나 지성보다 더 높은 목소리에 의해서 독려 받았을 때조차 내면의 신성의 의미를 올바르게 해석하는 데 여러 번 실패해 왔다. 그럼에도 불구하고 연구가 시작되었던 이래로 어떤 민족이나 어떤 개인들이 진실의 등불을 잡지 못했을 때는 단 한 번도 없었다.

한쪽으로 치우치고 엉성하며 편견을 가진 관점으로 주위의 상황들과 중요치 않은 세세한 것들을 관찰하는 사람들과, 또한 때로는 많은 학파들과 분파들의 모호함에 넌더리를 내게 된 사람들 그리고 유감스럽게도 종종 조직화된 성직자들의 술책으로 된 폭력적 미신들에 의해 반대의 극단으로 가게 된 사람들이 고대에서든 현대에서든, 특히 고등한 지식인 사이에서 있어 왔고, 그들은 절망 속에서 그 연구를 포기해 왔을 뿐 아니라 무익하고 쓸모없다고 밝혀 왔다. 철학자들은 괴로워할 수도 냉소할 수도 있고, 성직자들은 심지어 무력으로 자신들의 장사에 열중하고 있을 수도 있다. 그러나 진실은 두려움과 장사함 없이 오직 진실만을 위해 진실의 성지에서 경배하는 그들에게만 온다.

빛은 개인들이 가진 지성의 의식적인 노력을 통해서 그들에게 온다. 그러나 빛은 무의식의 삼투를 통해서 천천히 인류 전체에게 온다. 철학자들은 위대한 마음의 의지적 고투들을 보여 준다. 역사는 그 삼투의 조용한 과정을 드러내고, 이 과정을 통해서 대중들은 진실을 흡수한다.

인간이 자신에 대해 생각해 온 모든 이론 중 몸과 불멸로부터 분리된 영혼의 존재에 대한 이론이 가장 널리 퍼져 왔다. 그러한 영혼에 대한 믿음을 가져온 사람들 가운데 대다수의 사려 깊은 사람들은 또한 영혼이 언제나 선재한다는 믿음을 가져왔다. 현재 기성 종교를 가진 인류의 보다 많은 수의 사람이 그것을 믿고 있다. 그리고 비록 영혼이 선재한다는 것으로 된 모든 생각에 대해 공공연하게 냉담한 종교들 속에서 길러졌음에도 불구하고 최혜국들에 있는 최고의 사상가들 중 다수가 그것을 승인해 왔다. 힌두교와 불교는 자신들의 토대로 그 생각을 가지고 있다. 고대 이집트인 사이에서 교육받은 사람들도 그것을 믿었다. 고대 페르시아인들도 그 생각에 도달했다. 일부 그리스 철학자들도 그것을 자신들의 철학의 초석으로 삼았다. 유대인들 중 바리새인들도 그것을 받아들였다. 마호메트교인들 가운데 수피들도 그것이 진실하다고 거의 예외 없이 승인했다.

나라들 사이에 특정한 형태의 믿음을 산출하고 육성하는 독특한 주변 환경들이 있음에 틀림없다. 고대의 인류들이 죽음 이후에 살아있는, 신체로부터 떨어져 있는 무언가에 대한 어떤 생각에 도달하기까지는 오랜 기간이 필요했다. 신체로부터 분리되어서 유지되고 살아있는 무언가에 대한 어떤 합리적 생각에 도달하기까지는 더 오랜 기간이 걸렸다. 그것은 바로 신체와 연결된 존재가 단지 일시적일 뿐이라는 생각에 도달하게 되었을 때였다. 그리고 그러한 결론에 도달한 그 나라들 사이에서만 피할 수 없는 질문들 즉 '그것은 어디로 가는가?', '그것은 어디서 왔는가?'가 있었다.

비베카난다의 요가수트라

고대의 유대인들은 영혼에 대해 자신들에게 스스로 물음으로써 절대 자신들의 평정심을 어지럽히지 않았다. 죽음은 그들과 함께 모든 것을 끝냈다. 칼 헤켈Karl Heckel은 다음과 같이 타당하게 말한다. "비록 구약에서 추방 전에 유대인들은 몸과 다른 생명의 원리를 구별하였고, 그것은 때로 '네페쉬Nephesh'나 '루아크Ruakh' 또는 '네샤마Neshama'라고 불렸다는 것이 진실이지만, 이 모든 단어는 정신 또는 영혼의 관념이라기보다는 오히려 숨이라는 관념에 상응한다." 또한 추방 이후에 팔레스타인Palestine의 유대인들의 저작들에서 개별적인 불멸의 영혼에 대한 언급은 전혀 없고, 언제나 신으로부터 나오는 생기-호흡에 대한 언급만 있다. 그리고 몸이 죽고 난 후에 그 생기-호흡은 신성한 '루아크' 속으로 재흡수된다.

고대 이집트인들과 칼데아인들은 영혼에 대한 자신들의 독특한 믿음을 가지고 있었다. 그러나 죽은 후에 사는 영혼에 대한 그들의 생각들은 고대 인도인, 페르시아인, 그리스인 또는 다른 아리아인들의 생각들과 혼동되지 않아야만 한다. 아주 옛날부터 영혼에 대한 관념에 있어서 아리아인들과 산스크리트어Sanskrit를 사용하지 않는 이방인들 사이에는 명백한 차이가 있었다. 외적으로 그것은 그들이 죽은 사람을 처리하는 것으로 대표된다. 즉 이방인들은 조심스럽게 매장하거나 미라로 만드는 보다 정교한 과정들에 의해서 대부분 시체들을 최선을 다해 보존하려 노력했고, 아리아인들은 일반적으로 자신들의 시체를 태웠다. 여기에 위대한 비밀의 핵심이 놓여 있다. 그것은 이집트인이든 아시리아인이든 바빌로니아인이든 간에 이방인 종족은 아리아인들, 특히 인도인들의 도움 없이 몸과 관계없이 살 수 있는 분리된 존재로서 영혼에 대한 관념을 전혀 얻지 못했다는 사실이다.

헤로도투스Herodotus가 이집트인들이 영혼의 불멸에 대한 관념을 처음 인식했다고 말했고, 이집트인들의 교리로서 "몸이 죽고 난 후에 영혼은 되풀이해서 살아서 움직이는 피조물 속으로 들어간 다음, 그 영혼은 땅과 바다와 공중의 모든 동물 속을 두루 헤매고, 결국 수천 년이 지난 후에 인간의 몸으로 돌아온다."라고 말했음에도 불구하고, 이집트학에 대한 현대의 연구는 지금까지 이집트의 대중적 종교에서 윤회전생의 어떠한 흔적도 발견하지 못하고 있다. 반대로 G. 마스페로Maspero와 A. 에르만Erman 그리고 다른 탁월한 이집트학자들의 가장 최근의 연구들은 윤회의 교의가 이집트인들에 기원을 두고 있지 않다는 가설을 증명하는 데 도움이 된다.

고대 이집트인들에게 영혼은 단지 몸과 꼭 닮은 것일 뿐이어서 그 자체의 개별성이 없었고 결코 몸과의 연결을 끊을 수 없었다. 몸이 지속되는 한에서만 영혼은 유지되고 만일 우연히 시체가 파괴되면 죽은 영혼은 두 번째 죽음과 소멸을 경험한다. 죽은 후에 영혼은 전 세계를 자유롭게 배회할 수 있게 되지만, 언제나 밤에는 반드시 시체가 있었던 곳으로 돌아와야만 하고, 항상 비참하고 배고프고 목마르며, 늘 삶을 다시 한 번 향유하기를 몹시 욕망하지만 한 번도 그 욕망을 충족시킬 수 없다. 낡은 몸의 어떤 부위가 손상되면 영혼 역시 예외 없이 그것에 상응하는 부위가 손상되었다. 이 관념은 자신들의 시체를 보존하려는 고대 이집트인들의 근심을 설명한다.

처음에는 사막을 매장 장소로 선택했다. 왜 냐하면 건조한 공기는 몸이 빨리 썩지 않게 했으므로 죽은 영혼이 오랜 기간 존재할 수 있게 해주었기 때문이다. 시간이 지나면서 신들 중 한 명이 미라를 만드는 과정을 발견했고, 이를 통해서 신앙심이 깊은 사람들은 자신의 선조들의 시체를 거의 영원한 시간 동안 보존하기를 희망했고, 이렇게 죽은 영혼에게 불멸을 보장하였지만, 그것은 비참한 일인지도 모른다.

영혼이 더 이상 관심을 가질 수 없을 세상에 대한 영원한 후회는 결코 죽은 사람을 괴롭히기를 멈추지 않는다. 죽은 사람이 다음과 같이 외친다. "오, 나의 형제여, 마시는 것을, 먹는 것을, 술 취하는 것을, 사랑하는 것을, 모든 즐거움을, 밤낮으로 당신의 욕망을 따르는 것을 그대 스스로 억제하지 마라. 슬픔을 그대의 심장에 두지 마라. 무엇을 위해서 인간의 세월이 이승에 있겠는가? 서쪽은 잠의 땅이고 짙은 그림자들의 땅이다. 거기에 거주하는 사람들은 일단 자리잡게 되면 미라의 형태를 하고서 계속 꾸벅꾸벅 졸아서, 두 번 다시 깨어서 자신들의 형제들을 보지 못하고, 두 번 다시 깨어서 아버지와 어머니를 보지 못하며, 자신들의 아내와 자녀들을 마음에서 잊어버렸다. 거주하고 있는 모두에게 땅이 주는 흐르는 물이 내게는 괴어 있고 죽어 있다. 그 물은 지상에 있는 모든 이에게로 흐른다. 한편, 내게 그것은 단지 액체의 부패물일 뿐이다. 이 물이 나의 물이다. 이 장례식의 골짜기로 들어왔기 때문에, 내가 어디에 있는지, 무엇인지 나는 알지 못한다. 흐르는 물을 마시게 해다오 … 내가 얼굴을 북쪽으로 하고 물가에 앉을 수 있게 해다오. 그러면 산들바람이 나를 달랠 수도 있고 나의 심장은 슬픔으로부터 생기를 되찾게 될 수도 있다."[02]

비록 이집트인들이 죽음 이후의 영혼의 상
태에 대해서 그랬던 것만큼 많이 숙고하지는 않았지만, 칼데니아인들 사
이에서도 영혼은 여전히 몸과 꼭 닮은 것이었고 자신의 무덤에 속박되어
있었다. 그들 역시 이 물질적 육체가 없는 상태를 생각할 수 없었고, 시체
가 부활해서 다시 살아가기를 기대했다. 그리고 비록 커다란 위험들과 모
험들 이후에 이슈타르Ishtar 여신이 그녀의 양치기 남편인, 에아Ea와 담키
나Damkina의 아들인 뒤무지Dumuzi를 부활시켰지만, "가장 신앙심 깊은 신자
들은 헛되이 이 사원 저 사원 다니면서 자신들의 죽은 친구들의 부활을 간
청했다."

따라서 우리는 고대 이집트인들과 칼데니아
인들이 결코 영혼의 관념을 죽은 사람의 시체에서 또는 무덤에서 완전하
게 분리할 수 없었다는 사실을 발견한다. 지상의 존재의 상태는 결국 최고
였고, 죽은 사람들은 언제나 그 상태를 다시 시작할 또 한 번의 기회를 가
지기를 갈망했다. 그리고 살아있는 사람들은 육체와 꼭 닮은 그 비참한 존
재를 연장하는 데 도움이 되기를 열렬하게 희망하고 있었고, 그 존재들을
돕기 위해 최선의 노력을 기울이고 있었다.

이것이 영혼에 대한 더 고등한 어떤 지식이

---

02 이 문헌은 브룩쉬(Brugsch)에 의해서 《이집트 무덤의 세계*Die Egyptische Gräberwelt*》라는
제목으로 독일어로 번역되었다.(pp.39-40 인용) 프랑스어로는 마스페로(Maspero)에 의해서
《이집트 연구*Etudes Egyptiennes*》 Vol. I이라는 제목으로 번역되었다.(pp.181-190 인용)

발생할 수 있는 토양은 아니다. 먼저 전체적인 관념은 심하게 유물론적이고, 그렇다 해도 그것은 공포와 고통 중 하나이다. 거의 셀 수 없이 많은 악의 힘에 의해 두려움을 느끼고 그 힘들을 피하기 위해 절망적이고 필사적인 노력을 하는 살아있는 사람들의 영혼은, 죽은 사람들의 영혼에 대한 자신들의 관념들처럼 비록 그 영혼들이 전 세계를 배회한다 하더라도, 결코 무덤과 허물어져가는 시체를 넘어설 수는 없을 것이다.

우리는 이제 다른 민족의 영혼에 대한 더 고등한 관념들의 원천에 의지해야만 한다. 그들의 신은 광채가 나고 자애로우며 도움이 되는 여러 신deva을 통해서 자신을 현현하는 완전히 자비롭고 전적으로 편재하는 참존재이다. 그들은 자신들의 신을 아버지라고 부른 최초의 인류로 다음과 같이 말한다. "오, 마치 아버지가 사랑스런 자식의 손을 잡는 것처럼, 저의 손을 잡아주세요." 신과 함께하는 삶은 희망이지 절망은 아니었다. 그들의 종교는 광적인 흥분의 삶의 휴식기 동안 고통에 찬 인간의 입술에서 새어나오는 간헐적인 불평의 소리들이 아니었다. 그러나 그들의 관념은 우리에게 들판과 숲의 향기를 생각나게 한다. 새들이 하루의 지배자의 첫 빛살들에 의해 비춰지는 이 아름다운 세상을 환호하며 맞이할 때 그 새들의 목청에서 터져나오는 노래처럼 자연히 일어나고 자유로우며 즐거운 그들의 찬가들은 천상으로부터의 생생한 부름처럼 8천 년의 전망을 통해서 심지어 지금도 우리에게 전승되고 있다. 우리는 고대의 아리아인들에게 의지한다.

"천상의 빛이 있고 영원한 광채가 비치는, 죽음이 없고 쇠퇴함이 없는 세계에 저를 있게 해주세요." "비바스완Vivasvan의

아들이 사는, 천상의 비밀스러운 성지가 있는 그 왕국에서 저를 불멸하게 만들어 주세요." "그들이 원하자마자 일이 이루어지는 왕국에서 죽지 않게 만들어 주세요." "세상들이 빛으로 채워져 있는, 가장 안에 있는 천상의 셋째 영역, 그 은총의 왕국에서 저를 불사하게 만들어 주세요." 이것은 아리아인들의 가장 오래된 기록 즉 《리그 베다 상히타 *Ṛg Veda Saṃhitā*》에 있는 그들의 기도문들이다.

우리는 단번에 이방인의 관념과 아리아인의 관념 사이에 엄청나게 큰 차이가 있다는 것을 발견한다. 한 쪽의 사람에게 이 몸과 이 세계는 실재하는 모든 것이고 바람직한 모든 것이다. 만일 몸이 조심스럽게 보존되었다면, 그들이 어리석게도 희망했던, 감각들의 즐거움을 상실하여서 심한 고통과 고뇌를 느끼는 임종의 때에 몸으로부터 날아가는 약간의 생기-유동체는 되돌려질 수 있었을 것이다. 따라서 시체는 살아 있는 사람보다 더 보살펴야 할 대상이 되었다. 다른 쪽 사람은 몸을 빠져나간 것이 참된 사람이고 몸으로부터 분리되었을 때 그것은 몸속에 있었을 때까지 즐겼던 것보다 더 높은 지복의 상태를 즐겼다는 사실을 발견했다. 그래서 그들은 부패한 시체를 태움으로써 소멸시키기를 촉진하였다.

여기서 우리는 영혼에 대한 참된 관념이 나올 수 있었던 근원을 발견한다. 바로 이곳에서 영혼의 자유에 대한 고귀한 관념이 발생할 수 있었다. 거기에서 참된 인간은 몸이 아니라 영혼이었고, 참된 인간과 몸 사이의 분리할 수 없는 연결에 대한 어떠한 관념도 결코 없었다. 그리고 아리아인들이 죽은 영혼이 싸여 있던 몸이라는 빛나는 옷감을 넘어서 통찰하였고 형체가 없고 개별적인 본원이라는 영혼의 참된 본성을 발견했을 때, 다음과 같은 질문이 불가피하게 발생했다. 어디서 발생했는가?

그곳은 인도였고, 아리아인들 중에서도 그곳에서 영혼의 선재성, 불멸성, 개체성이라는 교의가 처음 발생했다. 이집트에 대한 최근의 연구는 존재의 이승의 단계 이전과 이후에 존재하는 독립적이고 개별적인 영혼에 대한 교의들의 어떤 흔적을 보여 주는 데 실패했다. 그 미스터리들 중 일부는 의심의 여지없이 이러한 관념을 가지고 있었지만, 그 관념은 인도에서 유래되어 왔다.

칼 헤켈은 "나는 우리가 이집트 종교에 대해 더 깊이 연구할수록 더 분명하게 윤회전생의 교의가 대중적인 이집트 종교와 관련이 없고 심지어 공통의 미스터리들이 가진 그 교의조차 오시리스Osiris의 고유한 가르침이 아니었고 인도의 원천들에서 파생되었다고 확신한다."고 말한다.

나중에 우리는 개별 영혼의 교의를 가졌던 알렉산드리아Alexandria의 유대인들을 발견한다. 그리고 이미 언급한 바처럼 예수 시대의 바리새인Pharisee들은 개별 영혼에 대한 믿음을 가졌을 뿐 아니라 그 영혼이 여러 신체를 떠돈다는 믿음을 가지고 있었다. 따라서 예수가 어떻게 더 나이든 선지자의 화신으로 인정되었는지를 발견하는 것은 쉬웠고, 예수 자신이 직접적으로 세례 요한은 다시 돌아온 선지자 엘리야Elias라고 주장했다. "만일 너희가 즐겨 받을진대 오리라 한 엘리야가 곧 이 사람이니라." 마태복음 제11장 제14절

유대인들 사이에 있었던 영혼과 영혼의 개

체성에 대한 관념은 명백히 이집트인들의 더 고등한 신비적 가르침들을 통해서 왔고, 이집트인들은 인도로부터 그 관념을 얻었었다. 그리고 그것이 알렉산드리아를 통해서 왔었다는 사실은 중요하다. 왜냐하면 불교도들의 기록들이 알렉산드리아와 소아시아에서의 불교의 포교 활동을 분명하게 보여 주기 때문이다.

피타고라스Pythagoras가 그리스인들 중 윤회의 교의를 가르쳤던 첫 번째 사람이었다고들 한다. 자신들의 시체를 태우고 개별적 영혼의 교의를 믿었던 아리안 민족으로써 그리스인들이 피타고라스의 가르침을 통해서 환생의 교의를 받아들이는 것은 쉬웠다. 아풀레이우스Apuleius에 따르면 피타고라스는 인도에 갔었고, 거기서 그는 사제계급brahmin들로부터 배웠다.

영혼은 개체 즉 참된 인간으로 그리고 단지 몸의 활력을 주는 부분만은 아니라고 간주되었던 어느 곳에서나 영혼의 선재성의 교의가 불가피하게 되었고, 영혼의 독립적 개체성을 믿는 그러한 민족들은 죽은 사람의 몸을 태움으로써 거의 언제나 그것을 외적으로 나타내었다는 사실을 배워 왔다. 비록 고대의 아리안 민족들 중 하나인 페르시아인들은 초기에, 그리고 셈족의 어떠한 영향 없이 죽은 사람의 몸을 처리하는 독특한 방법을 발달시켰지만, 그들이 자신들의 '침묵의 탑towers of silence'03을 부르는 바로 그 명칭은 산스크리트의 어근 √dah ~을 불태우다에

---

03 [옮긴이 주] '고요의 탑'으로 번역되기도 한다. 인도의 페르시아계 조로아스터교도들이 조장

서 유래한다.

요컨대 자기 자신들의 본질에 대한 분석에
많은 주의를 기울이지 않았던 민족들은 대체로 결코 자신들의 본질로서
의 물질적인 몸을 넘어서지 못했다. 그리고 심지어 그것을 관통하여 넘어
서는 더 높은 계몽의 빛에 의해 이끌리게 되었을 때조차 그들은 단지 어
떻게 해서든 어느 정도 오랜 기간 이 몸이 부패하지 않게 될 것이라는 결
론에 이르게 될 뿐이었다. 다른 한편, 생각하는 존재로서의 인간의 본질에
대한 탐구에 자신의 에너지의 대부분을 썼던 민족 즉 인도–아리아인들은
곧 이 몸을 넘어서는, 심지어 자신들의 선조들이 갈망했던 빛나는 몸을 넘
어서는 것이, 이 몸을 입고 그것이 낡았을 때 벗어버리는 참된 인간 즉 본
원이자 개체라는 사실을 발견해 냈다.

그러한 본원이 창조되었던가? 창조가 무로
부터 나온 무언가를 의미한다면, 대답은 의심할 여지없이 아니오, 이다.
이 영혼은 태어남도 죽음도 없다. 이것은 혼합물이나 화합물이 아니라 독
립된 개체이고 그와 같으므로 그것은 창조될 수 있거나 파괴될 수 없다.
단지 다양한 상태를 거치며 여행하고 있을 뿐이다.

자연스럽게 다음과 같은 질문이 일어난다.
그것은 지금껏 내내 어디에 있었는가? 인도의 철학자들은 물질적인 의미

(鳥葬)을 치르기 위해 만들었던 원형의 돌탑이다. 아베스타어(Avestan; 인도·이란어계의 언
어)로 다크마(Dakhma; دخمه)이다.

에서는 그것이 여러 몸을 경험하고 있고, 실제적이고 형이상학적으로 말하자면 정신적인 여러 층위를 경험하고 있다고 말한다.

인도 철학자들이 세웠던 환생의 교의가 근거하는 베다Veda들의 가르침들을 제외하고 어떠한 증거들이 있는가? 있다. 그리고 우리는 거기에 보편적으로 받아들여진 어떤 교의에 대해서 만큼이나 그것에 대해서도 타당한 기반이 있다는 사실을 나중에 보여 주고 싶다. 그러나 우리는 먼저 현대 유럽의 일부 사상가들이 환생에 대해 생각해 왔던 바를 볼 것이다.

쇼펜하우어Schopenhauer는 윤회에 대해 언급하고 있는 자신의 저서《의지와 표상으로서의 세계 Die Welt als Wille und Vorstellung》에서 다음과 같이 말한다.

"잠과 개인의 관계는 죽음과 '의지'의 관계와 같다. 만일 기억과 개체성이 그것에 남아 있다면, 진정한 얻음 없이 영원한 시간 내내 동일한 행동들과 고통들을 계속하는 것을 견딜 수 없었을 것이다. 개인은 그것들을 벗어던지는데, 이것이 망각의 강Lethe이다. 그리고 이러한 죽음 같은 잠을 통해서 개인은 새로운 존재처럼 다른 지성이 갖추어져서 다시 나타난다. 새로운 하루는 새로운 해안들을 생각나게 한다. 그 경우, 끊임없이 새로운 형상 속에서 아주 많고 매우 다양한 연속적인 지식에 의해서 가르쳐지고 개선되어 온 그것이 자신을 파괴하고 끝낼 때까지 이러한 지속적인 새로운 탄생들은 본질적으로 파괴할 수 없는 의지의 삶-꿈들life-dreams의 연속을 이룬다. … 경험적인 토대들조차 이러한 종류의 윤회를 뒷받침한다는 점을 결코 무시해서는 안 된다. 사실상 거기에 새로 나타난 존재들과 노쇠한 존재들의 죽음 사이에 연결은 존재하지 않는다. 그것은 파괴적인 질병들의 결과로서 나타나는 인류의 위대한 많은 결실에서 스스로를 보여 준다. 14세기에 흑사병이 유럽 대륙의 인구를 대부분 감소시켰을 때, 인류 가운데서 상당히 비정상적인 많은 결실이 나타났는데, 쌍둥이 출산이 매우 빈번했다. 환경 또한 놀랄 만했는데, 그 당시 어떤 어린이도 완전한 개수의 치아를 가지고 태어나지 못했다. 그러므로 스스로 최선의 노력을 다하는 자연은 구체적인 사항들에서 인색했다. F. 슈너러Schnurrer가 자신의 저서인 《전염병 연대기 Chronik der Seuchen》(1825)에서 이것을 설명한다. 캐스퍼Casper 또한 《인간의 충분히 가능한 수명 Ueber die Wahrscheinliche Lebensdauer des Menschen》(1835)에서 출생률은 항상 사망률에 비례하기 때문에, 주어진 인구에서 신생아 수는 그 인구의 수명과 사망률에 가장 결정적인 영향을 끼쳐 왔다는 원리를 증명하였다. 즉 언제나, 어느 곳에서나 죽음과 출생이 같은 비율로 증가하고 감소한다고 주장하기 위해 그는 많은 나라와 다양한 지역으로부터 수집된 증거를 축적함으로써 그 주장을 확립하였다. 그럼에도 불구하고 나와 전혀 관련이 없는 나의 이른 죽음과 결혼의 결실 사이의 물리적, 인과적 관련이 있을 수 있다는 것이나 그와 정반대되는 것은 불가능하다. 그러므로 여기에 형이상학이 물리학적 설명의 직접적인 토대로서 명백하고 놀란 만한 방식으로 나타난다. 새로 태어난 모든 존재는 생기 있고 즐겁게 새로운 존재가 되고 공짜 선물로 그것을 즐긴다. 그러나 공짜로 주어져 있거나 주어질 수 있는 것은 아무것도 없다. 그것의 새로운 존재는 노인 즉 소멸되어 온 노쇠한 존재의 죽음에 의해서 대가가 지불된다. 그러나 파괴 불가능한 씨앗을 내포하고 있고, 그

씨앗에서 새로운 존재가 발생되어 왔다. 그것들은 하나의 존재이다."

비록 허무주의적이었지만 영국의 위대한 철학자 흄 Hume 은 불사에 대한 회의적인 에세이에서 다음과 같이 말한다. "그러므로 윤회전생은 오직 철학이 귀 기울일 수 있는 종류의 체계일 뿐이다." 철학자 레싱 Lessing 은 깊은 시적 통찰로 다음과 같이 묻는다. "단지 가장 오래된 것이기 때문에, 단지 여러 학파의 궤변들이 그것을 소멸시키거나 쇠퇴시키기 이전에 인간의 추상적 사고력이 단번에 그것을 우연히 발견했기 때문에, 이 가설이 아주 우스운가? … 왜 나는 새로운 지식과 경험을 얻을 수 있을 때마다 돌아와서는 안 되는가? 나는 돌아오는 수고를 할 보람이 하나도 없게 한 생애로부터 수많은 것을 가지고 돌아오는가?

많은 생을 통해서 환생하는 선재하는 영혼의 교의에 찬성과 반대가 많이 있어 왔고, 모든 시대의 위대한 사상가들 중 일부는 그것을 방어하기 위해 도전에 응해 왔다. 우리가 아는 한, 만일 개별적 영혼이 있다면, 그것이 이전에 존재했다는 사실은 불가피한 것처럼 보인다. 만일 영혼이 개별적인 것이 아니고 불교도들 가운데 중관파 中觀派; Mādhyamaka 들이 주장하는 바처럼 오온 五蘊 [04] 즉 관념들의 결합이라면, 중

---

04 [옮긴이 주] 온(蘊)이 모임·집합·더미를 뜻하므로 문자 그대로는 '다섯 가지 더미'라는 의미이다. 이 용어는 불교에서 고정불변의 자아가 없다는 것, 즉 무아(無我)를 설명하기 위해서 인간 존재를 구성하는 다섯 가지 요소를 가리키는 데 사용된다. 그 다섯 가지는 개략적으로 말해서 물질인 색온(色蘊), 감각 인상인 수온(受蘊), 지각 또는 표상인 상온(想蘊), 마음의 작용인 행온(行蘊), 마음인 식온(識蘊)이다.

관파들은 여전히 자신들의 입장을 반드시 설명해야 할 필요가 있는 선재적인 존재를 발견한다.

시간 속에서 무한한 존재가 시작하는 것의 불가능성을 제시하는 주장에 대해서 대답할 수 없다. 비록 무엇이든 할 수 있는 신의 권능에 호소함으로써 그 주장을 피하려는 시도를 해왔지만. 하지만 그것은 이성과 상반될 수도 있다. 유감스럽게도 우리는 가장 신중한 사람들 중 일부로부터 기인한 가장 불합리한 이 주장을 발견한다.

먼저, 신이 모든 현상의 보편적이고 공통적인 원인이고, 질문은 인간 영혼의 특정한 현상들에 대한 자연적 원인들을 발견하는 것이기에 데우스 엑스 마키나$_{deus\ ex\ machina}$ [05] 이론은 상당히 부적절하다. 그것은 결국 무지의 고백에 지나지 않게 된다. 우리는 인간이 가진 지식의 모든 분야에서 받게 되는 모든 질문에 대답을 할 수도 있고, 모든 연구를 중단하여서 지식을 완전히 멈추게 할 수도 있다.

둘째, 신의 전능성에 지속적으로 이렇게 호소하는 것은 단지 단어 퍼즐일 뿐이다. 원인으로서 그 원인이 있고, 결과에 충분한 것으로서 우리에게 알려질 수 있을 뿐이지 그 이상은 아니다. 이와 같이 우리가 무한한 결과라는 관념을 가지고 있지 않는 것은 전능한

---

05 [옮긴이 주] '기계 장치의 신'이라는 뜻의 라틴어이다. 고대 그리스 연극에서 자주 사용하던 기법으로, 초자연적인 힘을 이용해서 극의 긴박한 상황을 처리·해결하였다. 일반적으로는 연극이나 소설 등에서 위급한 상황을 해결하려는 판에 박힌 또는 억지스러운 결말을 의미한다.

원인이라는 관념을 가지고 있지 않은 것과 같다. 게다가 신에 대한 우리의 모든 관념은 한정되어 있다. 심지어 원인에 대한 관념이 신에 대한 우리의 관념을 제한한다. 셋째, 심지어 그 입장을 당연한 것으로 여기는 우리는 '무無로부터 나온 유有' 또는 '시간 속에서 시작한 무한성'과 같은 그러한 모든 터무니없는 이론을 우리가 더 나은 설명을 할 수 있는 한 허락해야 할 의무는 없다.

인류의 대다수가 그것에 대해 자각하지 못하고 있다고 역설함으로써, 이른바 선재성의 관념에 반대해서 강력하게 주장한다. 이 주장의 타당성을 증명하기 위해서 그것을 제안한 사람은 인간의 전체 영혼이 기억 능력과 밀접한 연관이 있다는 사실을 증명해야만 한다. 만일 기억이 존재의 시금석이라면, 그 경우 우리가 지금 기억과 관계하고 있지 않은 우리 삶의 그 모든 부분은 비존재여야만 하고, 혼수상태에 있거나 그렇지 않으면 자신의 기억을 잃은 모든 사람 역시 반드시 비존재여야만 한다.

인도 철학자들에 의해서 제시된 것으로서 전생의 존재에 대한 추론을 얻게 된 전제들과 또한 의식적 행동의 층위에 대한 전제들은 주로 다음과 같은 것들이다.

먼저, 여러분은 불평등한 이 세상을 달리 어떻게 설명하겠는가? 여기에 공정하고 자비로운 신의 뜻으로, 인류의 선량하고 쓸모 있는 구성원이 되는 데 도움이 되는 모든 환경을 가지고서 태어난 한 아이가 있다. 그리고 아마도 동시에 같은 도시에 다른 아이가 선량하게 되지 못하게 만드는 환경 하에서 태어날 수도 있다. 우리는 고통받기

비베카난다의 요가수트라

위해 태어난 아이들을 본다. 아마도 자신들의 일생 동안 그럴 것인데, 그것은 자신들의 잘못 때문은 아니다. 왜 그래야 하는가? 무엇이 원인인가? 그것은 누구의 무지의 결과인가? 만일 아이의 것이 아니라면 왜 고통받아야 하는가? 부모의 행동들 때문인가?

여기의 악에 비례한 미래의 즐거움들이라는 미끼들에 의해서 또는 '미스터리들'을 주장함으로써 그 질문을 피하려 하기보다는 무지를 고백하는 편이 훨씬 낫다. 어떤 행위자에 의해서 우리에게 강요된 부당한 고통은, 불공평하지는 않더라도, 부도덕할 뿐만 아니라 심지어 미래가 결정되어 있다는 이론도 근거가 없다. 비참하게 태어난 얼마나 많은 사람이 더 나은 삶을 향해서 투쟁하고, 얼마나 더 많은 사람이 자신들이 놓인 환경에 굴복하는가? 나쁜 환경 하에 태어나도록 강요받음으로써 더 나빠지고 아주 더 악해지는 사람들은 미래에 자신들의 삶의 사악함에 대한 보상을 받게 될까? 그 경우에 현세에 사람이 더 사악할수록, 내세에 그가 받을 응분의 상은 더 낫게 될 것이다.

모든 짐을 합리적인 원인에 지우는 것 외에 인간 영혼의 찬란함과 자유를 옹호하고 이 세상의 불평등들과 참사들을 받아들일 방법은 없다. 즉 그 원인은 바로 우리 자신의 독립적인 행위들 즉 카르마karma들이다. 그럴 뿐만 아니라 무無로부터 영혼이 창조된다는 모든 이론은 불가피하게 운명론과 예정론으로 귀결되고, 자비로운 하느님 아버지 대신에 무시무시하고 잔인하며 항상 화가 나 있는 숭배할 신을 우리 앞에 둔다. 그리고 선과 악에 대한 종교의 힘에 관한 한 운명론과 예정론의 당연한 결과들로 귀결되는 창조된 영혼에 대한 이 이론은 기독교도들과 이슬람교도들 사이에 만연한 끔찍한 신념 즉 이교도들이 자신들의 검의 정당한 희생자들이라는 생각에 책임이 있고, 여전히 그러한 생각을 추종해 오고 있고 추종하고 있는 데서 발생하는 모든 참사에 대해 책임이 있다.

그러나 니야야Nyāya 학파의 철학자들이 언제나 환생을 찬성해 온 주장은 우리에게 결론처럼 보이는데, 그것은 다음과 같다. 우리의 경험들은 소멸될 수 없다. 우리의 행위karma들은, 분명히 사라짐에도 불구하고, 여전히 인식되지 않은 채adṛṣṭam 남아 있고, 행위들의 결과들에서 경향성pravṛtti들로 다시 나타난다. 어린 아기조차 특정한 경향성들, 예를 들자면 죽음에 대한 공포 등을 가지고 있다.

자, 만일 어떤 경향성이 반복된 행동의 결과라고 한다면, 우리가 타고난 경향성들 역시 그 바탕에서 설명되어야만 한다. 분명히 우리는 이 삶에서 그러한 경향성들을 가질 수 없었다. 그러므로 우리는 그것들의 기원을 과거에서 찾아야만 한다. 그러면 우리의 경향성들 중 일부가 인간 특유의 자아 의식적 노력의 결과들이라는 점 또한 증거이다. 그리고 만일 우리가 그러한 경향성들을 가지고 태어난다는 것이 진실이라면, 그것들의 원인들은 과거의 의식적인 노력들이었다는 사실이 엄격히 뒤따른다. 다시 말해서, 우리는 현재의 이 삶 이전의 인간의 단계라고 부르는 것과 동일한 정신적 단계에 있어 왔음이 분명하다.

과거의 의식적 노력들로 현재의 삶의 경향성들을 설명하는 것에 관한 한 인도의 환생론자들과 진화론자들의 최근 학파들은 의견이 일치한다. 유일한 차이는 영적인 인도인들은 그 경향성들을 개별적 영혼들의 의식적 노력으로 설명하고, 진화론자들의 유물론 학파는 유전적인 육체적 전달에 의해서 설명한다는 점이다.

이 주제를 놓고 환생론자들과 유물론자 사이에서 격렬한 논쟁이 있어 왔다. 환생론자들은 모든 경험이 그 경험들의 주체 즉 개별적 영혼에 경향성들로서 축적되고, 계속되는 개체성의 환생에 의해서 유전된다고 주장한다. 반면, 유물론자들은 뇌가 모든 행동의 주체라고 주장하고 세포들을 통한 유전의 이론을 받아들인다.

그러므로 환생의 교의는 우리의 마음에 무한한 중요성을 지닌다. 왜냐하면 환생과 단순한 세포의 유전 사이의 격론은 실제로는 영성과 유물론 사이의 격론이다. 만일 세포 유전이 완전히 충분한 설명이라면, 유물론은 영혼에 대한 이론이 필요 없다는 사실을 피할 수 없다. 만일 이것이 불충분한 설명이라면, 과거의 경험들을 이 생애로 가져오는 개별적 영혼에 대한 이론은 절대적으로 진실이다. 환생이나 유물론 양자 중 하나를 선택하는 것으로부터의 탈출구는 없다. 우리는 어느 것을 받아들일 것인가?

제자도[01]
弟子道

　　　　　　　　오늘의 주제는 '제자도'이다. 내가 말해야만
하는 것을 여러분이 어떻게 받아들일지 나는 모른다. 여러분이 이것을 받
아들이기는 상당히 어려울 것이다. 미국에서의 스승과 제자에 대한 관념
은 인도에서의 그것에 대한 관념과 매우 많이 다르다. 인도의 오래된 금언
이 마음에 떠오른다. "수십만 명의 스승이 있지만, 한 명의 제자를 발견하
기 어렵다." 사실인 것 같다. 영성의 획득에서 한 가지 중요한 것은 제자의
태도이다. 올바른 태도가 있을 때 구원이 쉽게 온다.

　　　　　　　　진실을 얻기 위해서 제자가 필요한 것은 무
엇인가? 위대한 성자들은 눈 깜짝할 사이에 진실을 얻을 수 있다고 말한
다. 그것은 단지 앎의 문제이다. 꿈에서 깰 때 얼마나 걸리는가? 꿈은 순식
간에 사라진다. 환영이 사라질 때 얼마나 걸리는가? 단지 눈 깜짝할 사이
이다. 내가 진실을 알 때, 거짓이 사라져버린 것을 제외하고는 아무 일도

01　샌프란시스코(San Francisco) 강의(1900년 3월 29일).

일어나지 않는다. 나는 밧줄을 뱀이라고 생각했고, 지금 나는 그것이 밧줄이라는 사실을 안다. 그것은 단지 순식간의 문제일 뿐이고, 모든 일이 끝났다. 당신이 그것이다. 당신이 참실재이다. 이것을 아는 데 얼마나 걸리는가? 우리가 신이고 언제나 그래 왔다면, 이것을 모르는 것이 가장 놀랍다. 이것을 아는 것은 단지 자연스러운 일일 뿐이다. 우리가 언제나 무엇이었는지 그리고 우리가 지금 무엇인지를 발견하는 데 오랜 시간이 걸려서는 안 된다.

그러나 이 자명한 진실을 깨닫는 것은 어려운 것처럼 보인다. 우리가 그것에 대해 희미하게 얼핏 보기 시작하기 전에 오랜 시간이 지나간다. 신은 생명이요, 신은 진실이다. 우리는 이것에 대해 쓰고, 우리의 마음 속 가장 깊은 곳에서 이것이 그렇다고, 다시 말해서 신을 제외한 모든 것은 아무것도 아니라고 느낀다. 오늘 여기 있는 것이 내일은 사라진다. 그러나 우리 중 대부분은 평생 동안 변함이 없다. 우리는 허위에 매달리고 진실에 등을 돌린다. 우리는 진실을 얻으려 하지 않는다. 우리는 누군가 우리의 꿈을 깨뜨리기를 원치 않는다. 알다시피 스승들이 필요하지 않다. 누가 배우고 싶어 하는가? 그러나 만일 누군가 진실을 깨닫고 환영을 넘어서기를 원한다면, 그가 스승으로부터 진실을 얻으려 한다면, 그는 진정한 제자가 되어야만 한다.

제자가 된다는 것은 쉽지 않다. 큰 준비가 필요하다. 많은 조건이 충족되어야만 한다. 베단타주의자 Vedantist 들은 네 가지 주요 조건을 규정하고 있다.

첫째 조건은, 진실을 알고자 하는 수련생은

이생에서 또는 내생에서 이익을 위한 욕망을 포기해야만 한다.

진실은 우리가 아는 것이 아니다. 어떤 욕망이 마음에 잠입하는 한 우리는 진실을 보지 못한다. 신은 진실이고 세상은 진실이 아니다. 세속에 대한 욕망이 조금이라도 마음에 있는 한 진실은 오지 않는다. 세상이 내 눈 앞에서 파괴된다 해도 나는 개의치 않는다. 다음 생에서도 그렇다. 나는 천국에 가는 것을 신경 쓰지 않는다. 천국이 무엇인가? 단지 이승의 연장일 뿐이다. 만일 천국이 없고, 지상에서의 이 어리석은 삶이 지속되지 않는다면, 우리는 더 나을 것이고 우리가 꾸고 있는 좀 바보스런 꿈을 좀 더 일찍 깰 것이다. 천국에 감으로써 우리는 비참한 환영을 연장할 뿐이다.

천국에서 여러분은 무엇을 얻는가? 여러분은 신이 되어서 감로를 마시고 류머티즘을 얻게 된다! 지상에서보다 고통은 적지만 마찬가지로 진실도 적다. 매우 부유한 사람은 더 가난한 사람보다 진실을 훨씬 적게 이해할 수 있다. "부자가 신의 왕국으로 들어가는 것보다 낙타가 바늘귀를 통과하는 것이 더 쉽다." 부자는 자신의 부와 권력, 안락함과 욕망의 만족을 넘어서는 어떤 것에 대해서도 생각할 시간이 없다. 부자는 좀처럼 종교적이지 못하다. 왜인가? 왜냐하면 만일 종교적이 된다면 그들은 더 이상 삶에서 즐거움을 가지지 못하게 될 것이라고 생각하기 때문이다. 동일한 방식으로 천국에서 영적이 될 기회는 아주 적다. 거기에는 너무 많은 편안함과 즐거움이 있다. 천국의 거주자들은 자신들의 즐거움을 포기하고 싶어 하지 않는다.

그들은 천국에서는 더 이상 눈물을 흘리지

않게 될 것이라고 말한다. 나는 눈물을 절대 흘리지 않는 사람을 믿지 않는다. 그는 커다란 화강암 덩어리를 가지고 있고, 거기에 그의 심장이 있을 것이다. 천국의 사람들은 그다지 동정심을 많이 가지고 있지 않는 것이 분명하다. 저쪽에는 사람들이 굉장히 많고, 우리는 이 끔찍한 곳에서 고통받고 있는 비참한 피조물이다. 그들은 우리 모두를 여기서 벗어나게 해줄 수도 있지만 그렇게 하지 않는다. 그들은 울지 않는다. 거기에는 슬픔이나 비참함이 없다. 그러므로 그들은 누구의 비참함에도 신경 쓰지 않는다. 그들은 감로를 마신다. 춤이 계속 된다. 아름다운 아내가 있고 그 외에 즐거움을 주는 많은 것이 있다.

이러한 것들을 넘어서는 제자는 다음과 같이 말해야 한다. "난 이 삶의 어떠한 것도 좋아하지 않고 영원히 존재해 온 천국의 모든 것도 마찬가지야. 나는 어떠한 형태의 감각적 삶도, 다시 말해서 나 자신과 몸의 이러한 동일시를 원하지 않아. 지금 느끼는 것처럼 나는 이 몸 즉 이 살 덩어리야. 이것이 나라고 느끼는 것이지. 그러나 나는 궁극의 진실로서 그것을 받아들이기를 거부해."

이 세상과 천국들 이 모두는 감각들과 밀접한 관련이 있다. 만일 여러분이 어떤 감각도 가지고 있지 않다면 세상을 좋아하지 않을 것이다. 천국 또한 세상에 있다. 지상, 천국 그리고 그 사이에 있는 모든 것은 오직 하나의 이름을 가진다. 세상. 그러므로 과거와 현재를 알고 미래에 대해 생각하고 번영이 의미하는 바를, 행복이 의미하는 바를 아는 제자는 이 모두를 포기하고 진실을, 진실만을 알려고 한다. 이것이 첫째 조건이다.

둘째 조건은, 제자는 내·외적 감각 기관들을 통제할 수 있어야만 하고 다른 몇 가지 영적인 덕목을 확립하고 있어야만 한다.

외적인 감각 기관들은 몸의 여러 부분에 위치한 가시적인 기관들이다. 내적인 감각 기관들은 만질 수 없다. 우리는 외적인 눈, 귀, 코 등을 가지고 있고, 그것들에 상응하는 내적인 감각 기관들을 가지고 있다. 우리는 지속적으로 이 두 감각 기관들의 그룹들이 시키는 대로 한다. 감각 기관들에 상응하는 감각 대상들이 있다. 만일 어떤 감각 대상들이 근처에 있다면 감각들은 우리가 그것들을 인식하도록 강제한다. 즉 우리는 선택의 여지가 없거나 독립적이지 않다. 냄새를 잘 맡는 코가 있다. 약간의 향이 있다. 나는 그 냄새를 맡아야만 한다. 만일 나쁜 냄새가 있다면 나는 나 자신에게 "냄새 맡지 마."라고 말할 것이다. 그러나 코는 "냄새 맡아."라고 말하고 나는 그 냄새를 맡는다. 그냥 우리가 무엇이 되어 왔는지 생각해 보라. 우리는 우리 자신을 구속해 왔다. 나는 눈을 가지고 있다. 좋은 것이든 나쁜 것이든 일어나는 모든 것을 나는 보아야만 한다. 듣는 것도 마찬가지이다. 누군가 내게 불쾌하게 말하더라도 나는 들어야만 한다. 나의 듣는 감각 기관은 강제로 나를 그렇게 하도록 만들고, 나는 얼마나 비참함을 느끼는지! 사람은 악담이든 칭송이든 들어야 한다. 나는, 대개 듣지 못하지만 자신들에 대한 것은 언제나 어떤 것이든 듣는 많은 청각장애인을 보아 왔다!

이 모든 외적, 내적 감각 기관은 제자의 통제 하에 있어야만 한다. 열심히 수행해서 감각 기관들에 대항하고, 자신의 마음의 명령들에 저항해서 자신을 강력히 주장할 수 있는 단계에 도달해야만 한다. 그는 자신의 마음에게 "너는 내 것이다. 나는 너에게 아무것도 보지도 듣지도 말라고 명령한다."라고 말할 수 있어야만 한다. 그러면 마음은 어떤 것도 보거나 듣지 않을 것이다. 다시 말해서, 어떠한 형상이나 소리에도 마음은 반응하지 않을 것이다. 그 상태에서 마음은 감각 기관들의 지배가 없게 된다. 즉 감각 기관들로부터 분리된다. 더 이상 마음은 감각 기관들과 몸에 소속되지 않는다. 외적인 것들이 이제 마음에 명령을 내릴 수 없다. 마음은 그것들에 자신을 소속시키기를 거부한다. 거기에 기분 좋은 향기가 있다. 제자는 마음에게 "냄새 맡지 마."라고 말하고, 마음은 그 향기를 맡지 않는다. 그 지점에 도달했을 때 여러분은 막 제자가 되기 시작하고 있다. 바로 이것이, 모든 사람이 "나는 진실을 안다."라고 말할 때, 내가 "만일 진실을 안다면, 당신은 자기통제력을 가지고 있어야만 하고, 만일 자신에 대한 통제력을 가지고 있다면 감각 기관들을 통제하는 것으로 그것을 보여 주시오."라고 말하는 이유이다.

다음으로 마음을 고요하게 만들어야만 한다. 마음은 뛰어다니고 있다. 명상하려고 앉을 때와 꼭 마찬가지로 세상에서 가장 비열한 모든 생각이 떠오른다. 모든 것이 역겹다. 왜 마음은 내가 원하지 않는 생각들을 하는가? 이를 테면 나는 마음의 노예이다. 마음이 쉴 새 없고 통제를 벗어나 있는 한, 영적인 지식은 전혀 가능하지 않다. 제자는 마음을 통제하는 법을 배워야만 한다. 그렇다, 생각하는 것은 마음의 작용이다. 그러나 만일 제자가 마음이 생각하기를 원하지 않는다면 마음은 생각하지 말아야만 한다. 그가 마음에 멈추라고 명령할 때, 마음은 생각하기를 멈추어야만 한다. 제자로서 자격을 갖추려면 마음의 이러한 상태가 매우 필요하다.

또한 제자는 극도의 인내력을 가져야만 한다. 매사가 순조로울 때 여러분은 마음이 원활히 작용하고 있음을 알게 될 것이고, 삶은 편안한 것처럼 보인다. 그러나 뭔가 일이 잘못되면 여러분의 마음은 균형을 잃는다. 그것은 좋지 않다. 조금의 투덜거림도 없이, 불행감이나 저항감이나 해결책이나 보복심도 없이 모든 해악과 비참함을 견뎌라. 그것이 진정한 인내이고 그것은 여러분이 반드시 획득해야만 하는 것이다.

세상에 선과 악은 언제나 있다. 많은 사람이 어떤 악이 있다는 것을 잊는다. 적어도 잊으려 노력한다. 악이 그들을 우연히 만날 때 그들은 악에 의해 압도당하게 되고 씁쓸함을 느낀다. 어떤 악이 있다는 사실을 부정하고 모든 것이 선하다고 생각하는 사람들이 있다. 그것은 또한 유약함이고, 그 유약함 역시 악에 대한 두려움에서 생긴다. 만일 무언가에 나쁜 냄새가 난다면, 왜 그것에 장미향수를 뿌려서 그것을 향기롭다고 하지 않는가? 그렇다, 세상에는 선과 악이 있다. 신은 세상에 악을 존속시켜 오고 있다. 그러나 당신이 그 악을 눈가림하려 할 필요는 없다. 악이 거기에 있는 것은 당신이 관여할 바가 아니다. 믿음을 가지고 조용히 있으라.

나의 스승인 슈리 라마크리슈나 Sri Ramakrishna 가 병에 걸렸을 때, 한 브라민이 나의 스승에게 스승 자신의 엄청난 정신력을 스스로를 치유하는 데 쓸 것을 제안했다. 그는 만일 나의 스승이 단지 자신의 마음을 몸의 아픈 부위에 집중시키기만 하면, 그 병이 나을 것이라고 말했다. 슈리 라마크리슈나는 다음과 같이 말했다. "뭐라고! 신께 바친 마음을 이 보잘 것 없는 몸으로 내리라고!" 그는 몸과 병에 대해 생각하기를 거부했다. 그의 마음은 계속해서 신을 의식하고 있었다. 그의 마음은 완전히 신께 바쳐졌다. 그는 마음을 다른 어떤 목적을 위해서도 사용하지 않았다.

건강, 부, 장수 등 이른바 좋은 것에 대한 이러한 갈망은 환영에 지나지 않는다. 그것들을 얻기 위해서 마음을 그것들에 바치는 것은 환영을 강화시킬 뿐이다. 우리는 삶에서 이러한 꿈들과 환영들을 가지고 있고, 내생이나, 천국에서 그것들을 더 많이 가지기를 원한다. 더욱 더 많은 환영을!

악에 저항하지 마라. 악을 직면하라. 여러분은 악보다 더 높다. 이 세상에는 이러한 비참함이 있다. 다시 말해, 누군가는 비참함을 경험해야만 한다. 당신은 누군가에게 악을 행하지 않고서 행동할 수 없다. 그리고 세속적인 좋은 것을 얻으려 할 때, 여러분은 다른 누군가가 고통받고 있음에 틀림없는 악을 피하려고만 한다. 모든 사람은 그것을 다른 누군가의 어깨에 짊어지우려 하고 있다. 제자는 "세상의 모든 비참함들이 내게 오도록 하자. 다른 사람들을 자유롭게 해주자."라고 말한다.

십자가에 못 박힌 사람을 기억하는가? 그는 수많은 천사를 데려와서 승리할 수 있었다. 그러나 그는 저항하지 않았다. 자신을 십자가에 못 박은 사람들에게 은총을 내렸다. 그는 모든 굴욕과 고통을 견뎠다. 그는 모든 사람의 짐을 스스로 짊어졌다. "수고하고 무거운 짐 진 자들아 다 내게로 오라. 내가 너희를 쉬게 하리라." 그러한 것이 진정한 인내이다. 그가 이 세상 위에 얼마나 높이 있었던지, 너무 높아서 우리는 그것을 이해할 수 없다, 우리는 종이다! 어떤 사람이 나의 얼굴을 찰싹 때리자마자 나의 손은 되받아친다. 정확히 그렇게 된다! 내가 어떻게 십자가에 못 박힌 그분의 위대함과 축복받음을 이해할 수 있겠는가?

그러나 나는 그 이상적 목표를 끌어내리지 않을 것이다. 나는 내가 몸임을 느끼고 악에 저항한다. 만일 두통이 생긴다면, 나는 그것을 치료하기 위해서 전 세계를 두루 돌아다니고, 약을 2천 병 마신다. 내가 어떻게 이 놀라운 마음들을 이해할 수 있겠는가? 나는 그 이상적 목표를 볼 수 있지만 그 목표의 얼마만큼을 볼 수 있을까? 몸에 대한 이러한 의식, 작은 자아, 즐거움과 고통, 상처와 위로는 조금도 즉 이것들 중 어떤 것도 그 이상적 목표에 닿지 못한다. 언제나 오직 참영혼만 생각하고 물질에서 벗어난 마음을 유지함으로써 나는 그 이상적 목표를 어렴풋이 볼 수 있다. 세속적인 생각과 감각 세계의 형태들은 그 이상적 목표에서 있을 곳이 없다. 그것들을 치워버리고 참영혼에 마음을 고정시켜라. 삶과 죽음, 고통과 즐거움, 이름과 명성을 잊어버려라. 그리고 여러분은 몸도 마음도 아니고, 단지 순수한 참영혼일 뿐이라는 사실을 깨달아라.

내가 '나'라고 말할 때 나는 이 참영혼을 의미한다. 눈을 감고 여러분 각자가 자신인 '나'에 대해 생각할 때 어떤 상(像)이 나타나는지 보라. 떠오르는 것이 여러분의 몸의 상 또는 마음의 특성의 상은 아닌가? 만일 그렇다면 여러분은 아직 참된 '나'를 깨닫지 못했다. 그러나 장차 여러분이 '나'라고 말하자마자 여러분이 우주 즉 무한한 참존재를 알게 될 때가 올 것이다. 그때 여러분은 자신의 진정한 참자아를 깨닫게 될 것이고 여러분이 무한한 존재라는 사실을 알게 될 것이다. 이것이 진실이다. 여러분은 참영혼이지 물질이 아니다. 거기에는 환영과 같은 것이 존재한다. 그 환영 때문에 하나의 것이 다른 것으로 생각된다. 물질이 참영혼으로, 몸이 참영혼으로 여겨진다. 그것이 거대한 환영이다. 그것은 사라져야만 한다.

다음 자격 요건은 제자가 반드시 구루_{guru} 즉 스승에 대한 믿음을 가지고 있어야만 한다는 것이다. 서구에서 스승은 지성적 지식을 줄 뿐이다. 그게 전부다. 인도에서 스승과의 관계는 삶에서 가장 위대하다. 나의 구루는 내 삶에서 가장 가깝고 가장 사랑하는 관계에 있는 사람이다. 그 다음이 어머니이고, 그 뒤에 아버지가 있다. 내가 처음 숭배한 사람은 나의 구루이다. 만약 나의 아버지가 "이것을 해."라고 말하고 나의 구루가 "이것을 하지 마."라고 말한다면, 나는 그것을 하지 않는다. 구루는 나의 영혼을 해방시켜준다. 아버지와 어머니는 내게 이 몸을 주었지만, 나의 구루는 내가 참영혼 속에서 다시 태어나게 해주었다.

우리는 어떤 독특한 믿음들을 가지고 있다. 이러한 믿음들 중 하나는 이미 자유롭고 세상의 선_善을 위해서, 세상을 돕기 위해서 여기에 태어난 일부 영혼 즉 몇 명의 예외적인 영혼이 있다는 것이다. 그들은 이미 자유롭다. 그들은 자기 자신들의 구원에 신경 쓰지 않는다. 그들은 다른 사람들을 돕기를 원한다. 그들은 어떤 것을 배우라고 요구하지 않는다. 어린 시절부터 그들은 모든 것을 안다. 단지 아기였을 때조차 그들은 최고의 진실을 이야기할 수도 있다.

인류의 영적 성장은 이 해방된 영혼들에 달려 있다. 그들은 첫 번째 등불들과 같고, 그것들로부터 다른 등불들이 불붙게 된다. 사실 그 등불은 모두에게 있다. 그러나 대부분 그 등불은 숨겨져 있다. 위대한 영혼들은 바로 그들의 탄생 때부터 빛나는 등불들이다. 그들과 만나는 사람들은 말하자면 자기 자신들의 등불들을 켜게 된다. 이것에 의해서 첫 번째 등불들은 아무것도 잃지 않지만, 그것들은 자신의 빛을 다른 등불들에 전한다. 백만 개의 등불이 켜졌지만 첫 번째 등불들은 약해지지 않는 빛으로 계속 빛나고 있다. 하나의 그러한 첫 번째 등불이 구루이고 그것으로부터 켜지게 되는 등불이 제자이다. 차례로 두 번째 등불이 구루가 되고, 그렇게 이어진다. 여러분이 신의 화신이라 부르는 그 위대한 사람들은 강력한 영적 거인들이다. 그들은 와서 자신들의 힘을 직계 제자들에게 그리고 그들을 통해서 뒤 세대 즉 제자들의 세대에 전달함으로써 거대한 영적인 흐름이 시작되게 한다.

기독교 교회에서 감독은 손을 올려놓음으로써 선대의 감독들로부터 받아 온 것으로 여겨지는 권능을 전달한다고 주장한다. 감독은 예수 그리스도께서 자신의 권능을 직계 제자들에게 전달했고 그들은 다른 사람들에게 전달했다고, 그리고 그렇게 해서 그리스도의 권능이 그에게 오게 되었다고 말한다. 우리는 감독들뿐만 아니라 우리 개개인도 그러한 권능을 가지고 있고, 있다고 생각한다. 여러분 개개인이 영성의 강력한 흐름의 전달 수단이 되지 못할 이유는 없다.

그러나 먼저 여러분은 스승, 진정한 스승을

비베카난다의 요가수트라

찾아야만 하고, 그가 단지 한 인간만이 아니라는 사실을 꼭 기억해야만 한다. 여러분은 몸을 가진 스승을 구하겠지만, 진짜 스승은 몸이 아니다. 그는 단지 육체적 인간이 아니다. 다시 말해서, 그는 여러분의 눈에 나타난 사람이 아니다. 아마도 스승은 여러분에게 인간으로 올 것이지만, 여러분은 그로부터 권능을 받을 것이다. 때로 그는 꿈에서 올 것이고 영적인 이상을 여러분에게 전달할 것이다. 스승의 권능은 여러 방식으로 우리에게 올 수 있다. 그러나 우리 즉 보통의 인간들을 위해서는 반드시 인간 스승이 와야만 하고 그가 올 때까지 우리는 계속 준비해야만 한다.

우리는 강의에 참석하고 책을 읽고, 신과 영혼, 종교와 구원에 대해 논쟁하고 추론한다. 이것이 영성은 아니다. 왜냐하면 영성은 책이나 이론이나 철학에 존재하는 것이 아니기 때문이다. 그것은 배우거나 추론하는 데 있는 것이 아니라 실제적인 내적 성장에 있다. 심지어 앵무새들조차 말을 암기하고 반복할 수 있다. 여러분이 학식이 있게 되었다 한들, 그게 어쨌단 말인가? 당나귀들은 장서 전체를 운반할 수 있다. 그러므로 진정한 빛이 올 때, 책에서 온 이러한 지식 즉 책으로 배운 지식은 더 이상 없을 것이다. 심지어는 자신의 이름조차 쓸 수 없는 사람이라도 완전하게 종교적일 수 있고, 자신의 머리에 세상의 모든 장서를 가지고 있는 사람이라도 그렇게 되지 못할 수도 있다. 지식은 영적인 성장의 조건이 아니다. 즉 학식은 조건이 아니다. 구루의 만짐, 바꿔 말해서 영적인 에너지의 전달은 여러분의 심장을 빨라지게 할 것이다. 그때 성장이 시작될 것이다. 그것이 불에 의한 진정한 세례이다. 더 이상의 멈춤은 없다. 여러분은 계속해서 간다.

몇 년 전에 내 친구이자 여러분의 기독교 스승들 중 한 사람이 "당신은 그리스도를 믿습니까?"라고 말했고, 나는 "그렇습니다. 그러나 아마도 조금 더 숭배하는 마음으로 믿습니다."라고 답했다. 그러자 그는 "그렇다면 왜 세례를 받지 않나요?"라고 물었다. 누구로부터 세례를 받을까? 진정한 세례를 줄 수 있는 사람이 어디에 있는가? 무엇이 세례인가? 세례식의 기도문을 읊조리는 동안 여러분에게 약간의 물을 뿌리거나 여러분을 물에 빠뜨리는 것이 세례인가?

세례는 참영혼의 삶을 직접적으로 받아들이는 것이다. 만일 진정한 세례를 받는다면, 여러분은 자신이 몸이 아니고 참영혼이라는 사실을 안다. 할 수 있다면 내게 그 세례를 해 달라. 그렇지 않으면 여러분은 기독교 스승이 아니다. 여러분은 이른바 세례를 받고나서도 동일한 상태를 유지해 왔다. 여러분이 그저 그리스도의 이름으로 세례를 받아 왔다고 말하는 것의 의미는 무엇인가? 단지 말뿐인 것, 이것은 여러분의 어리석음으로 세상을 어지럽히기만 할 뿐이다! "언제나 무지의 어둠 속에 잠겨 있지만 스스로를 현명하고 학식이 있다고 여기는 어리석은 사람들은 맹인이 맹인을 이끄는 것처럼 빙글빙글 돌고, 이리저리 비틀거린다." 그러므로 여러분은 기독교인이라고 말하지 말고, 세례와 그러한 종류의 일들에 대해 자랑하지 마라.

물론 진정한 세례가 있다. 그리스도가 지상에 와서 가르쳤을 때, 맨 처음에 세례가 있었다. 가끔 지상으로 오는 깨달은 영혼들 즉 위대한 사람들은 신의 비전vision을 우리에게 드러내 보여 주는 힘을 가지고 있다. 이것이 진정한 세례이다. 여러분도 알다시피, 모든 종교의 형태들과 의례들이 생기기 이전에 그 속에는 우주적 진실의 근원이 존재한다. 시간이 지나면서 이 진실은 잊히게 된다. 종교의 형태들과 의례들에 의해서, 말하자면 질식되고 그 형태들만이 남는다. 우리는 영혼이 사라진 작은 상자만 발견한다. 여러분은 세례의 형태를 가지고 있지만, 소수의 사람이 세례의 살아있는 정신을 되살려 낼 수 있다. 그 형태가 충분치는 않을 것이다. 살아있는 진실에 대한 살아있는 지식을 얻기를 원한다면, 우리는 진짜 그것에 입문되어야만 한다. 그것이 더할 나위 없는 것이다.

스승은 나를 가르치고 빛으로 인도해야만, 다시 말해서 나를 그 자신이 고리인 그 사슬의 고리로 만들어야만 한다. 보통 사람이 구루가 되겠다고 주장할 수는 없다. 구루는 신성한 참진리를 아는, 실제로 깨달은, 자신을 참영혼으로 알아차린 사람이어야만 한다. 단지 말뿐인 사람은 구루가 될 수 없다. 나와 같이 수다스러운 어리석은 사람은 말을 많이 할 수 있지만, 구루가 될 수는 없다. 진정한 구루는 제자에게 "가서 다시는 죄를 범하지 말라."라고 말할 것이다. 그리고 그는 더 이상 죄를 짓지 않는다. 그 사람은 더 이상 죄를 지을 힘이 없다.

나는 이번 생애에서 그러한 사람들을 보아왔다. 나는 《성경》과 그러한 종류의 모든 책을 읽었다. 그것들은 굉장하다. 그러나 여러분은 책에서 살아있는 힘을 발견할 수 없다. 순식간에 삶을 변화시킬 수 있는 그 힘은 살아있는 깨달은 영혼들 즉 가끔 우리 사이에 나타나는 빛나는 그 등불들에게서만 발견될 수 있다. 그들만이 구루에 적합하다. 여러분과 나는 단지 공허한 수다쟁이들일 뿐이지 스승들은 아니다.

우리는 말로 세상을 어지럽히고 있고, 나쁜 진동을 만들어 내고 있다. 계속 희망하고 기도하고 분투해 나가자. 그러면 우리가 진실에 도달할 때가 올 것이다. 우리가 말할 필요는 없을 것이다.

　　　　　　"그 스승은 16세 소년이었다. 그는 80세 노인을 가르쳤다. 침묵이 그 스승의 방법이었고, 제자의 의심들이 영원히 사라졌다." 그것이 구루이다. 그냥 다음과 같이 생각해 보라. 만일 여러분이 그러한 사람을 발견했다면, 그 사람을 향해서 여러분은 얼마만큼 믿음과 사랑을 가져야겠는가! 이런, 그는 신 그 자체 즉 다름 아닌 바로 신이다. 이것이 그리스도의 제자들이 그를 신으로 숭배했던 이유이다. 제자는 구루를 신 그 자체로 숭배해야만 한다. 그 스스로 신을 깨달을 때까지, 한 사람이 알 수 있는 전부는 살아있는 신 즉 인간으로 구현된 신이다. 그렇지 않다면 어떻게 그가 신을 알겠는가?

　　　　　　여기 미국에 한 남자가 있다. 그는 그리스도 사후 1천9백 년이 지나서 태어났고, 심지어 예수와 같은 민족 즉 유대 민족에 속하지도 않는다. 그는 예수나 그의 가족을 본 적이 없다. 그는 "예수는 신이었다. 그것을 믿지 않는다면 여러분은 지옥으로 갈 것이다."라고 말한다. 우리는 예수의 제자들이 어떻게 그것, 즉 그리스도가 신이었다는 것을 믿었는지 이해할 수 있다. 그리스도는 자신들의 구루였고 그들은 그가 신이었다는 것을 믿었음에 틀림없다. 이 미국인이 1천9백 년 전에 태어났던 그 사람과 무슨 관련이 있는가? 젊은 이 사람은 내게 예수를 믿지 않기 때문에 내가 지옥으로 가야만 할 것이라고 말한다. 그가 예수에 대해 무엇을 알고 있는가? 그는 정신병원이 알맞다. 이러한 종류의 믿음은 안 된다. 그는 자신의 구루를 찾아야만 할 것이다.

예수는 다시 태어날 수도 있고, 여러분에게 올 수도 있다. 그때 그를 신으로 숭배한다면 여러분은 옳다. 우리 모두는 구루가 올 때까지 기다려야만 하고, 구루는 신으로 숭배되어야만 한다. 그는 신이다. 그는 바로 신이다. 여러분이 그를 볼 때 구루는 점차 사라진다. 그러면 무엇이 남는가? 구루의 모습은 신 그 자체의 모습에 자리를 내준다. 구루는 우리에게 오기 위해 신이 쓴 빛나는 마스크이다. 우리가 계속 그를 지켜볼 때 그 마스크는 서서히 떨어져 나가고 신이 드러나게 된다.

"저는 구루께 경배 드립니다. 그 분은 신성한 지복의 화신이자 지고의 참지식의 전형이며 가장 위대한 지복의 수여자이십니다. 다시 말해서, 그 분은 순수하고 완전하고 유일하고 영원하고 즐거움과 고통을 넘어서 있고 모든 생각과 속성을 넘어서 있고 초월적이십니다." 그러한 사람이 실제로 구루이다. 제자가 의심의 여지없이 그를 신 그 자체로 간주하고 그를 믿고 그를 숭배하고 그에게 복종하고 그를 따르는 것은 조금도 놀랍지 않다. 이것이 구루와 제자 사이의 관계이다.

제자가 충족시켜야만 하는 다음 조건은 해탈하려는 극단적인 욕망을 품는 것이다.

우리는 감각들의 타오르는 불길 속으로 뛰어드는 나방과 같다. 비록 그 불이 우리를 태울 것이라는 사실을 충분히 알고 있다 하더라도 말이다. 감각적 즐거움은 우리의 욕망을 증가시킬 뿐이다. 욕망은 결코 즐거움으로 충분히 만족되지 않는다. 불속에 넣어진 버터가 불길을 더 세어지게 하는 것처럼, 즐거움은 욕망을 증가시킬 뿐이다.

욕망은 욕망에 의해서 증가된다. 이 모든 것을 아는 사람도 여전히 언제나 그 불길 속으로 뛰어든다. 매 생애 그들은 욕망의 대상들을 추구해 오고 있고 그 결과 몹시 고통받고 있다. 그러나 그들은 욕망을 포기할 수 없다. 심지어 이 끔찍한 욕망의 속박으로부터 자신들을 구원해야 할 종교에서조차 그들은 욕망을 만족시킬 수단을 강구해 왔다. 좀처럼 몸과 감각의 속박으로부터 즉 욕망에 대한 예속으로부터 자신들을 해방시켜달라고 신에게 요청하지 않는다. 대신에 그들은 다음과 같이 신에게 건강과 번영과 장수를 간청한다. "오, 신이시여, 저의 두통을 치유해 주시고 얼마간의 돈이나 뭔가를 주세요!" 비전의 범위가 너무 좁아지게 되고 매우 타락하게 되며 대단히 불결하게 된다. 이 몸을 넘어선 어떤 것도 욕망하지 않고 있다. 오, 비전의 끔찍한 타락이여, 가공할 비참함이여! 별 볼 일 없는 살, 다섯 감각기관, 식욕이여!

식욕과 섹스를 제외한 세상은 무엇인가? 수백만의 남성과 여성을 보라. 그 두 가지가 그들이 살아가는 이유이다. 그들로부터 이것들을 떼어놓아라. 그러면 그들은 자신들의 공허하고 의미 없으며 견딜 수 없는 삶을 발견할 것이다. 우리가 그러하고, 우리의 마음이 그러하다. 지속적으로 식욕과 섹스에 대한 갈망을 만족시킬 방법들과 수단들을 갈망하고 있다. 이것은 항상 계속되고 있다. 또한 거기에는 끝없는 고통이 있다. 몸의 이러한 욕망들은 일시적일 뿐인 만족과 끝없는 고통을 가져온다. 표면층은 감로인 반면, 그 아래는 모두 독인 음료 한 컵을 마시는 것과 같다. 그러나 우리는 여전히 이 모든 것을 갈망한다.

무엇을 할 수 있을까? 감각들과 욕망의 포

기는 이러한 비참함에서 벗어나는 유일한 길이다. 영적이 되길 원한다면, 여러분은 포기를 해야만 한다. 이것이 진짜 테스트이다. 세상 즉 감각들의 이러한 허튼 짓을 포기하라. 거기에는 오직 하나의 참된 욕망만이 있다. 그것은 무엇이 진실인지를 아는 것, 즉 영적이 되는 것이다. 물질주의는 이제 그만, 이 이기심은 이제 그만. 나는 영적이 되어야만 한다. 그 욕망은 강함에, 맹렬함에 틀림없다. 어떤 사람의 손과 발이 움직일 수 없게 묶여 있다면, 그리고 그때 불타는 숯 한 조각이 그의 몸에 놓였다면, 그는 그것을 떨쳐버리려고 온 힘을 다해 분투할 것이다. 내가 그러한 종류의 극한의 욕망을 가진다면, 다시 말해서 이 불타는 세상을 내던져버리려 쉼 없이 분투한다면, 곧이어 내게 진정한 참진실을 얼핏 볼 때가 올 것이다.

　　　　　　나를 보라. 2달러나 3달러가 든 작은 지갑을 잃어버린다면, 나는 그 지갑을 찾기 위해서 스무 차례나 집에 들어간다. 불안과 걱정 그리고 분투! 만일 여러분 중 한 사람이 나에게 악담을 한다면, 나는 그것을 20년 동안 기억한다. 나는 그것을 용서할 수 없고 잊어버릴 수 없다. 감각들로 된 작은 일들에 대해서도 나는 그처럼 분투할 수 있다. 신에 대해 그러한 방식으로 분투하고 있는 사람이 누가 있는가? "아이들은 자신들의 놀이에서 모든 것을 잊어버린다. 그들은 감각들의 즐거움에 열중한다. 그밖에 다른 어떤 것에도 관심을 두지 않는다. 나이든 사람들은 자신들의 과거의 잘못들에 대해 곰곰이 생각한다." 나이든 사람들은 자신들의 과거의 즐거움들에 대해 생각하고 있다. 그들은 어떠한 즐거움도 가질 수 없다. 되새김질거리를 씹는 것, 그것이 그들이 할 수 있는 최선의 일이다. 감각들로 된 것들을 갈망하는 것과 동일하게 강렬한 정신으로 신을 갈망하는 사람은 아무도 없다.

그들은 모두 신이 참진실 즉 실제로 존재하는 유일한 것이라고 말한다. 물질이 아니라 그 참영혼만이 있다. 그러나 그들이 신의 일들로 추구하는 것이 참영혼인 경우는 드물다. 그들은 언제나 물질적인 것들을 요청한다. 그들의 기도에서 참영혼은 물질로부터 분리되어 있지 않다. 타락, 그것은 종교가 입증해 온 바이다. 모든 것이 엉터리가 되고 있다. 세월은 흘러가고 있고 영적인 어떤 것도 얻지 못하고 있다. 그러나 사람은 오직 한 가지 것, 즉 참영혼에 대해 갈망할 것이다. 왜냐하면 참영혼만이 실재이기 때문이다. 이것이 이상적 목표이다. 만일 당신이 이것을 지금 얻을 수 없다면, "나는 그것을 할 수 없어. 그것이 이상적 목표라는 것을 알지만, 아직 그것을 따를 수 없어."라고 말하라. 그러나 여러분은 그렇게 하지 않는다. 여러분은 자신의 낮은 수준으로 종교를 격하시키고 참영혼의 이름으로 물질을 추구한다. 여러분은 모두 무신론자들이다. 여러분은 감각들을 제외하고는 어떤 것도 믿지 않는다. "아무개가 이러이러한 것을 말했어. 뭔가 다른 게 있을 것 같은데. 자, 시도해 보고 재밌게 놀아 보자고. 아마도 어떤 유익함이 생길거야. 부러진 내 다리가 고쳐질 거야."

병에 걸린 사람들은 불쌍하다. 그들은 주主의 위대한 숭배자들이다. 왜냐하면 그들은 자신들이 신에게 기도하면 신이 자신들을 치유해줄 것이라고 기대하기 때문이다. 그것이 모두 나쁘다는 것은 아니다. 만일 기도자들이 정직하다면 즉 그들이 그것은 종교가 아니라는 것을 기억한다면 말이다. 슈리 크리슈나 Śrī Krṣṇa 는 《기타 Gītā》에서 다음과 같이 말한다. "네 부류의 사람들이 나를 숭배한다. 그들은 고통받는 사람, 물질적인 것들을 추구하는 사람, 탐구자, 참진리를 아는 사람이다." 고통 속에 있는 사람은 안식을 위해서 신에게 온다. 만일 아프다면, 그들은 치유받기 위해서 그를 숭배한다. 만일 자신들의 재산을 잃어버렸다면, 그들은 그것을 돌려받기 위해서 신에게 기도한다. 모든 종류의 것을 신에게 요청하는 다른 사람들이 있다. 왜냐하면 그들은 이름, 명예, 부, 지위 등등에 대한 욕망들로 가득 차 있기 때문이다. 그들은 다음처럼 말할 것이다. "오, 동정녀 마리아시여, 만일 제가 원하는 것을 얻는다면, 저는 공물을 바칠 것입니다. 만일 저의 기도를 이루어주신다면 저는 신을 숭배할 것이고 당신께 모든 것의 한 부분을 드리겠습니다." 사람들은 그만큼 물질적이지는 않지만, 여전히 신에 대한 믿음 없이 그에 대해 알고 싶어 한다. 그들은 철학을 공부하고 경전을 읽는 등등을 한다. 그들은 탐구자들이다. 마지막 부류는 신을 숭배하고 그를 아는 사람들이다. 이 네 부류의 사람들 모두는 악하지 않고 선하다. 그들 모두는 신을 숭배한다.

　　　　　그러나 우리는 제자가 되려고 노력하고 있다. 우리의 유일한 관심은 최고의 참진실을 아는 것이다. 우리의 목표는 가장 숭고하다. 우리는 자신들에게 과장된 말을 해왔다. 절대적인 깨달음 등 …. 말한 대로 하자. 참영혼 속에서 참영혼을 숭배하고서 참영혼에 의지하자. 토대가 참영혼이 되게 하고 중간이 참영혼이 되게 하며 꼭대기가 참영혼이 되게 하자. 세상은 어느 곳에도 없게 될 것이다. 세상을 놓아버리고 우주로 질주하자. 누가 상관하겠는가? 참영혼에 근거를 두라! 이것이 목표이다. 우리는 자신이 아직 목표에 이를 수 없다는 사실을 안다. 쾌

넘치 마라. 좌절하지 말고 숭고한 목표를 끌어내려 쓰러뜨리지 마라. 중요한 것은 여러분이 몸에 대해, 자신에 대해 얼마나 적게 물질로 즉 생명이 없고 둔중하며 의식이 없는 물질로 생각하는가이다. 바꿔 말해서 얼마나 많이 자신을 빛나는 불멸의 참존재로 생각하는가이다. 자신을 빛나는 불멸의 참영혼으로 더 많이 생각할수록, 더 간절히 물질과 몸과 감각들로부터 완전하게 자유롭게 되려 할 것이다. 이것은 자유롭게 되기 위한 강렬한 욕망이다.

제자도의 넷째이자 마지막 조건은 참실재를 비실재로부터 구별하는 것이다. 실재인 것은 오직 하나뿐이다. 신이다. 항상 마음이 그에게로 끌려야만 즉 그에게 전념해야만 한다. 신은 존재한다. 그 이외에 다른 것은 존재하지 않는다. 그 이외의 모든 것은 왔다 간다. 세상에 대한 어떠한 욕망도 환영이다. 왜냐하면 세상은 비실재이기 때문이다. 그 이외의 모든 것이 진짜 있는 그대로 즉 비실재로 나타날 때까지, 마음은 갈수록 더 오직 신만을 알아차리게 되어야만 한다.

이것들은 제자가 되기를 원하는 사람이 반드시 충족시켜야만 하는 네 가지 조건이다. 그는 그것들을 충족시키지 않고서 진정한 구루를 만날 수는 없을 것이다. 설령 충분히 운이 좋아서 구루를 발견한다 하더라도 구루가 전해줄 수도 있는 힘이 그를 생기 있게 만들지는 못할 것이다. 이 조건들에 대한 어떠한 타협도 있을 수 없다. 그 조건들을 충족시키면 즉 이 모든 준비를 완수하면, 제자의 심장의 연꽃이 개화할 것이고, 벌들이 날아올 것이다. 그때 제자는 진정한 구루가 몸 안에 즉 자신 안에 있었다는 사실을 안다. 그는 그 연꽃을 피운다. 그는 참영혼을 깨닫는다. 그는 삶이라는 대양을 건너서 그 너머로 간다. 이 끔찍한 대양을 건너고서 자신의 차례가 된 그는 이익이나 칭찬에 대한 생각 없이 다른 사람들을 불쌍히 여겨서 그들이 대양을 건너도록 돕는다.

부록

요가에 대한 언급들

용어풀이 ǀ 발음하기 ǀ 색인

요가에 대한 언급들

슈웨타슈와타라 우파니샤드 *Śvetāśvatara Upaniṣad*

6 ── 문질러서 불이 피워지는 곳, 공기가 통제되는 곳, 소마soma가 넘쳐 흐르는 곳, 거기에서 [완전한] 마음이 창조된다네.

8 ── 가슴, 목, 머리를 곧추세워서 몸을 똑바른 자세로 하고서 감각 기관들과 마음을 심장으로 들어가게 한 성자는 브라만brahman의 뗏 목으로 모든 두려운 강을 건너네.

9 ── 잘 조절된 노력을 하는 사람은 프라나prāṇa를 통제하고, 그것프라나 이 고요하게 되었을 때 양쪽 콧구멍을 통해서 숨을 내쉬어라. 전차 를 모는 사람이 다루기 힘든 말들을 제어하는 것처럼 현명한 자는 전념하여 자신의 마음을 억제한다오.

10 ___ 바닥이 편평하고 자갈이나 모래가 없고 불이 없으며 사람이나 폭포가 내는 불쾌한 소음이 없는, 산의 동굴들과 같은 [한적한] 장소들에서 마음에 들고 눈을 고통스럽게 하지 않는 장소들에서 요가를 수행해야만 한다오.

11 ___ 요가를 수행할 때 처음에 나타나는 형상들과 점차 브라만brahman을 나타내는 형상들은 눈송이, 안개, 태양, 바람, 불, 반딧불이, 번개, 수정, 달이 그것들이라오.

12 ___ 요가에 서술되어 있는 흙地, 물水, 공기風, 불火, 공空, ākāśa에서 일어나는 냄새香, 맛味, 접촉觸, 형태色, 소리聲에 대한 지각이 발생할 때, 그때 요가가 시작된다. 그=요가수행자에게 질병도 노화도 죽음도 일어나지 않는다네.

13 ___ 요가에 들어가는 첫 징표들은 가벼움, 건강함, 욕망 없음, 좋은 안색, 아름다운 음성, 기분 좋은 체취, 적은 배설물이라오.

14 ___ 흙으로 덮인 금덩이나 은덩이가 잘 씻겼을 때 밝게 빛나는 것처럼, 그렇게 아트만ātman에 대한 진리를 깨달은, 육체를 가진 인간은 비이원성을 획득하여서 비애가 없게 되고 신성하게 된다오.

샹카라Saṅkara가 인용한

야갸발키야Yājnavalkya

"규칙들에 따라서 원하는 만큼 자세들을 수행한 후에, 오! 가르기Gargi여, 그 자세들을 정복한 수행자는 호흡법을 수행할 것이다."

"쿠샤kuśa풀에 놓인 [사슴이나 호랑이] 가죽 위에 편안한 자세로 앉아서, 과일들과 사탕과자들로 가나파티Gaṇapati를 숭배하고, 오른쪽 손바닥을 왼쪽 손바닥 위에 놓고, 목과 머리를 동일 선상으로 유지하고, 입술을 닫아서 안정되게 하고, 동쪽이나 북쪽을 향하고, 시선을 코끝에 고정하고, 과식이나 단식을 피하면서 나디nāḍī들을 정화해야만 한다. 이것들 없이 하는 수행은 결실을 맺을 수 없을 것이다. 핑갈라piṅgalā와 이다iḍā(즉 오른쪽과 왼쪽 콧구멍)가 결합하는 때에 [종자 소리] 훙Huṃ에 대해 생각하면서, 이다를 12초간 외부의 공기로 채워야만 한다. 그런 다음 요가수행자는 렁Ruṅ 소리와 함께 동일한 장소에서 불에 대해 명상하고, 그렇게 명상하는 동안 핑갈라를 통해서 천천히 공기를 배출한다. 다시 핑갈라를 통해서 공기를 채운 다음, 동일한 방식으로 이다를 통해서 천천히 배출해야만 한다. 신경들[01]이 정화될 [때까지] 3년이나 4년 또는 3개월이나 4개

---

01 [옮긴이 주] 원문에 사용되는 신경(nerve)이라는 용어는 문맥상 나디를 지칭한다. 스와미 비

월 동안 스승Guru의 지도에 따라서, 방 안에서 홀로 비밀스럽게, 이른 아침·한
낮·저녁·한밤중에 이것을 수행해야만 한다. 신체의 가벼움, 맑은 안색, 양
호한 식욕, 나다Nāda[02] 듣기는 신경들의 정화의 표시이다. 그런 다음 레차
카recaka, 날숨, 쿰바카kumbhaka, 멈춘숨 또는 숨의 보유, 푸라카pūraka, 들숨로 된 프라나
야마prāṇāyāma, 호흡법를 수행해야만 한다. 프라나prāṇa와 아파나apāna의 결합
이 프라나야마이다."

"16초 동안 머리에서 발까지 신체를 프라나
로 채운 다음, 32초간 프라나를 내쉬어야 한다. 그리고 64초간 쿰바카를
수행해야만 한다."

"다른 프라나야마가 있는데, 거기서는 처음
에 쿰바카를 64초 동안 한 후에 16초간 프라나를 내쉰 다음, 16초간 프라
나로 신체를 채워야만 한다."

"프라나야마에 의해서 신체의 불순물들이

베카난다는 강의를 할 때 인도 철학적으로 정확한 용어를 구사하기보다는 서구인들이 잘 이
해할 수 있도록 배려하여 맥락상 어느 정도 유사하다고 판단되면 과감하게 비유들과 용어들
을 사용하는 경우가 많다. 이 경우도 그러한 경우라고 할 수 있겠다.

02 [옮긴이 주] 나다(nāda)는 '소리'라는 뜻으로 나디와 차크라가 충분히 정화되었을 때 수행자가
들을 수 있는 '내면의 소리'이다.

배출된다. 다라나 dhāraṇā, 집중에 의해서 마음의 불순물들이, 프라티야하라

pratyāhāra, 감각 기관의 제어에 의해서 집착의 불순물들이, 사마디 samādhi, 무아경에

의해서 참영혼의 지배를 덮어서 가리는 모든 것이 제거된다."

29 ____ 명상에 전념함으로써 자연프라크리티(Prakṛti)의 모든 힘인 푸루샤 Puruṣa가 된다.

30 ____ 명상은 집착을 파괴한다.

31 ____ 그것은 마음의 작용들의 억제에 의해서 완성된다.

32 ____ 그것은 다라나dhāraṇā와 요가 자세āsana 그리고 자신의 의무들을 수행함에 의해서 완성된다.

33 ____ 프라나prāṇa의 억제는 날숨과 멈춘숨=숨의 보유에 의해서 달성된다.

34 ____ 요가 자세는 안정되고 편안한 것이다.

36 ____ 명상 또한 집착하지 않음과 수행에 의해서 완성된다.

74 ____ 자연프라크리티(Prakṛti)의 원리들에 대한 숙고에 의해서, 그리고 "이것 은 아니다."로 그것들을 포기함으로써 식별은 완성된다.

3 ___ 수행자는 [경전들과 스승으로부터] 가르침을 반복해서 들어야만 한다.

5 ___ 매 hawk 가 자신의 음식을 뺏기게 되면 불행하게 되고, 스스로 그 음식을 포기하면 행복하게 되는 것처럼 [그렇게 자발적으로 모든 것을 포기한 사람은 행복하다].

6 ___ 뱀이 자신의 낡은 껍질을 포기할 때 행복한 것처럼 [그렇게 자발적으로 모든 것을 포기한 사람은 행복하다].

8 ___ 해탈의 수단이 아닌 것은 생각할 것도 없다. 바라타 Bhārata 의 경우처럼[03] 그것은 속박의 원인이 된다.

9 ___ 처녀의 손목에 있는 조개팔찌들처럼, 많은 사람과의 교제는 격정과 혐오 등을 만들어 내고 명상을 방해한다.[04]

---

[03] 이야기에 따르면 임종 때 바라타 왕은 자신의 애완 사슴에 대해 골똘히 생각하였고, 그 결과 사슴으로 다시 태어났다.

[04] 손목에 팔찌를 많이 한 소녀가 아버지를 잠재우기 위해서 마사지를 하고 있었다. 그러나 팔찌들이 부딪쳐 소리를 내어서 자신의 아버지의 휴식을 방해했다.

10 ___ 그것은 두 [사람]과 함께일 때조차 같다.

11 ___ 희망을 포기한 자들은 소녀 핑갈라 Piṅgalā [05] 처럼 행복하다.

13 ___ 구도자는 많은 경전과 스승에게 헌신을 보여 줘야 하지만, 마치 벌이 많은 꽃으로부터 진액을 취하는 것처럼, 그는 그 모든 것에서 오직 정수만 취해야 한다.

14 ___ 화살 만드는 장인의 마음처럼 마음이 집중된 자는 자신의 사마디 samādhi 에서 방해받지 않는다.

15 ___ 규정된 규칙들을 위반할 때 세속에서 맡은 일에서 엄청난 해를 입는 것처럼, 명상에서도 그러하다.

19 ___ 성적 금욕, 숭배, 구루 guru 에 대한 헌신을 통해서 [인드라(Indra)의 경우에서처럼] 오랜 시간 후에 성공을 거두게 된다.

---

05 자신의 정부의 도착을 간절히 기다리는 매춘부 핑갈라는 그가 오지 않았기 때문에 지극히 불행하다고 느꼈다. 갑자기 그에 대한 생각을 모두 포기한 그녀는 방으로 갔고 근심 없이 밤을 보냈다.

20 ___ 바마데바Vāmadeva 06의 경우에서처럼 시간에 관한 한 법칙은 없다.

24 ___ 또는 완전함을 성취한 사람과의 교제를 통해서 [성공을 거둔다.]

27 ___ [오랫동안 요가를 수련했던] 성자 사우바리Sauvari가 즐거움을 통해서 자신의 욕망을 가라앉힐 수 없었던 것처럼, 다른 사람들 또한 그러하다.

비베카난다의 요가수트라

128 ___ 의약품 등으로 회복되는 것이 부정될 수 없는 것처럼, 요가를 통해서 획득되는 초능력 siddhi 들 또한 부정될 수 없다.

평안하고 안정적인 어떠한 자세도 아사나 āsana 이다. [어떤 특정한 요가 자세에 대한] 지시는 전혀 없다.

비야사수트라 *Vyāsasūtra*

제4장

제1절

7 ___ 숭배는 앉은 자세에서 가능하다. [그러므로 수행자는 숭배를 하는 동안 앉아 있어야만 한다.]

8 ___ 왜냐하면 명상 때문이다.[07]

9 ___ 명상하는 [사람]은 부동의 대지에 비유될 수 있기 때문이다.

10 ___ 또한 전승 문헌 smṛti 들도 그렇게 말하기 때문이다.

11 ___ [명상을 위한] 장소에 대한 어떠한 규정도 없다. 마음이 집중되는 어디에서나 명상을 수행해야만 한다.

이 몇 가지 인용구들은 인도 철학의 다른 학

---

07 사지를 움직이지 않고서 앉아 있는 사람을 볼 때 우리는 그가 명상하고 있다고 말한다. 그러므로 명상은 앉아 있는 사람에게 가능하다.

비베카난다의 요가수트라

파들이 요가에 대해 말하는 바를 우리가 이해하게 해준다.

ㄱ

가나파티 Gaṇapati | 코끼리 머리를 가진 힌두의 신으로 가네샤(Gaṇeśa)로도 알려져 있다.

가르기 Gārgi | 베다(Veda)들에 언급된 여성 현자.

가야트리 Gāyatrī | 상위 세 카스트의 힌두교도들이 신성한 실[성사(聖絲)]을 수여 받은 이후에 매일 암송하는 베다(Veda)들의 신성한 구절.

개아 self | 개별적인 자아.

구나 guṇa들 | 상키야(Sāṃkhya) 철학의 용어이다. 이 철학에 따르면 푸루샤(Puruṣa, 참영혼)와 대비되는 프라크리티(Prakṛti, 자연 또는 물질)는 세 구나로 이루어져 있다. 보통 삿트와(sattva), 라자스(rajas), 타마스(tamas)로 알려진 '3질' 또는 '세 성분'으로 번역된다. 타마스[*암질(暗質)]는 불활성, 라자스[*동질(動質)]는 활동성 또는 쉼 없음, 삿트와[*순질(純質)]는 균형 또는 지혜를 나타낸다.

구루 guru | 영적 스승.

기타 Gītā | 《바가바드 기타*Bhagavad Gītā*》와 같다.

ㄴ

나다 nāda | 신비한 단어 옴(Oṃ). 옴은 브라만(brahman)의 상징.

나디 nāḍī | 신경. (*생기 에너지가 흐르는 통로.)

나라다 Nārada | 힌두교 신화 속의 성자.

니야마 niyama | 마음의 억제; 요가의 여덟 개의 가지로 된 수행법 즉 8지 요가 중 둘째 지분.

니야야 Nyāya | 인도의 논리학; 가우타마(Gautama)에 의해 창시. 인도의 정통 육파철학 중 하나이다.

ㄷ

다라나 dhāraṇā | 한 점에 마음을 고정하기; 명상 과정의 한 국면.

데바 deva들 | (문자 그대로, 빛나는 사람들.) 힌두교 신화의 신들.

디야나 dhyāna | 집중.

ㄹ

라마크리슈나 Ramakrishna | 신의 화신으로 간주되는 벵골(Bengal)의 위대한 성자(A.D. 1836-1886).

라자 요가 Rāja Yoga | 집중과 집중 방법, 마음의 통제, 삼매(samādhi) 그리고 그와 유사한 내용들을 다루는, 파탄잘리(Patañjali)가 저술한 것으로 여겨지는 요가 체계.

라자 요기 rāja yogi | 라자 요가(Rāja Yoga)의 수행법들을 따르는 자.

라자스 rajas | 자연(nature, 프라크리티)에 있는 쉼 없음 또는 활동성의 원리. [*흔히 '동질(動質)'로 번역됨.] → 구나(guṇa)들 참조.

레차카 recaka | 숨의 내뱉음 즉 내쉼. 날숨.

리그 베다 Ṛg Veda | 네 베다 중 하나. → 베다(Veda)들 참조.

     ㅁ

마나스 manas | 의심하는 능력과 의지 작용. 때때로 '마음'으로 번역된다. [*마나스는 '하위의 마음', 붓디(buddhi)는 '상위의 마음'으로 번역되기도 함.]

마디야미카 Mādhyamika들 | 불교 철학의 한 유파. [*흔히 중관(中觀)학파로 번역됨.]

마하바라타 Mahābhārata | 유명한 힌두교의 서사시.

마하트 mahat | 우주적 마음. [*상키야·요가 철학에서는 붓디(buddhi)와 같은 말로 쓰임.]

만트라 mantra | 영적 스승이 자신의 제자를 입문시키는 신성한 말. 베다(Veda)의 찬가; 일반적으로 신성한 말.

     ㅂ

바가바드 기타 Bhagavad Gītā | 중요한 힌두교 문헌으로, 서사시인 《마하바라타Mahābhārata》의 제18장을 구성하고 슈리 크리슈나(Śrī Kṛṣṇa)의 가르침을 담고 있다.

바라타 Bhārata | 나이가 들어서 신성한 삶을 영위하기 위해 숲속으로 간 산 왕. 전설에 따르면 그는 임종 시에 자신의 애완동물인 사슴에 대한 생각을 간직했기 때문에 사슴으로 환생하였다.

바마데바 Vāmadeva | 인도 신화 속의 성자.

바이라기야 vairāgya | 집착하지 않음, 이욕(離慾) 또는 무욕(無慾)

박타 bhakta | 신에 대해 헌신하는 자.

베다 Veda들 | 《리그 베다Ṛg Veda》, 《사마 베다Sāma Veda》, 《야주르 베다Yajur Veda》, 《아타르바 베다Atharva Veda》로 이루어진, 힌두교의 계시 문헌들.

베단타 Vedānta | (문자 그대로, 베다들의 정수 또는 결론 부분. 주로 우파니샤드(Upaniṣad)들과 《바가바드 기타Bhagavad Gītā》와 《브라마수트라Brahmasūtra》의 가르침에 기초한 철학 체계.

붓디 buddhi | 마음의 결정하는 능력으로 이것이 결정을 내린다.; 때로는 '지성'으로 번역된다. [*상키야·요가 철학에서는 마하트(mahat)와 같은 말로 쓰임.]

브라마수트라 Brahmasūtra | 비야사(Vyāsa)가 저술하였다고 여겨지는 베단타(Vedānta) 철학의 권위 있는 경전.

브라만 Brahman | 절대자. 베단타(Vedānta) 철학에서 지고의 참실재.

브라민 brāhmin | 힌두교 사회에서 가장 높은 카스트(caste)인 사제 카스트의 구성원.

브릿티 vṛtti | 작용; 상태; 형태.

비바스완 Vivasvān | 태양신.

비베카 viveka | 실재와 비실재 간의 식별 또는 구별.

비야사수트라 Vyāsasūtra | 《브라마수트라Brahmasūtra》와 동일.

비야사 Vyāsa | 《마하바라타Mahābhārata》와 《브라마수트라Brahmasūtra》의 명망 있는 저자이자 베다(Veda)들의 집성자이고, 성자 슈카데바(Śukadeva)의 아버지.

사마디 samādhi | 삼매(三昧), 무아경, 초월(trans), 신과의 교감.

삿트와 sattva | 자연(nature)에서 균형 또는 올바름의 원리. [*흔히 '순질(純質)'로 번역됨.] → 구나(guṇa)들 참조.

삿트위카 sāttvika들 | 삿트와(sattva)의 성질을 크게 발달시킨 자들.

상스카라 saṃskāra | 행위에 의해서 만들어진 정신적 인상 또는 경향성.

상야마 saṃyama | 집중(다라나, dhāraṇā), 명상(디야나, dhyāna), 완전한 몰입(사마디, samādhi)을 결합한 라자 요가(Rāja Yoga)의 영적인 수행.

상키야 Sāṃkhya | 카필라(Kapila)에 의해 창시된 이 학파는 인도의 정통 육파철학 중 하나이다. 이 학파에서는 우주가 프라크리티(Prakṛti, 자연)와 푸루샤(Puruṣa, 참영혼)의 결합의 결과로서 전개되었다고 가르친다.

상히타 Saṃhitā | 찬가들의 모음을 포함한 베다들의 한 부문.

샹카라 Śaṅkara | 샹카라차리야(Śaṅkarācārya)와 동일.

샹카라차리야 Śaṅkarācārya | 인도의 가장 위대한 성자들과 철학자들 중 한 명(A.D 788-820)으로 불이론 베단타(Vedānta)의 가장 중요한 주창자.

소마 soma | 즙이 베다(Veda)의 희생 의례들에 사용되는 덩굴식물.

수슘나 suṣumṇā | 수슘나, 이다(iḍā), 핑갈라(piṅgalā)는 신경계에서 수많은 신경 가운데 가장 중요한 세 나디(nāḍī) 즉 신경이다. 다시, 이것들 가운데 수슘나가 가장 중요하다. 이 나디는 다른 두 나디 사이에 있고 그것들이 조화하는 곳이다. 이다는 왼쪽 편에, 핑갈라는 오른쪽 편에 있다.

각성된 영적 에너지가 통과하여 상승하는 수슘나는 브라마바르트만(Brahmavartman) 즉 브라만(brahman)으로 가는 통로로 묘사되어 있다. 이것은 척추 내에 위치하고 척추의 맨 아래에서부터 뇌까지 뻗어 있다. → 쿤달리니(kuṇḍalinī) 참조.

수트라 sūtra | 경전, 경(經); 아포리즘(Aphorism).

슈리 Śrī | 신들과 탁월한 사람들의 이름에 또는 일반적으로 신성한 성격의 저명한 책의 제목에 경칭 접두어로 자주 사용되는 단어이다.

슈웨타슈와타라 우파니샤드 Śvetāśvatara Upaniṣad | 주요 우파니샤드 중 하나.

스와미 Svāmī | 문자 그대로 주(主). 베단타(Vedānta) 학파에 속하는 승려들의 칭호.

스와티 Svatī | 15째 달의 성좌를 이루는 것으로 간주되는 대각성(大角星). 아르크투루스(Arcturus) 별.

싯디 siddhi들 | 자신을 원자만큼 미세하게, 솜처럼 가볍게, 편재하게 만들 수 있는 등의 능력과 같은 요기(yogi)가 가진 초자연력.

아니마 aṇimā | 극소화; 초자연력 중 하나이다. 이 힘으로 요가수행자는 자신을 원자만큼 작게 만들 수 있다.

아사나 āsana | 요가 자세, 요가 동작, 좌법.

아카샤 ākāsa | 우주를 구성하는 다섯 가지 물질 요소의 첫째. 종종 '공간'과 '에테르'로 번역된다. 나머지 네 요소는 바유(vāyu, 공기 또는 바람), 아그니(agni, 불), 아프(ap, 물), 프리티비(pṛthivī, 흙 또는 땅)이다. [*흔히 아카샤=공(空), 바유=풍(風), 아그니=화(火), 아프=수(水), 프리티비=지(地)로 번역됨.]

아트만 Ātman | 참자아 또는 참영혼; 지고의 참영

혼과 개인의 영혼 양자 모두를 나타낸다.

아파나 apāna | 신체에 있는 생명 유지에 필수적인 숨의 변형. 이것은 동화되지 않은 음식물과 음료를 제거한다. → 프라나(prāṇa) 참조.

아항카라 ahaṃkāra | 나라는 의식.

아힝사 ahiṃsā | 불상해(不傷害). (*흔히 불살생, 비폭력으로 번역됨.)

안타카라나 antaḥkaraṇa | 내적 기관; 마음.

압타 āpta | 권위 있는 사람 또는 믿을 만한 사람. 그의 말은 절대적으로 신뢰할 수 있다.

압타 바키야 āptavākya | 권위 있는 또는 믿을 만한 사람의 말.

야갸발키야 Yājñavalkya | 《브리하다란야카 우파니샤드*Bṛhadāraṇyaka Upaniṣad*》에서 브라만 (brahman)에 대해 아는 자로 묘사되어 있는 성자.

야마 yama | 자기 억제로 라자 요가(Rāja Yoga)의 여덟 개의 가지 즉 여덟 지분(支分) 중 첫째이다.

여덟 가지 힘 eight powers | 자신을 원자처럼 미세하게, 솜처럼 가볍게, 편재하게 만들 수 있는 능력과 같은 것으로 요가수행자(yogi)가 나타내 보이는 초자연적인 힘.

연꽃 lotus | 수슘나(suṣumṇā)를 따라서 있는 여섯 센터 각각은 연꽃이라고 불린다. 왜냐하면 그것들의 형상이 연꽃의 모양과 같기 때문이다. → 쿤달리니(kuṇḍalinī) 참조.

영혼 soul | 개별적인 영혼.

오자스 ojas | 정력, 힘, 에너지.

옴 Oṃ | 베다(Veda)들의 가장 신성한 말; 아움 (Aum)이라고도 쓰인다. 인격신과 절대자 양자 모두를 상징한다.

요가 yoga | 개별적 영혼과 지고의 참영혼의 결합. 그러한 결합을 달성하는 수행. 파탄잘리 (Patañjali)가 저술한 것으로 여겨지는 철학적 요가 체계는 인도의 정통 육파철학 중 하나이다. 이 철학은 마음의 통제를 통한 참진리에 대한 깨달음을 다룬다.

요기 yogi | 요가수행자.

우다나 udāna | 신체에 있는 생명 유지에 필수적인 숨의 변형. 이것은 입을 통해서 위장의 내용물들을 배출하고 죽을 때 신체로부터 영혼을 인도한다. → 프라나(prāṇa) 참조.

우파니샤드 Upaniṣad들 | 베다(Veda)들의 철학을 포함하고 있는 널리 알려진 힌두교 문헌들. 그것들은 108종이고, 그 중 11종은 주요 우파니샤드로 불린다.

유디슈티라 Yudhiṣṭhira | 《마하바라타*Mahābhārata*》의 영웅들 중 한 명. 판두(Pāṇḍu)의 다섯 아들 중 장남.

이다 iḍā | 척추에 있는 신경. → 수슘나(suṣumṇā) 참조.

이슈와라 Īśvara | 인격신.

인드라 Indra | 신들의 왕.

인드리야 indriya들 | 다섯 인식 기관과 다섯 행위 기관, 마음(마나스, manas)으로 이루어진 감각 기관들.

참영혼 Soul | 브라만(brahman) 또는 순수 참정신과 동일.

참자아 Self | 브라만(brahman) 또는 순수 참정신과 동일.

칫타 citta | 마음 또는 질료인 마음(mind-stuff); 기억의 저장소인, 즐거운 대상들을 추구하는 내적 기관의 일부. (*질료인 마음'은 마음이 프라크리티 내에 있다는 점을 강조하기 위해서 비베카난다가 선택한 번역어로 보이는데, 이 책에서

는 현재 국내에서 일반적으로 통용되는 번역어인 '마음'으로 옮겼다.)

ㅋ

카르마 karma | 일반적으로 행위 또는 행동; 의무. 베다(Veda)들에서는 이 단어를 주로 의례적인 숭배 또는 인간의 행위를 나타내는 데 사용한다.

카이발리야 kaivalya | 궁극적인 해탈을 나타내기 위해서 라자 요가(Rāja Yoga)에서 사용하는 용어. 신체 또는 물질로부터 영혼의 독립을 의미한다.

카필라 Kapila | 상키야(Sāṃkhya) 철학의 창시자.

쿤달리니 kuṇḍalinī | (문자 그대로, 따리를 튼 뱀.) 이 단어는 모든 생명체 속에서 휴면 중인 영적인 힘을 나타낸다. 영적 수행을 통해서 깨어날 때 이 것은 척추를 통해 상승하면서 여러 센터를 관통하여 종국에는 뇌에 도달하고, 그 결과 요가수행자(yogi)는 삼매(samādhi) 즉 지고의 실재 속으로 완전하게 합일된다. → 수슘나(suṣumṇā) 참조.

쿰바카 kumbhaka | 호흡의 보유; 라자 요가(Rāja Yoga)와 하타 요가(Haṭha Yoga)에 기술되어 있는 프라나야마(prāṇāyāma) 즉 호흡 조절의 한 과정. [*흔히 멈춘숨 또는 지식(止息)으로 번역됨.]

크리슈나 Kṛṣṇa | 《마하바라타*Mahābhārata*》와 《바가바타 푸라나*Bhāgavata Purāṇa*》에서 서술된 신의 화신.

ㅌ

타마스 tamas | 자연(=프라크리티)에 있는 우둔함 또는 불활성의 원리. [*흔히 '암질(暗質)'로 번역됨.] → 구나(guṇa)들 참조.

탄마트라 tanmātra들 | 원래는 전개된 것으로서 물질의 미세한 요소들. (*주로 '미세 요소'로 번역됨.)

탄트라 Tantra | 신성한 어머니 즉 힘을 궁극적 참실재로 간주하는 종교철학 체계; 또한 이러한 철학을 다루는 문헌들.

ㅍ

파탄잘리 Patañjali | 인도의 정통 육파철학 중 하나인 요가 체계의 저자이다. 이 철학은 집중과 집중 방법, 마음의 통제 그리고 그와 유사한 내용들을 다룬다.

푸라나 Purāṇa들 | 인도의 신화에 대한 서적.

푸루샤 Puruṣa | (문자 그대로, 사람.) 개별적 의식의 원리를 나타내는 상키야(Sāṃkhya) 철학의 용어. 베단타(Vedānta)에서 푸루샤라는 용어는 참자아를 나타낸다.

프라나 prāṇa | 생명 유지에 필수적인 숨으로 물질적 신체의 생명을 유지한다. 주요 에너지 즉 힘이다. 다른 물질적 힘들은 이것이 나타난 것들이다. 요가의 저작들에서 프라나는 신체에서의 다섯 가지 작용에 따라서 다섯 가지 변형들을 가지고 있는 것으로 서술된다. 이것들은 (1)호흡을 통제하는 프라나(prāṇa), (2)동화되지 않은 음식물과 음료를 아래로 가지고 내려가는 아파나(apāna), (3)신체 전체에 퍼져 있는 비야나(vyāna), (4)입을 통해서 위장의 내용물들을 배출하고 죽을 때 신체로부터 영혼을 인도하는 우다나(udāna), (5)신체 전체로 영양분을 운반하는 사마나(samāna)이다.

프라나야마 prāṇāyāma | 호흡 조절; 요가의 수행법 중 하나.

프라크리티 Prakṛti | 원초적 자연 또는 자연; 삿트와(sattva), 라자스(rajas), 타마스(tamas)로 이루

어진 창조의 물질적 토대. (*흔히 '원질' 또는 '근본원질'로 번역됨.)

프라티야하라 pratyāhāra | 감각 기관들을 억제하기.

핑갈라 piṅgalā | 척추에 있는 신경. → 수슘나(su-ṣumṇā) 참조.

하타 요가 Haṭha Yoga | 육체적인 건강과 웰빙을 주요 목적으로 하는 요가 유파.

하타 요기 haṭha yogi | 하타 요가(Haṭha Yoga)를 수행하는 사람.

훔 Huṃ | 탄트라(Tantra) 철학에서 언급되는 신비한 말.

산스크리트와 지방어로 된 단어들의 발음⁰¹

a는 come에서 o의 소리이다.

ā는 far에서 a의 소리이다.

e는 bed에서 e의 소리이다.

i는 feel에서 ee의 소리이다.

o는 note에서 o의 소리이다.

u는 full에서 u의 소리이다.

ai, ay는 boy에서 oy의 소리이다.

au는 인후에서 깊게 발음되는 o소리이다.

ch는 church에서 ch의 소리이다.

ḍ는 (영어의) d를 강하게 발음하는 소리이다.

g는 god에서 g의 소리이다.

jñ는 (영어의) gy를 강하게 발음하는 소리이다.

ś는 shut에서 sh의 소리이다.

th는 boat-house에서 t-h의 소리이다.

sh는 영어식으로 발음될 것이다.

t와 d는 불어에서처럼 부드럽게 발음된다.

음역들에 보이는 다른 자음들은 영어에서와 같이 발음될 것이다.
대체로 근세나 현대의 이름들과 널리 알려진 지리적 명칭들에는 발음 구별 부호들이 사용되지 않는다.

---

01 [옮긴이 주] 본 번역서에서 사용한 산스크리트 로마자화 방식과 독음법이 원서의 방식과 다르다(이에 관해
서는 앞의 첫 페이지에 있는 '일러두기의 ❸'을 참조). 따라서 이 부분의 내용은 원서를 읽을 분들에게 해당
된다.

색인

ㄱ

구나 150, 198, 203, 246, 261, 268, 269
구루 323, 324, 327, 328, 329, 334, 346
그리스도 324, 326
기적 23, 24

ㄴ

나타남 70, 84, 140
니야마 45, 120, 121, 122, 215, 217

ㄷ

다라나 45, 98, 123, 173, 193, 215, 226, 228, 229, 342
디야나 45, 112, 113, 123, 215, 228, 229

ㄹ

라자 요가 10, 24

ㅁ

마음 36, 37, 41, 42, 137, 138, 139, 140, 142, 147, 148, 149, 150, 152, 153, 263, 275, 279, 289, 319

명상

명상 45, 112, 113, 114, 123, 124, 151, 152, 153, 164, 175, 193
모함마드 109
무지 187, 188
미현현 152, 154, 178, 203

ㅂ

본능 63, 104, 190, 191, 192

ㅅ

사마디 45, 64, 105, 112, 115, 120, 123, 151, 153, 154, 155, 157, 165, 175, 176, 178, 179, 180, 181, 186, 215, 229, 231, 232, 241, 258, 267, 342
삶에 대한 애착 187, 189
삼매 151, 152, 153, 157, 176, 177, 178, 181
상스카라 148, 193, 194
상야마 113, 229, 230, 234, 235, 236, 237, 238, 239, 240, 241, 242, 243, 244, 246, 248
상키야 25, 26, 41, 150, 156, 157, 203, 204, 207, 251, 343
상키야 이론 203
상키야 철학 204, 343
쇼펜하우어 306
수슘나 77, 78, 81, 83, 87, 89, 170, 173

수행 49, 147, 148, 149, 213
슈리 라마크리슈나 320, 321
슈리 크리슈나 332
신 156, 157, 158, 186, 200, 250
신경 48, 284, 340, 341
신경총 78, 87
심령주의 73, 75

아사나 45, 46, 122, 223, 347
아카샤 59, 60, 169, 243
야마 45, 120, 122, 215, 216, 230
에고 151
오자스 90
옴 86, 88, 124, 161, 162, 163, 164, 165, 166
욕망 258, 259, 260
윤리 106, 107
음식 43, 100, 138
이다 77, 170, 340
이슈와라 158, 159, 160, 162, 163, 222
이욕 147, 149, 150, 151, 157
인내 173, 320, 322
인성 281, 282, 283
인식 24, 41, 42, 112, 114, 173, 209

자아의식 151, 187, 188, 203, 244, 256, 258
자연 343
자유 11, 25, 55, 269, 302, 311, 334
절대자 130, 134
제자도 314, 334
증거 135, 143, 145, 179

지식 213, 214, 215
집중 34, 35, 36, 165, 173, 175, 254
집중=사마디 157, 165, 166
집착 147, 149, 187, 189, 343
집착하지 않음 149, 150, 157, 343

참영혼 26, 41, 182, 283, 291, 322, 323, 332, 333
천국 316, 317
초의식 45, 64, 84, 105, 111, 154, 180
칫타 138, 140, 141, 142, 147, 149, 152, 154, 167,
168, 170, 173, 176, 178, 182, 188, 214, 226

카르마 197, 199, 237, 256, 259
카이발리야 247, 249, 250, 266, 269
쿠르마 푸라나 120
쿤달리니 77, 80, 81, 83, 84, 225
크리야 요가 184, 186

파탄잘리 11, 25, 26, 152, 158, 169, 176
푸루샤 41, 150, 200, 201, 204, 207, 208, 209, 210,
213, 240, 241, 246, 249, 263, 264, 265, 266, 269,
343
프라나 55, 59, 60, 62, 63, 64, 65, 68, 69, 70, 71, 74,
88, 168, 169, 170, 224, 225, 338, 341, 343
프라나야마 45, 53, 56, 59, 61, 62, 66, 67, 68, 71,
73, 75, 80, 85, 88, 122, 169, 215, 224, 225, 230,
341
프라크리티 178, 203, 209, 210, 240, 249, 343

프라티야하라 45, 92, 93, 96, 97, 98, 112, 123, 215,
226, 230, 342
핑갈라 77, 87, 89, 170, 340

하타 요가 47, 48
현현 130, 203, 232, 234, 247
혐오 187

김재민

동국대 인도철학과 대학원에서 요가 철학을 전공으로 석·박사 학위를 받았다. 전주대 대체의학 대학원, 원광대 동양학대학원 등에서 강의하였고, Sivananda Teacher's Training Course(in India), 한국요가연수원 지도자 과정(서울), Vac Yoga Intensive Course(in India) 등을 이수하였다. 현재 동국대학교 불교대학원 융합요가학과 겸임교수, 금강대학교 불교문화연구소 학술연구교수 그리고 한국융연구원 예비과정 상임연구원으로 있다.

저서로는 《요가와 문화》(공저), 《Svara Yoga의 사상과 수행체계 연구》가 있고, 역서로는 《요가사전》, 《차크라의 힘》, 《스와라 요가》, 《호흡의 힘》 등이 있다. 이밖에 논문으로 〈자살 유가족의 회복을 돕기 위한 요가적 패러다임 모색(試論)〉, 〈하타 요가(Haṭha Yoga) 자세(āsana) 수행의 효과〉, 《《게란다상히타》의 요가 자세(āsana)에 대한 일고찰》 등을 발표했다.

비베카난다의 요가수트라

초판 1쇄	2020년 9월 18일
지은이	스와미 비베카난다
옮긴이	김재민
펴낸이	오종욱
기 획	서미정
편 집	김윤진
펴낸곳	올리브그린
	경기도 파주시 회동길 145, 아시아출판문화정보센터 연구동 2층 201호
	olivegreen_p@naver.com
	전화 070-6238-8991 / 팩스 0505-116-8991

가격   23,000원
ISBN 978-89-98938-36-9 93270

● 이 도서의 국립중앙도서관 출판도서목록(CIP)은 서지정보유통지원시스템 홈페이지(http://seoji.nl.go.kr)와 국가자료공동목록시스템(http://www.nl.go.kr/kolisnet)에서 이용하실 수 있습니다.(CIP제어번호:2020037674)